셀프 케어

감정 치유 다섯 단계
REACH

셀프 케어

백명 지음

포르체

프롤로그

  자신을 가장 아프게 하고 괴롭히는 사람은 그 누구도 아닌 바로 자기 자신이다. 어느 부위가 급소인지, 어디를 아프게 해야 진짜 아픈지 누구보다 자기 자신이 제일 잘 알고 있기 때문이다. 그러고는 늘 그 아픈 곳으로 모든 것을 투사하기 위해 공격 대상을 찾는데 그게 자신과 가장 가까운 가족, 즉 배우자이거나 자녀이다. 그들을 향해서 분노하고, '당신 때문에 내가 이렇게 아프다, 너로 인해서 내가 이렇게 괴롭다'라면서 공격을 하고 자신의 아픔을 합리화해 버린다.
  더 나아가 공격의 구심점이 자기 자신을 향하면서 원망감, 우울, 자책감으로 이어진다. 무엇보다 '나는 내 가족을 위해 헌신하고 노력했던 것뿐인데, 내 마음을 몰라주고 왜 이렇게 원치 않은 결과만 초래되는 것일까?'라는 억울함이 쌓여 간다. 그런 감정들을 어찌할 바 몰라 필터링 없이 내뱉어 버리니 쓰레기 더미처럼 아무 데나 그냥 쌓여서 결국은 썩고 냄새가 나는 악순환을 초래한다.
  닫힌 문을 열기 위해서는 문고리가 어디에 있는지, 이 문은 어떻게 열어야 되는지 살펴보고 문을 열어야 하는데, 문이 열리지 않으니까 두들기다 그냥 문 밖에서 자기가 하고 싶은 말만 소리치다 지치고, '그래도 나는 하고 싶은 말을 했다'고 위안을 얻는다.

나는 20여 년 동안 유수한 병원, 기업, 공공기관 등에서 수많은 대상을 코칭하면서 그들과 함께 성장하는 행운을 누렸다. 16년을 재직한 대학 교수직을 그만둔 이후에 감정에 더 집중한 이유는 감정이 통증과 같다는 작동 원리를 알고나서다. 간호학을 전공한 나는 통증이 갖는 의미와 영향력을 누구보다 잘 알기 때문이다. 통증을 모른 척하고 외면하지만 않으면서 그것이 알려 주는 신호의 의미만 잘 알아차린다면 심각한 상황으로 이어지지 않는다는 사실을 말이다.

나의 강의를 듣고서 '여기 저기 상담 센터를 기웃거리는 일을 그만 두었다.'며 SNS에 강의를 추천한 글을 보았다. 상담 센터를 찾아다녔던 이유도 불안하기 때문에 그렇다. 그렇게 걱정과 불안의 감정 회로만 돌리다 보면 부정적 순환 고리가 강화되면서 빠져나오기가 어렵다. 내가 그 순환에 갇혀 있다는 것을 알아 차리고 긍정적 순환으로 바꾸는 훈련을 해야 한다. 그래야 되풀이 되는 고통스러운 감정 패턴에서 해방될 수 있다.

감정 치유의 다섯 단계를 구성하는 영어 약자인 'R' 'E' 'A' 'C' 'H'는 문제 해결 프로세스로, 나는 이를 코칭의 정수라 할 수 있는 질문을 활용하여 개발했다. 명확한 질문 도출이 문제 해결의 핵심이기 때문이다. 모든 고민의 최적화된 답은 자기 자신에게 있다. 왜냐하면 누구보다 자신이 가장 많이 생각하고 가장 간절하기 때문이다. 좋은 질문에 답하는 과정에서 불안의 감정이 서서히 사라지게 될 것이다.

감정 치유가 실제로 효과가 있는 것인지, 구체적으로 어떻게 내 삶 속에서 적용할 수 있는 것인지를 묻는 사람들에게 심리적, 뇌과학적 근거와 실증적 연구 결과를 토대로 설득하고 일상에서 적용할 수 있는 구체적 방법을 전하고 싶었다. 감정을 통증으로 연결하여 뇌 과학 기반의 감정 치유 모델을 완성하기까지 수많은 시간 임상 연구와 학술적 데이터를 분석했다. 강의로 모두 전달할 수 없었던 학문적 증거와 적용 도구, 매뉴얼을 꼼꼼하게 전달하고 싶었다.

챕터1은 교육 현장에서 만난 참가자의 상담 또는 교육 후 인터뷰(동의 후)를 통해 얻은 내용을 토대로 한 것으로 본문의 REACH를 삶 속에서 구현하기 쉽게 시나리오로 구성했다. 챕터2는 REACH 각 단계에 대해 구체적으로 설명하고, 실생활에 적용할 수 있는 활용 도구와 방법들을 자세하게 제시하였다.

낯선 병원의 바닥 안내선이나 고속도로 갈림길에서 바닥에 그려진 주행선을 따라가면 목적지에 도착한 경험이 있으리라. REACH의 '도달하다'라는 의미처럼, 단계를 밟아 가다 보면 어느새 문제 해결에 닿을 수 있을 것이다. 나는 독자 여러분이 이 책에 담긴 과학적 연구 결과를 이해하고, 그에 기반한 방법과 도구를 반복적으로 훈련함으로써 자신만의 레시피를 완성해 가길 바란다. 그렇게 얻은 경험과 노하우를 사랑하는 사람들과 나누고, 내가 제안한 이 모델을 삶의 여러 국면에서 더 풍부하고 유연하게 확장해 가는 꿈을 꾼다.

 엄마가 하는 일을 궁금해하던 중학생 아이가 어느덧 대학 졸업반이 되어 작년 어버이날에 나에게 장문의 편지를 선물로 보내주었다. 그때 눈에 들어왔던 단어가 바로 '정비소'였다. 이 책이 독자들에게도 '정비소' 같은 역할을 해 주기를 간절히 바라는 마음에서 아이의 글을 실어 본다.

[편지 일부]

"지금에 와서 보니 제가 다른 친구들에 비해 많이 예민하고 섬세한 성향이란 걸 알았어요. 엄마가 얼마나 힘들었을까 이제야 생각이 든 거죠. 힘들었던 시간들을 기억하면서 그 모든 시련을 견딜 수 있었던 게 엄마의 배려심과 나에 대한 존중이었다고 전 생각해요. 엄마는 늘 제게 괜찮다고 하셨고, 시간이 걸려서 그렇지 언제든 다시 할 수 있으니 무엇이든 해 보라는 말씀을 늘 하셨어요. 엄마는 제가 무한 경쟁의 레이싱 선수로 경주를 할 때, 제가 무너지거나 다쳤을 때 저를 다시 출발할 수 있도록 도와주는 정비소 같은 존재셨어요. 저에겐 하늘이 주신 최고의 선물이라고밖에 표현할 말이 없는 거 같아요. 제가 전생에 어떤 좋은 일을 했는지 원…… 엄마를 만났다는 사실이 그 어떤 것보다도 든든하네요."

목차

프롤로그 4

프리뷰 스토리: 어느 간호사의 셀프 케어 이야기 10

챕터1 **내 마음을 마주하는 이야기**
마음 깊은 곳에 숨은 불안과 마주하기 22
나를 지켜 주는 따뜻한 관심 29
괜찮아, 그럴 수 있어 39
반복적 감정 패턴을 끊다 49
건강한 감정이 건강한 일상을 만든다 55

챕터2 **REACH, 나의 감정을 돌보는 다섯 단계**
Recognize: 알아차리기 71
Empathize: 공감하기 134
Accept: 받아들이기 188
Change: 바꾸기 221
Heal: 보다 강해지기 259

에필로그 291
미주 294

프리뷰 스토리
: 어느 간호사의 셀프 케어 이야기

독자 여러분이 "어, 이거 내 얘기잖아" 하고 공감할 만한 여섯 편의 이야기를 엄선했다. 그중 다섯 편은 REACH의 각 단계와 밀접하게 연결되어 있고, 첫 번째로 소개하는 '프리뷰 스토리'는 이 다섯 단계를 한눈에 살펴볼 수 있도록 가장 앞에 실었다. 프리뷰 스토리로 전체 흐름을 감각적으로 이해한 뒤, 각 단계로 천천히 들어가 보길 권한다.

저는 대학병원 중환자실에서 15년차 책임 간호사로 일하고 있습니다. 환자와 보호자들에게는 따뜻하고 헌신적인 간호사라는 말을 듣고 있고, 스스로도 일에 자부심을 느끼며 살아가고 있습니다. '친절한 직원'으로 선정되어 표창도 많이 받았고요. 그런데 언젠가부터 문득 설명할 수 없는 공허함과 쓸쓸함이 밀려올 때가 있었습니다. 일하는 엄마를 배려해서 스스로 자기 일을 척척 해내는 아이들이 있고, 천직으로 여기는 직업까지 있어 별 다른 걱정 없이 살아가는 와중에 그런 허무함이 밀려오니 당황스럽기까지 했어요. 지금까지 해 온 모든 일이 무의미하게 느껴지기도 하고, 나 자신이 사라지는 듯한 느낌도 들었으니까요. 내가 환자들에게 뭔가를 바라고 열심히 간호했던 것도 아니고 지금 상황에서 특별히 부족함이나 문제가 없는데 왜 이런 감정이 드는 걸까 정말 의아했어요.

어느 날 나이트 근무를 마치고 집으로 가는 버스를 기다리던 중 병원 건물에 붙여진 플래카드를 찬찬히 읽는데 '돌봄'이라는 단어가 새삼스럽게 다가오는 거예요. 그러다 '그럼 나는……?' 하는 질문이 계속 머릿속을 맴돌았어요. 저에게는 늘 타인이 먼저였고, 힘든 사람을 보면 도와주는 걸 주저하지 않았지만, 나는 정작 한 번도 나를 위로하지 않았다는 생각이 든 거죠. 환자를 돌보면서도, 보호자에게 힘이 되어 주면서도 지치고 힘든 내색을 하지 않으려고 애썼어요. 저의 관심은 늘 다른 사람을 향해 있었고 제 자신은 철저하게 외면하고 만 거죠. 그러다 감정 치유 공부를 하면서 어린 시절 상처와 지금 저의 힘듦이 깊은 관련이 있다는 걸 알게 되었어요. 그리고 내가 원하는 건 뭔가 크고 대단한 것이 아니라 '아주 조그마한 관심'이라는 것도.

저는 세 남매 중 둘째였는데 저만 빼고 언니와 동생은 모든 면에서 완벽했어요. 저는 그들에 비해서 예쁘지도 공부를 잘하지도 못해서 아버지는 그런 저를 인정하지 않았어요. 아버지는 교수이셨는데 제가 열 살 때 아버지의 학교 동료분들이 집에 온

적이 있었어요. 그래서 자연스럽게 가족들을 소개하는 자리가 있었는데 언니와 동생은 자랑스럽게 소개를 하고는 저는 거의 유령 취급하듯이 "음…… 얘는 둘째야." 이렇게만 하고 화제를 돌리더라고요. 순간 내가 세상에서 사라진 듯한 수치심을 느꼈는데 그 기억이 정말 강렬하게 남았어요.

감정 치유 공부를 하면서 알게 된 건, 간호사로서 환자를 돌볼 때의 제 모습 그리고 엄마로서 아이들을 양육하는 태도가 어린 시절 상처와 연결되어 있다는 사실이에요. 저는 환자가 케어 받지 못한다는 느낌을 갖지 않도록 최선을 다해 간호했어요. 인정받지 못한 결핍을 그렇게 채우려 했는지도 모르죠. 또 가정에서도 내가 받지 못한 사랑을 내 아이에게는 완벽하고 충분하게 주면 나처럼 자라지 않겠지, 하는 생각으로 마음을 다해 아이들을 키웠어요. 심리학 책이나 관련 영상도 엄청 찾아보고 공부했거든요. 그런데 공부를 하고 알면 알수록 '부모는 자식에게 이렇게 따뜻하게 마음을 다해 주어야 하는 존재구나, 아프고 힘없는 사람들을 더 포근하게 살펴 주는 건 당연한 일이구나.'를 깨닫게 되었어요. 그리고 모든 책에서 '자기 자신을 사랑하라'고 말하는데 저는 그게 어떻게 사는 것을 의미하는 것인지 정확히 모르고 있다는 것을 알게 되었어요.

'나의 부모는 어린 나에게 왜 그렇게 모질게 대했을까?'라는 생각이 들면서 원망과 좌절감으로 너무 괴로웠어요. '그들은 나에게 그렇게 했으면 안 됐어.'라는 생각에 용서가 되지 않아요. 그 시절을 그런 아픔을 견딘 어린 시절 제가 너무 안쓰럽고 애처로운 거예요. 나의 상처를 누군가가 알아줬으면 좋겠고 그 때를 생각하면 지금도 호흡이 가빠지곤 해요. 제 아이들이 사랑스럽게 자라는 모습을 보면서도 '나도 부모가 나를 사랑으로 키워 줬다면 지금보다 훨씬 나은 사람이 되지 않았을까……'라는 마음이 들면서 제 아이들을 부러워하기도 했어요. 그렇게 제 아이들을 질투하고 있는 저를 발견하고서 정말 놀랐어요.

제가 혼란스러운 게 또 있는데, 환자들을 대할 때와 함께 일하는 동료를 대하는 저의 모습이 다르다는 거예요. 환자들과 달리 동료들은 "선생님은 무슨 생각을 하는지 잘 모르겠어요. 환자들에게 하시는 것처럼 저희에게도 조금만 더 살갑게 대해 주시면 좋겠어요."라고 말하더라고요. 그런 말을 들을 때마다 '나의 부모가 나를 키우면서 사랑해 주지 않아서 내가 이렇게 된 게 아닐까?' 하는 생각을 지울 수가 없었어요. '나를 조금만 더 존중해 주었더라면 내가 지금보다 나은 어른으로 성장했을 텐데……' 싶었고, 지금 내가 이렇게 된 건 부모님의 잘못이 크다는 생각에 사로잡혀 미움과 원망이 깊어지더라고요.

REACH 교육을 받으면서 저는 비로소 제 감정을 들여다보기 시작했어요. '지금 나는 슬픔을 느끼고 있구나. 내가 허무함을 느끼고 있구나.' 하고 감정을 알아차리기 시작하면서, 제 마음의 근원을 따라가 보았어요. 그리고 알게 되었어요. 내 슬픔은 열 살 그 날, 아버지가 저를 "그냥 둘째"라고 말하던 그 순간에 머물러 있다는 사실을요. 그때부터 저라는 존재는 누구에게도 사랑받을 수 없는 아이로 남아 버린 거죠.

 저는 다른 사람들로부터 밝고 헌신적인 간호사로 인정받길 원했어요. 그런데 그 모습을 유지하려면 내 감정을 들키지 않아야 했어요. 특히 간호사라는 직업은 '나 자신보다 환자의 안위'가 우선되는 일이잖아요. 그래야 먼지만큼인 저의 존재를 어필할 수 있다고 여긴 것 같아요. 그러다 보니 제 감정은 제가 아닌 누군가의 것이 되어버린 거죠. 환자의 고통을 목도하면서도 정작 제 고통은 묻어 두고 있었다는 사실이 가장 슬펐어요. 그렇게 15년을 살고 나니, 어느 순간부터 텅 비어 있던 저를 발견하게 되었고 몸과 마음이 힘들 때면 어린 시절 상처투성이인 제가 불쑥불쑥 올라왔어요. 깊은 곳에 묻었다고 여긴 어린 시절 기억들이 지금의 공허함과 우울감으로 되돌아오고 말았던 거예요.

 감정 치유 수업에서 '지금 느끼는 감정의 근원이 어디인지 들여다보는 기회'가 있었어요. 그때 저는 문득 열 살 때의 저를 떠올렸어요. 아버지가 지인들 앞에서 나를 "둘째야"라고 소개하면서 스치던 그 순간을. 내 존재를 부정당하는 그 느낌, 그 기억은 너무나 생생해서 마치 지금 내 앞에서 다시 벌어지는 일처럼 느껴지고, 그러면서 순간 얼음처럼 몸이 굳어져서 아무 말도 하지 못했어요. 일종의 트라우마의 증상이라고 하더군요. 어린 시절 가족들에게 그 어떤 관심을 받지 못한 저는 마치 이 세상에 존재하지 않는 사람처럼 들키지 않도록 노력하는 게 제가 할 수 있는 전부였으니까요.

　나중에 어머니가 힘겹게 꺼낸 말은 저를 더 좌절하게 만들었죠. "아버지는 네가 자기랑 닮아서 더 싫어했던 거야." 그 말을 들었을 땐 말로 다 할 수 없는 분노와 허무함이 밀려왔어요. '내가 아버지를 닮은 게 내 잘못은 아니지 않는가?' 싶었던 거죠. 마음속 깊이 가시처럼 박혀 버린 그 말을 빼내는 데는 시간이 좀 걸렸어요. 또 하나의 상처는 엄마의 무관심이었어요. '아빠가 나를 투명 인간처럼 대하는 순간, 엄마는 왜 한 번도 내 편이 되어 주지 않았을까?' 엄마는 그 어떤 방식으로도 저를 위로해 주지 않았어요. 따뜻한 눈빛조차 건네지 않았으니까요. 엄마는 아버지 눈치 보기 바쁘셨고 늘 아프셔서 많은 시간 누워 계셨다는 기억만 있어요. 저는 철저히 홀로 감정을 삼켜야 했고 너무나 외로운 유년 시절을 보내야 했어요. 그때 느꼈던 감정이 정신적 학대였다는 걸, 저는 성인이 되어서야 알게 되었어요.

　감정 치유 교육을 받다가 '내가 선택한 감정으로 내 삶이 바뀐다'는 말에 정신이 번쩍 들었어요. '맞아! 내가 어렸을 때 그런 상처가 있었다고 해서 계속 이렇게 슬픔의 감정 속에서 살 수는 없지!'라는 생각이 들었어요. 함께 교육받은 사람들과 토의하는 시간을 매주 가지면서 나보다 더 힘든 상황에서도 자기만의 의미를 찾으며 열심히 사는 사람들이 많다는 것도 알게 되었고요. 어떻게든 지금보다는 더 나은 삶을 살고 싶어서 애쓰고 있다는 사람, 교육을 받으면서 좋아졌다는 사람도 정말 많더라고요. 그

걸 보면서 '나도 나의 힘으로 내 삶을 변화시켜 보자.' 하는 다짐을 했어요.

무엇보다 '감정 알아차리기'가 중요하다는 말씀에 한 번 시도해 보고 싶었어요. 내가 나와 감정을 동일시하고 있어서 그렇다는 코치님 말씀을 기억하면서 나에게서 감정을 분리하는 연습을 해 보았어요. 처음으로 제 감정을 '관찰자 시선'으로 보기 시작한 거죠. 이전에는 우울해지면 그냥 '아, 너무 우울해, 슬퍼, 무기력해.'라며 우울이라는 감정에 잠겨 버렸다면, 이제는 '내가 우울감을 느끼고 있구나, 내 안에 허무함이 올라오고 있구나, 슬픈 마음을 갖고 있구나.'라며 관찰해 보았어요. 처음에는 이렇게 하는 게 맞나 싶어서 그만둘까 하는 마음도 있었지만, 저를 돌보지 않았다는 죄책감에 '이제라도 나를 돌볼 수 있어 다행이다.'라는 생각이 들어 계속하게 되더라고요. "나는 지금 외롭구나." "나는 환자들 곁에서 웃고 있지만, 내 안은 텅 비어 있구나." 이렇게 마치 내가 아닌 다른 누군가가 나에게 말을 거는 것처럼 말이에요. 그랬더니 신기하게도 감정에 빠져드는 대신 나를 바라볼 수 있는 거리감이 생기면서 마음이 조금씩 가벼워지더라고요. → Recognize

'나는 우울한 사람이야.'에서 '나는 지금 우울한 감정을 느끼고 있구나.'로 바꾸었더니 감정에서 벗어날 수 있는 선택지가 생긴 거예요. 이 부분이 정말 신기한 지점인데요. 지금 내가 우울한 감정을 느끼고 있다는 것을 알아차렸으니 그럼 나는 어떻게 할 것인지를 생각해 보게 되더라고요. '계속 우울해할 것인가, 아니면 우울한 감정을 그만 흘려보낼 것인가?' 하고 말이죠. 우울함에 잠기면 그냥 그렇게 하루를 보내곤 했던 날이 줄어들었고, 감정에 휩싸이지 않고 내 감정을 관찰한다는 마인드를 가졌다는 게 든든하기까지 했어요. 한걸음 물러서서 나를 바라본다는 그 시선이 나를 자유롭게 해 주었죠. → Recognize

그러던 중 감정 치유 수업에서 있었던 한 경험이 저에게 큰 전환점이 되었어요. 서로 손을 잡고 말없이 3분 동안 눈을 마주하는 활동이었어요. 교육을 받으면서 어느 정도 서로에 대한 공감대가 있어서인지 눈 맞춤으로도 따뜻한 교감이 느껴졌어요. 제 짝은 저보다 열 살 정도 더 나이가 드신 분이었는데, 그분이 고개를 끄덕이며 제 손을 꼬옥 잡아 주시는 거예요. 마치 엄마가 저를 따뜻하게 바라보며 '엄마가 너를 외롭게 해서 많이 미안해.'라고 말해 주는 것 같았어요. 그 순간 마음 깊숙한 곳에 억눌려 있던 감정이 터져 나와 광야에 혼자 있는 것처럼 아무도 의식하지 않고 얼마나 많이 울었는지 몰라요. → Empathize

교육을 마치고 저는 주차장에 내려 가서 운전대를 붙잡고 한참을 다시 울었어요. 돌이켜 보면 그때의 눈물이 제 가슴 속 깊이 감추어져 있던 기억을 털어 내는 치유의 시간이었나 봐요. 신기하게도 그날 이후, 제 마음이 조금 더 평안하고, 단단해졌다는 느낌이 들었어요. 교수님도, 함께 수업을 듣는 분들도 제 표정이 부드러워졌다고 하시더라고요. 그때부터 저는 감정 치유 수업에서 배운 대로, 떠오르는 기억을 정화하는 연습을 시작했어요. 교육 시간에 엄마를 떠올리게 했던 그분이 저에게 하신 것을 생각하면서 제가 제 자신에게 똑같이 말을 해 주었어요. '미안했다고, 너는 아무 잘못이 없다고, 괜찮다고, 그 생각으로 힘든 너를 이해한다고.' 지금 이렇게 말을 하면서도 눈물이 나요. → Accept

그 후론 감정 기억을 바꾸는 연습을 계속 하고 있어요. 어떤 기억을 떠올렸을 때 문득 미움, 원망, 슬픔 같은 감정들이 올라오면 그것을 용서와 고마움, 사랑으로 감정을 바꿔 보는 연습을요. → Change

그러면서 엄마를 조금은 용서할 수 있을 것 같았고, 무엇보다 저에 대한 이해와 연민이 생겼어요. 전에는 '누가 나를 위로해 주나?'를 생각했다면 이제는 '내가 나를 위로할 수 있다.'는 용기가 생긴 거죠. 그리고 나에게 친절하게 대하기 위해 노력했어요. 엄마에 대한 미움이 올라올 때면 '누구에게나 그런 일이 있을 수 있어. 엄마도 그 상황에선 그럴 수밖에 없었던 이유가 있었겠지. 엄마도 그때는 겨우 서른여덟 살의 어린 여성이었잖아.'라고 제 스스로에게 말을 했어요. 나 또한 나이가 들어도 여전히 미성숙하고 취약하다는 사실을 인정하면서 그런 고통을 겪은 엄마와 나를 더 따뜻하게 안아 주고 위로해 주고 싶은 마음이 들 때까지······. → Accept

아침에는 작은 긍정 확언으로 하루를 시작했어요. '오늘도 너만의 아름다운 삶이 시작되는구나, 축하해!' '네가 따뜻한 사람이라 참 다행이야, 오늘도 많은 사람과 함께 이 따뜻함을 나누자' 이렇게 말이죠. 슬픔의 밑바닥까지 가 보았던 사람으로서 '이제는 내가 나를 돌봐야 되겠다.'라는 생각으로 나 스스로를 매우 소중하게 여겨 주는 말들을 나에게 해 주었어요. '세상 모든 일은 너를 위해 일어난단다. 일어나는 모든 일에는 이유가 있으니 나를 믿자. 오늘도 파이팅! 완벽하려고 애쓰지 말자. 너의 가능성을 믿어.'라고 말이죠. 부모로부터 받고 싶었던 사랑의 말들도 충분히 해 주고, 내가 나를 기쁨 속에서 살 수 있도록 축복의 말들도 마음껏 해 주었어요. 그런 긍정의 말을 들어서 그런지 실제로 즐거운 하루를 보내게 되는 날이 많아지더라고요. → Change

감정 치유에서 교수님이 꾸준히 강조한 '감사 일기'는 저의 루틴이에요. '아침에 예쁜 해를 바라보며 출근할 수 있어서 감사하다.' '신규 간호사가 하루하루 잘 적응하고 있어 감사하다.' '어제까지 컨디션이 좋지 않던 환자분이 회복되어 보호자가 내 손을 꼭 잡고 고맙다고 해 주셔서 감사하다.' 감사 일기를 쓰다 보니 '나의 삶이 슬픔만 있는 것이 아니었구나. 나에게 이렇게 감사한 일이 많았구나.'를 깨닫게 되었어요. 전에는 제가 몸이 많이 아파서 병원에 오래 있으면서 우울한 날도 많았는데 이제는 '내가 지금 이렇게 살아있다는 게 너무 감사한 일이구나!'를 더 많이 느끼게 되었어요. 그리고 지금 내가 과거에 갇히지 않고 나의 삶의 방향을 스스로 선택하려고 하는 이 마음을 갖게 된 것도 너무 감사하게 느껴졌어요. 감사하기의 본질을 알았다고나 할까요? 그러면서 제 기억 속 상처들을 조금씩 다르게 바라보게 되었어요. 그때의 상처가 떠오를 때마다, 그 안에 함께 있던 미움, 원망, 슬픔의 감정을 사랑과 감사, 연민의 감정으로 바꾸는 훈련이 감사 일기로 가능했으니까요. → Heal

챕터1

내 마음을 마주하는 이야기

1

마음 깊은 곳에 숨은 불안과 마주하기
Recognize, 알아차리기

'자신이 걱정하는 그대로 자신의 삶을 살아간다.'

감정 치유 수업 첫 시간에 그 말을 듣는 순간, 심장이 '쿵' 하고 내려앉는 느낌이었어요. 결혼을 약속한 남자친구와의 관계에서 자꾸만 불안이 커져 가고 있던 시점이었거든요. 그 사람의 연락이 조금만 늦어져도 '혹시 무슨 일이 생긴 건 아닐까?' '내가 뭘 잘못했나?' '이러다 결혼을 하지 못하는 건 아닐까?' 하는 부정적인 생각은 꼬리에 꼬리를 물고 이어졌어요. 한 번 불안한 생각이 들면 멈추기 어려워서 그가 전화를 받을 때까지 수십 번이고 전화를 하기도 하고, 늦게 전화를 받으면 화를 내기도 했어요. 이런 저의 불안이 상대를 숨 막히게 만들고 있다는 걸 알면서도 멈출 수 없었죠.

나의 불안은 대부분 안전과 관련된 것들이었어요. 뉴스 속 온갖 사건들을 상상하면서 '끔찍한 사고를 당하면 어떡하지?' 이런 생각이 올라오면 나의 불안감 때문에 남자친구의 일상을 빼앗고 우리 관계를 망치고 있다는 걸 알면서도 나도 모르게 불안으로 쑥 빨려 들어 가고 말았죠. 그러다 감정 치유 수업을 들으면서 곰곰이 생각해 보기 시작했어요. '내가 왜 상대를 통제하고 그의 일상을 간섭하는 거지? 나는 왜 이렇게 불안이 많은 걸까? 나의 이런 불안의 기저에는 무엇이 있는 거지?'

사실 저는 초등학교 3학년 때 오빠의 죽음을 경험했어요. 그때 느꼈던 두려움이 제 마음속에 깊이 남아 있었던 거죠. 그 일은 저에게 평온한 일상이 언제든 한순간에 무너질 수 있다는 공포를 심어 주었고, 그 공포는 누군가와 깊은 관계를 가질수록 더 강하게 작동했어요. '사랑하는 사람이 나를 떠나면 어떡하지?' '그 사람에게 무슨 일이 생기면 어떡하지?' 결국 이 생각은 '나는 혼자가 될 수도 있다.'는 공포로 이어졌어요. 오빠의 사건 이후로 우리 가족은 서로 대화도 하지 않았고 정말 오랜 시간을 슬픔을 이겨 내는 데 보내야만 했거든요.

저를 각성시킨 단어는 '감정 대물림'이었어요. 결혼 후 아이가 생기면 이 불안의 정서를 물려줄 수도 있다는 것을 알게 되었어요. 내가 변하지 않으면 아이에게 그 고통스러운 감정을 물려줄 수 있겠다는 생각에 열심히 공부하고 교육도 받았어요.

감정 알아차리는 방법 중 가장 먼저 실행한 것은 불안감이 올라오면 '스톱'을 외치는 것이었죠. 처음엔 '이게 무슨 효과가 있을까?' 싶었지만, 절박하니 하게 되더라구요. 그날도 마찬가지

였죠. 남자친구가 답장을 늦게 보낸 날, 또 머릿속에서 안 좋은 상상들이 마구 떠올랐어요. '혹시 이런 나한테 질린 걸까?' '다른 사람이 생긴 건 아닐까?' 하는 불안함이 올라오면 더 커지기 전에 혼자 '스톱'을 외치고 나쁜 상상을 멈췄어요. "지금 이 생각은 진짜가 아니야. 이건 내가 익숙한 불안에 반응하고 있는 거야." 라는 말과 함께 말이죠. 불안의 감정은 상상을 기반으로 생겨난 허망한 것임을 되새겼어요. 실제로 소리를 내어 "스톱"을 말하면 불필요한 상상이 멈춰지더라고요. → Recognize

하지만 감정도 습관인지 불안한 감정이 단번에 사라지는 것이 아니라서 계속 반복해서 연습했어요. 최근에는 명상을 많이 하고 있어요. 불안한 마음이 들 때 차분히 눈을 감고 남자친구와 반가운 목소리로 통화하는 상상을 합니다. 또는 설거지를 하기도 해요. 제가 나쁜 상상을 하지 못하도록 설거지에 집중하는 거죠. 설거지 단계들을 말로 하면서요. '접시를 든다, 수세미로 문지른다, 내려 놓는다, 다음 접시를 든다, 또 문지른다, 내려놓는다, 물을 튼다, 헹군다, 올려 놓는다.' 이렇게요. → Recognize

또 하나는 심호흡을 했어요. 시계를 이용해서 들이쉴 때 숫자를 세요. '하나 둘 셋 넷, 다섯 여섯, 일곱' 세고 그다음에 참아요. 참는 숨도 세요. '하나 둘 셋 넷, 다섯, 여섯, 일곱 여덟' 그다음에 내쉴 때도 다시 숫자를 세요. '하나 둘 셋 넷, 다섯 여섯 일곱' 이렇게 계속 심호흡을 하는 거죠. 숨을 천천히 쉬면서 몸이 릴렉스 될 때까지 반복해서 했어요. 처음에는 숨을 쉬는 게 좀 힘들었어요. 잡생각들이 떨쳐지지 않으니 호흡에 집중하기 어려웠거든요. 그래도 단순하게 숫자 세는 것만 생각하면서 호흡을 연습했어요. 요즘은 호흡을 하면 몸도 마음도 편안해지는 걸 많이 느끼고 있어요. → Recognize

그리고 감정을 관찰하는 것도 큰 도움이 되었어요. 왜냐하면 저는 감정이 기쁜 감정, 좋은 감정만 있어야 된다는 생각이 강했거든요. 그래서 우울한 감정, 불편한 감정이 생기면 빨리 없애는 것에만 몰두했던 것 같아요. 그런데 그게 잘되지 않으니 너무 힘들었어요. 그런 저에게 교수님께서는 그런 감정도 다 필요한 것들이니 불편한 감정이 들더라도 그대로 인정해 주고 관찰하라고 하셨어요. 그런데 관찰하는 게 너무 어렵더라고요. 어렵다기보다, 무섭다는 말이 더 어울릴 것 같아요. 제 안의 불편한 감정들을 마주하는 일이 두렵고 무서워서, 자꾸만 외면하고 싶었으니까요.

그 감정을 들여다보면 왠지 내가 그 감정에 계속 빠져 들어갈 것 같고 무슨 일이 일어날 것 같고 그러면서 또 다른 불편한 감정이 생기는 것만 같았어요. 하지만 교육에서 배운 것처럼 '이 감정은 흘러가는 거야. 잠시 나에게 찾아왔을 뿐 언젠가는 지나가기 마련이야. 너무 불안해하지 마.'를 계속 생각하면서 마음을 다독였어요. 그리고 저의 감정을 관찰하면서 '지금 내가 느끼는 감정은 불안이구나. 남자친구가 걱정되니 불안한 마음이 생길 수 있지.'라고 말하거나 글로 썼어요. 그러다 보면 실제로 얼마

지나지 않아 불안한 마음이 지나가는 경험을 하게 되었고, 그런 경험을 몇 번 하고 나니까 두렵고 힘들었던 강도가 조금씩 낮아지더라고요. → Recognize

나의 감정을 들여다볼 때 감정의 당사자가 아니라 객관적인 관찰자로서 바라봐야 한다는 말을 제 나름대로 실천해 보았어요. 제 감정을 관찰할 때, 내가 소파에 누워 있다고 상상을 하고 그렇게 누워있는 저 자신을 제가 바라본다고 상상을 했어요. 나의 감정을 객관화하기 위해서 나 자신을 마치 타인처럼 보려는 노력이었던 거죠. 그렇게 바라보면서 불안해하고 우울해하는 나에게 '너는 왜 불안하니? 너는 왜 우울하니?'라고 질문을 해 보았어요. 그리고 감정이 구름처럼 흘러가는 상상, 물에 떠내려가는 상상을 하면서 '이 감정은 흘러갈 거야. 너무 불안해하지 마.' 그러면서 다독여 주었어요. 그렇게 상상하고 나면 훨씬 마음이 편해졌어요. → Accept

저는 제 마음을 공감해 줬어요. 그래야 그 감정도 흘러간다고 믿었으니까요. '그럴 수 있다. 누구라도 그런 경험의 기억이 있다면 나처럼 불안해하고 힘들 것이다.'라고 공감하며 스스로에게 말해 줬어요. 남자친구에게도 예전에는 '내가 불안하니까 일찍 집에 들어가.'라며 화를 냈다면 이제는 나의 불안을 있는 그대로 담담하게 말해 줬어요. '나에게 이런 불안이 있는데 서서히 사라질 거야. 이런 나를 이해해 주면 좋겠고 나의 과도한 불안으로 당신이 사회생활을 제대로 못 하는 건 더 원치 않는 일이니

내가 더 노력할게.'라고요. → Empathize

그리고 죽음을 두려워하는 어린 시절의 저에게 두려워하지 말라고 편지를 썼어요. 그때 제가 '오빠가 죽지 않고 내가 죽었더라면……' 그런 생각도 많이 했거든요. 그래서 그런 생각을 하지 않게끔 어린 저에게 편지를 썼어요. '다시 한 번 기억해서 많이 힘들었겠다. 많이 힘들고 아팠으면서도 네가 힘든 걸 내색하면 가족들이 힘들어할까 봐 내색도 못하고, 혼자 그렇게 참아내느라 정말 애썼어. 그리고 오빠가 아니라 네가 죽었더라면 상황이 달라졌을지를 계속 생각하는데, 그렇지 않아. 너도 충분히 사랑받아야 하는 사람이고 고귀한 존재야.' 이렇게 썼던 것 같아요. → Change

그러면서 건강하게 애도하기로 마음을 바꿨어요. 죽음은 슬픈 것이기는 하지만 인간에게는 자연스러운 삶의 과정임을 받아들이기로 한 거죠. 그리고 저의 기억에게 사랑과 용서를 구하면서 저의 부정적인 감정들을 정화시켜 나갔어요. 물론 한 번 한다고 해서 확 달라지는 것은 아니더라고요. 그래도 스스로에게 계속 말해 주다 보면 조금씩 좋아지는 건 확실해요. 그리고 놀랍게도 저의 감정을 위로하다 보니 남자친구를 더 많이 공감해 줄 수 있었어요. 제 감정에 집중해 본 경험 때문에 남자친구의 눈빛만 봐도 어떤 감정인지 알게 되었거든요. 공감하는 마음으로 그의 말을 충분히 듣고서 "많이 힘들었겠다." 이렇게 반응해 주니 너무 좋아하더라고요.

어차피 죽음은 피할 수 없는 거잖아요. 저도 언젠가는 죽을 테고, 누구든 죽음을 맞이하는 순간이 필히 찾아올 것이고요. 죽음을 맞이하는 태도가 중요한 것 같았어요. 두려움으로 맞이하느냐, 편안함으로 맞이하느냐는 내가 마음먹기에 달려있다는 것을 깨달았어요. 그래서 매 순간, 지금 여기에서 최선을 다해 사랑하기로 마음먹었어요. 그랬더니 남자친구를 만나는 하루 하루가 너무나 소중하게 느껴지더라고요. 그래서 매일 사랑의 인사를 해 주었어요. 언제 어떤 일이 일어나더라도 그가 나에게서 충분히 사랑받고 있다는 것을 느끼게 해 주고 싶다는 마음으로 말이에요. 처음엔 어색해하던 남자친구도 점점 달라져서 지금은 저에게 하는 사랑 표현도 많이 늘었어요. → Accept

그리고 루틴이 생겼어요. 매일 저녁 감정 일기를 쓰면서 저의 감정을 관찰하고 부정적 생각을 환기했고, 감사 일기를 쓰면서 긍정적 감정 순환을 연습했어요. 반복의 효과는 정말 커서 낮에도 일기의 내용이 기억이 나서 감정 습관이 만들어지더라고요. 부정적 감정이 들 때면 집 앞 공원에 나가서 쓰레기를 줍기도 했어요. 이건 부정적 감정 회로를 끊는 데 효과가 있었어요. 쓰레기를 줍는 데에 집중을 하니까 생각을 할 틈이 없더라고요. 이런 습관들이 감정을 컨트롤하는 데 도움이 많이 되었어요. 이제는 걱정과 불안이 가득했던 저의 세상에 편안과 행복이 밀려들고 있는 걸 느낍니다. → Heal

2

나를 지켜 주는 따뜻한 관심

Empathize, 공감하기

"왜 안 좋은 일들은 한꺼번에 몰려오는 걸까?" 그런 생각이 절로 들 정도로 힘든 시기가 있었어요. 10년의 결혼 생활 끝에 이혼하고서 바닥까지 떨어진 자존감에 남들이 부러워하는 공무원도 때려 치우고 계약직 사무 업무로 이직을 했어요. 어느 정도 일에 적응이 될 무렵 그럭저럭 잘 지내던 과장님과 결국 사소한 오해로 관계가 틀어졌고, 과장님이 차갑게 돌변한 것이 충격이었어요. '내가 뭘 그렇게 잘못했을까?' '왜 이렇게 모든 관계가 버거울까?' '남편과의 관계도 직장에서의 갈등도 모두 내가 문제가 있어서 그런 게 아닐까?' 이런 질문들을 하면서 하루하루를 자책감과 좌절로 채워 나갔던 것 같아요.

동시에 사춘기 한복판을 지나고 있는 아이의 반항도 만만치 않았어요. 아빠의 빈 자리를 느끼지 않게 해 주고 싶어 가능한 많은 시간 아이와 함께 지내려고 노력했지만 역부족이었어요.

저는 누가 시키면 그 순간부터 하기 싫어하는 성향이라 아이에게도 무언가를 강요하는 스타일은 아니에요. 그래서 아이도 가능한 간섭보다는 허용해 주고 지켜보는 방식으로 키웠죠. 그러다 아이가 초등학교 고학년이 되고 저는 싱글맘으로 혼자서 아이를 키우면서 누구보다 잘 해내고 싶은 욕심이 생기니 언제부터인가 아이를 채근하고 혼내면서 틀어쥐고 있더라구요. 감정 수업을 들으며 깨달은 건 엄마로서 내 감정이 아이에게 고스란히 전이되고 반영된다는 거죠. 아이에게 유독 혹독했던 시간은 제 인생에서 가장 힘들었던 시기와 맞물려 있더라고요. 먹는 것도 자는 것도 힘겨워 다 포기하고 싶은 마음만 들어 정말 많이 괴로웠죠.

직장에서도 집에서도 좋은 사람이 되고 싶어서, 내 감정은 누르고 참는 게 전부였어요. 하지만 그럴수록 제 안엔 분노와 슬픔이 쌓여 있었고, 결국 그 감정이 가장 가까운 사람에게 터져나오곤 했죠. 직장 동료에게로, 혹은 아이에게로 감정을 폭발시키고 나면, 늘 깊은 자책감이 저를 덮쳤어요. '나는 왜 이리 한심할까.' '나의 바닥은 어디까지일까.' '이렇게 엉망인 사람인 줄 아무도 모를 거야.' 그런 생각을 하며 눈물로 잠드는 밤이 반복되었어요.

그렇게 지쳐 가던 때 REACH를 만났어요. 첫날 자기 소개를 하면서 참여 동기를 말하는데 상황은 다르지만 다들 나와 그리 다르지 않은 고민들을 하고 있더라고요. '다들 나만큼 힘들게 살아왔구나. 나만 유난스러운 게 아니구나.' 그 동질감 하나만으로도, 저는 처음으로 조금 안심할 수 있었어요. 특히 "이곳에 오는 분들은 간절함이라는 공통분모가 있다."는 교수님 말씀에 묘한 울컥함이 올라오더라고요. 저도 정말 간절했거든요.

특히 REACH 수업의 '공감' 단계에서 '관찰의 언어'가 중요하다는 말이 크게 와 닿았어요. 저는 늘 이런 식으로 말했거든요. "왜 그렇게 해요?" "지난 번도 그러더니 또 그렇게 했잖아요." "하…… 제가 그럴 줄 알았어요." 이런 말들은 사실, 편견에 가득 찬 확신의 언어이고 지적하고 판단하는 말이었어요. 이렇게 대화하는 사람과 누가 이야기를 나누고 싶겠나 싶었죠. '관찰의 언어'는 그게 아니었어요. "제가 며칠간 지켜보니까 당신이 이런 행동을 하더라고요. 그걸 보면서 저는 이런 감정을 느꼈어요." 이렇게 말하는 방식이었죠. 처음엔 쉽지 않았지만, 직장에서 관찰의 언어를 말하기 위해 관심의 시선으로 바라보는 연습을 했어요. 이전에는 '저 사람은 왜 나한테 화풀이하듯 함부로 대할까? 나를 무시하는 건 아닐까?'라는 생각에 감정이 부글거렸다면, 조금 거리를 두고 그 사람의 행동을 있는 그대로 관찰하고 말을 하니 감정에 덜 휘둘리는 거예요. "과장님, 평소보다 일을 처리하는 데 더 많은 시간을 쏟고 계시는데 혹시 무슨 이유가 있을까요?" 물었더니 "그러게, 나도 요즘은 시간이 더 걸리네. ○○ 씨가 이 부분은 좀 도와줄 수 있나요?" 하는 거예요. 과장님과의 관계가 천천히 회복되는 느낌이었어요. → **Empathize**

직장에서뿐만 아니라, 집에서도 마찬가지였어요. 아이에게 잔소리를 퍼붓기 전에, "엄마가 좀 살펴보니 게임을 하면서도 뭔가 불안한 행동을 하더라구, 그래서 좀 걱정이 됐어. 엄마 생각엔 그렇게 불안할 땐 다른 방법을 찾아 보면 좋겠는데 너의 생각은 어때?"로 말하는 거죠. 아이가 더 이상 화내지 않고 제 말을 듣고 있는 것만으로도 정말 좋았어요. 가장 인상 깊었던 건, '공감은 신뢰로부터 시작된다'는 사실이었어요. 공감은 무조건 받아 주는 것도, 무턱대고 맞장구치는 것도 아니었어요. 상대가 스스로 해낼 수 있다는 믿음, 그리고 그걸 기다려 주는 태도였더라고요. 그것을 바탕으로 관찰하고 지지하는 게 중요하다는 것을 매일 매일 떠올렸죠. → Empathize

직장 동료와의 관계나 아이의 문제를 해결하고 싶어서 시작한 감정 공부였지만, 결국 가장 많이 바뀐 건 '나 자신'이었어요. 내가 너무 무너지고 있고 지쳤다는 사실을 아는 것만으로도 큰 도움이 되었거든요. 상황을 더 나쁘게 만들고 그런 현상을 보면서 감정적으로 무너지게 하는 원흉은 '자기 자신'이니까요. 그런데 더 놀랍고 안타까운 것은 제가 그렇게 망가지고 있는 줄도 모른다는 거죠. 내 감정이 부정적일수록 초조하고, 불안할수록 상대의 부족한 면을 들춰서 윽박지르고 내 의견을 강요하니 서로가 불행의 덫에 갇히는 꼴이죠.

교육을 받았다고 현실에서 바로 적용할 수는 없었어요. 감정 치유 수업을 듣고 난 뒤, 저는 배운 내용을 매일 복습했어요. 강의 노트와 메모들을 다시 읽으며, 실제 상황에서 어떻게 적용할 수 있을지 고민하고 또 생각했죠. 그러다 보니 오답 노트가 만들어지더라구요. 관성처럼 예전의 말과 행동을 하고 나서 '아, 이런 상황에선 이렇게 말하라고 했었지.' 하며 다시 적고 혼자 연습했어요. 그렇게 하다 보니, 조금씩 변화가 시작되었어요. "너는 해낼 수 있어. 시간이 좀 필요하다는 걸 나는 잘 알아." "오늘은 계획대로 해냈네! 정말 멋지다." "다음에 조금 더 잘할 수 있을 거야." 이런 말이 더 이상 어색하지 않을 정도로 말이죠. 누군가가 자신을 믿어 준다는 것 하나로 사람이 변한다는 사실 자체가 저를 많이 돌아보게 했어요. 상대의 단점을 지적하는 게 아니라 작은 장점 하나를 보려고 노력하고, 관찰을 위해 사람에 대해 관심을 기울이다 보니 친절함이 자연스럽게 드러나게 되더라고요.

누군가에게 관심을 갖고 관찰한다는 것이 그 사람에게 집중해야만 가능하잖아요. 예전에는 내 바구니를 챙기느라 여념이 없었다면 지금은 상대의 바구니를 바라보게 되는 여유가 생겼다고나 할까요? 그런데 그렇게 하다 보면 어느새 내 바구니도 생각치 못한 것들로 가득 차게 되는 귀한 경험도 하게 되었어요. 저를 힘들게 한 김과장님과 아이가 아니었다면 이런 변화는 없었을 거예요. 교육을 받기 전에는 '내가 이 정도 하면 되지 뭘 더 이상 할 수 있겠어?' 하면서 자포자기했을 텐데, 지금은 아이와의 관계를 위해서 뭐라도 해야겠다는 마음으로 하나씩 하나씩 실행에 옮기는 힘이 생겼어요. 그리고 실천에 옮길 때마다 내가 나를 지켜 냈다는 느낌이 드는데 그 감정을 잊을 수가 없어요. 그 감정이 저를 변화시키는 데 가장 큰 역할을 한 것 같아요.

제 감정을 돌아보며 얻은 가장 큰 변화는 '욱하는 감정 버튼'을 더 이상 누르지 않는다는 거예요. 저의 이런 변화를 가족들이나 회사 동료들이 바로 알더라구요. 예전에는 급발진이었는데 지금은 대화로 풀어 나가는 모습이 신기하다고. 예전에는 감정이 올라오면 그냥 다 쏟아내 버렸다면, 지금은 나의 감정을 읽고 이해하려 노력하고 있거든요. 그랬더니 자연스럽게 욱하는 습관이 사라지더라고요.

'감정 알아차리기' '스키마'에 대한 공부를 하면서 '왜 나는 항상 혼자서 다 해내려 했을까? 왜 나는 늘 강해야 한다고 생각했을까?'라는 질문이 들었고 제 어린 시절의 상처와 마주하게 되었어요. 제가 과거에 얽매어 있었다는 것을 알게 된 거죠. 부모님은 항상 경제적으로 힘들었고, 저는 부모님이 늘 싸우는 모습만 보고 자랐어요. 새벽에 나가 밤 늦게 오시는 엄마는 우리를 잘 돌보지 못하셨고, 형제들은 모두 각자도생으로 지내다 보니 많이 외로웠어요. 뭐든지 혼자서 선택하고 혼자서 해내야 하고 부모님 대신 동생들까지 돌봐야 했어요. 그래서 제 바로 밑 동생이 자기 기억에 언니는 항상 자기를 때리는 사람이었다고 하더라고요.

부모님으로부터 사랑을 받아보지 못해서 그런지 사랑을 주는 방법을 잘 몰랐던 것 같아요. 아이를 정말 사랑하는데도 사랑한다는 말 한 마디 하는 것이 너무 어렵고 안아 주는 것도 그렇게 어색하기만 하더라고요. 친하게 지내는 언니가 있는데 그 언니는 부모로부터 사랑도 많이 받고 자라서 그런지 마음이 참 따뜻하고 아이들에게 사랑 표현도 너무나 자연스러웠어요. 그 언니를 보면서 제가 마음을 표현하는 데에 많이 미숙하다는 걸 느끼기도 했어요. 아이를 사랑하는 마음은 똑같은 것 같은데 말이죠.

그래서 나를 바꾸고 싶다는 마음이 더욱 간절했어요. 더 이상 과거에 얽매여 있을 순 없으니까요. 감정 치유 교육을 통해 저의 감정이 무엇인지 이해하고 표현하는 연습을 하면서 내 감정이 왜 이렇게 폭발하고 왜 마음과 달리 아이에게 사랑 표현을 못하는지 하나씩 알게 되었어요. 누가 내 말에 동의하지 않거나, 감정적으로 반응하면 저는 자동적으로 '또 내가 뭘 잘못했나 보다.' 하며 마음을 닫아 버렸어요. 이런 제 모습을 알아차리게 되자, '아, 내가 인정받고 싶었던 거구나. 나는 사랑받고 싶었던 거구나.' 하며 제 욕구를 들여다본 거죠. 제 욕구와 감정을 꺼내 놓는 데에는 많은 용기가 필요했지만, 어쩌면 그 순간이 진짜 치유의 시작이 아니었나 싶어요. 감정을 억누르기만 하는 것이 미덕이 아니라는 걸 알고는 감정을 자꾸 표현하려 노력했고, 소소한 감정이라도 상대가 기분 나쁘지 않게 이성적으로 설명하려 애를 썼어요.

그리고 저 자신에게 먼저 따뜻해지기로 했어요. 다른 사람에게도 그렇지만 저는 제 자신에게도 똑같이 그렇게 무뚝뚝하고 냉정하다는 걸 알았죠. '더 잘해야 한다. 아직도 부족하다.' 그러면서요. 그래서 일기를 쓰며 이렇게 말해 주었어요. "오늘도 수고했어." "그 사람에게 미소로 반응한 너, 참 따뜻했어." "네가 그런 마음을 가진 사람이라는 게 자랑스러워." 이런 말을 매일 스스로에게 건네다 보니, 마음이 정말 조금씩 따뜻하게 데워지기 시작했어요. 그런 마음이 드니 자연스럽게 다른 사람들과 아이에게도 예전보다 더 따뜻하게 바라보고 대화를 하게 되었고요. → Accept

저에게 부정적 사고가 깊게 습관처럼 박혀 있는 것이 제일 힘들었어요. 교수님께서 지금까지와는 다르게 어떤 행동이나 습관을 가져보라고 하셔서 일상의 작은 변화들을 실험했어요. 퇴근길에 일부러 다른 길로 걸어 보고, 음악도 늘 듣던 발라드가 아니라 클래식이나 팝도 들어 보고, 안 읽던 소설책도 펴 보았어요. 아직 그게 효과가 있는지 잘 모르겠지만 내가 바뀌려고 노력하고 있다는 사실만으로도 제 마음은 조금씩 달라졌어요. 물론 그러다가도 다시 옛날 습성이 튀어나와 무심코 말 한 마디 던지고서 후회하는 일도 여전히 있죠. 그런데 '아, 내가 또 상대를 무시하고 있구나. 그가 스스로 자기 일을 못한다는 내 편견이 작동했구나. 그래서 또 화가 났구나.'를 인지하고 바로 생각을 바꿔요. '아닐 수 있잖아. 그리고 그 사람도 점점 변하고 있는 걸 인정하자'라고요. 그럼 더 이상 감정이 폭발하지는 않아요. → Change

제 감정을 이해하는 것으로도 일상이 이렇게 달라질 수 있다니 신기하기만 해요. 작은 일로도 감정이 상해 언쟁을 하던 제가 완전 다른 순환 고리의 감정을 만나면서 다른 일상을 살게 된 거죠. 단지 감정을 표현하고 언어를 달리 하는 것만이 아니라 '마인드셋'이 달라졌다는 것이 큰 변화예요. 이전에는 상대의 이야기를 들어주는 게 사실은 버거웠거든요. 빨리 하던 일을 해야 하는데, 상대는 말을 하기 시작하면 끝날 줄 모르니 대충대충 듣고서 '그래서 어떻게 되었어요? 누가 잘못한 거죠? 그래서 뭐가 문제죠?' 하고 빨리 결론만 말해 주기 바랐어요. 그게 저의 '고정 마인드셋' 때문이라는 걸 알게 되었어요. 그래서 알려 주신 대로 '성장 마인드셋'을 위한 질문을 해 보았어요. '그걸 하면서 뭐가 좋았는지, 예전에 하던 것과 뭐가 달라졌는지, 그러면서 어떤 감정이었는지, 앞으로 어떻게 더 잘하고 싶은지'와 같은 질문을 말이죠. → Heal

이런 질문은 제가 제 자신에게도 하면서, 스스로 노력해 가는 과정 자체를 소중하게 여기고 있답니다. 이렇게 제가 저의 감정을 이해하는 방법을 알게 되니까 자연스럽게 다른 사람들의 감정에 관심이 가고 특히 타인의 감정을 이해하는 데에도 도움이 많이 되었어요. 나와 다른 환경과 성격을 지닌 타인이지만 다름을 전제로 두고 머리로도 이해하려 노력하고 마음으로도 공감하려 노력했어요. 내가 나를 이해해 주고 감정 표현을 통해 타인으로부터도 이해받을 수 있었듯이, 내가 상대에게 그런 편안함과 위로를 전하고 싶었거든요. 제가 변하자 그들은 저보다 훨씬 빠르게 변하더라고요. 감정을 알게 되었다는 건 제 인생의 큰 전환점인 것 같아요. → **Recognize**

3

괜찮아, 그럴 수 있어
Accept, 받아들이기

저는 어린 시절, 아버지에게 맞는 어머니를 보며 두려움과 공포에 시달렸습니다. 그런 아버지의 자식이란 걸 생각하면 제 자신이 혐오스러워질 정도로 아버지가 싫고 밉습니다. 저희 아버지는 남들에게는 인정받으려는 욕구가 강한 반면 가정에는 매우 소홀했어요. 그래서 저는 결혼을 하면 절대 아버지같은 사람과는 하지 않겠다는 생각을 했고 다행히 좋은 사람을 만나서 지금 2년차 결혼 생활을 하고 있습니다.

그런데 아이가 생기면서부터 문제가 발생했어요. 육아를 하면서 제 안에 숨어 있던 본성이 드러나기 시작했어요. 스트레스를 받으면 남편에게 그 모든 화풀이를 하면서 남편을 쥐 잡듯이 했어요. 그래 놓고 아침에는 또 아무렇지 않게 일어나서 하루 종일 육아 서적을 읽으면서 좋은 엄마가 되기 위해서 노력을 했죠. 육아 서적을 보면 한결같이 하는 말이 아이가 문제가 아니라 엄마가 문제라고 지적하더라고요.

  제가 저에 대해서 들여다봤던 것 중에 정말 섬뜩한 게 뭐였냐면, 평소에는 아이에게 친절하게 대하지만 화가 나면 상상 이상으로 아이에게 압박을 주면서 괴롭히는 거였어요. 제가 어렸을 때 아버지가 주무시는데 실수로 물을 엎질러서 아버지 얼굴에 물이 튀었어요. 그때 아버지가 저를 숨도 못 쉬게 혼을 냈는데 거의 때릴 듯이 으르렁대서 너무나 무서웠던 기억이 있어요. 그래서 나는 절대 그러지 않겠다고 다짐했었는데 아이를 무섭게 혼내는 저의 모습에서 아버지의 모습을 보았던 거예요. 제가 인식하지 못했던 부분이어서 너무 깜짝 놀랐어요.

  저의 가장 큰 문제는 아이가 제 말을 듣지 않으면 엄청 짜증이 난다는 거예요. 혼자서 그 짜증을 해결하지 못하고 아이에게 표현을 했는데, 말로는 못하고 아이의 팔을 세게 꽉 잡는다던지 하면서 아이가 제 말을 듣게 하곤 했어요. 그런데 이런 비언어적 표현도 아이를 괴롭힐 수 있다는 것을 알고서 나에게 이런 폭력성이 숨어 있다는 것을 깨달았어요. 나의 무의식에 폭력성이 대물림되어 숨어 있었다는 것을 알아차리고 얼마나 놀랐는지 몰라요. 혼자서 자책도 많이 하고 마음도 너무나 괴로웠습니다.

  그러면서도 한편으로는 아이를 잘 키우고 싶어서 육아에 몰두하는 저의 모습을 볼 수가 있었어요. 저는 결혼 전에 직장을 다니다가 육아에 올인하고 싶어서 퇴사를 하고 독박 육아를 시작했는데, 친정이나 시댁의 도움을 받을 수도 없는 상황이라 혼자서 오롯이 아이를 키웠어요. 그래서 아이를 잘 키워 내는 게 제 삶의 성과라고 생각하면서 육아를 일하듯이 열심히 했어요. 아이에게 책 읽는 습관을 들이는 것을 목표로 하고는 아이가 세 살이 되기 전에 천 권이 넘는 책을 읽어 줄 정도였어요.

    책 읽는 습관도 잘 들였고 정성을 쏟은 만큼 아이가 잘 자라고 있다고 생각했는데, 아이가 네 살 무렵에 계속 저의 눈치를 보면서 자기 감정이나 생각을 잘 표현하지 못한다는 것을 알게 됐어요. 아이 두뇌 발달을 위해서는 세 살까지가 매우 중요하다고 해서 육아 서적에서 하라고 하는 것들을 모두 아이에게 해 주며 엄마로서 정말 열심히 살았는데 왜 이렇게 된 건지 이해할 수 없었어요. 아이를 위해 한 노력이 물거품이 된 것 같아서 너무 절망스러웠어요.

    '쟤가 왜 저러지?' 그러면서 괜히 짜증만 내고, 좀 더 편안하게 자기 감정을 이야기했으면 좋겠는데 그러지 못하는 아이를 보면서 '쟤는 왜 저걸 못하는 거지?'라면서 답답해하기만 했어요. 그런데 강의를 들으면서 가만히 생각해 보니 '내가 그렇구나!'라는 것을 알게 되었어요. 나도 나의 감정을 정확히 인지하지 못하고 어떻게 표현해야 하는지 몰라서 짜증만 내고 있다는 것을 알게 된 것이죠. 그제서야 강의에서 들었던 '공감은 자기를 이해해야 가능하다'는 메시지가 이해가 됐어요.

    결정적인 사건은 아이가 초등학교에 입학한 시기에 벌어졌어요. 제 아이가 수업시간에 전혀 집중을 하지 못하고 수업 진행에 방해가 되니 조치를 해 달라는 선생님의 연락을 받은 거죠. 하늘이 무너지는 심경이었어요. 소아청소년과에 갔더니 ADHD의 경계에 있으니 좀 더 지켜보면서 약물 치료를 하자고 했어요. 한편으론 다행이다 싶었지만 그 이후로 아이를 더 혼내고 잔소리가 늘어나는 게 문제였죠. 사실 학교에 가서 선생님께 혼나거나 친구들에게 놀림당할까 봐 걱정됐기 때문에 그런 건데, 결국 아이는 학교에서도 집에서도 늘 혼나는 상황이 돼 버린 거예요. 이런 깨달음도 교수님과 상담을 하면서 알게 되었어요. 제 아이가 얼마나 외롭고 힘들었을지 처음으로 생각해 본 거죠.

그러면서 제가 또 저를 자책하기 시작했어요. '나는 왜 다른 엄마들처럼 아이를 온정적으로 대하지 못해서 저렇게 감정 표현도 제대로 못하는 아이로 자라게 한 걸까?' '그러다 결국 소아청소년과를 가야 할 지경에 이른 건 아닐까……' 처참하고 부끄러웠어요. 그러다가 저의 무의식에 아버지에 대한 원망과 미움이 있다는 것을 어렴풋이 알게 되었어요. '나는 왜 내가 싫을까?'를 생각해 봤을 때, 아버지에게 혼났던 그 어린 시절의 저를 떠올리게 되었던 거죠. 아무것도 못하고 무기력하게 혼나기만 했던 그때의 스스로 느꼈던 그 감정이 수치심이었다는 걸 교수님 강의를 듣고 알았어요. 그래서 아버지를 공격하는 것으로 내 수치심을 가리고 싶었던 것이라는 것도요. 수치심이라는 감정을 알고 나서는 아버지에 대한 원망도, 저 자신에 대한 미움도 조금씩 사라져 가고 있어요. → Heal

아버지에게 혼나고 싶지 않아 늘 긴장했던 그 시절이 고스란히 내 몸에 기억되어 버린, 나의 스키마였던 거죠. 아이를 키우면서도 육아 서적을 그렇게 읽어대고 성과를 내는 하나의 작업처럼 한 것도 '사람들이 나를 형편없는 엄마라고 하면 어쩌지? 내 아이가 잘하지 못하면 어쩌나?' 싶은 걱정과 불안, 우려가 컸던 거죠. 그 생각을 한 문장으로 정리해 보니 '내가 제대로 엄마 역할을 할 수 있을까? 그럴 수 없을 거야.'였어요. 그럼 '나는 왜 그렇게 생각을 할까?' 하고 그 이유를 생각해 보니 '사랑받지 못한 내가 아이를 잘 키운다는 건 어불성설이다.' 이렇게 생각하고 있는 거죠. 지금은 그런 생각이 들 때마다 머리를 다시 묶어요. 그게 생각을 바꾸는 저만의 신호예요. → Change

아버지를 용서해 보려는 생각을 하기도 했지만, '내가 왜 그 사람을 용서해야 되지? 내가 왜 그 사람에 대한 미움으로 지금까지 힘들어야 되지?' 등과 같이 여러 가지 복잡한 생각이 들면서 쉽지가 않았어요. 내 안에 아버지를 용서하기 싫어하는 저항의 마음을 무조건 인정하려고 하니까 잘되지 않았어요. 그러다 수용을 배우면서 '서렌더'라는 단어가 제 마음에 확 들어왔어요. 불안하고 두려움이 몰려올 때면 그냥 '서렌더'를 외치는 것만으로도 그 감정이 가라앉는 게 신기할 정도였어요. 그리고 믿다는 생각을 멈추고 '내가 아버지를 생각할 때마다 긴장하고 있구나, 호흡이 가빠지는구나.' 하면서 내 몸에 집중했어요. 생각을 내 몸으로 연결해 보니 '왜 그런 부질없는 생각을 하고 있었을까?'

싶더라고요. → Accept

　무엇보다 자기 연민을 통해 나에게 친절하려고 노력했어요. '그런 상황에서는 당연히 그럴 수 있다. 누구나 다 그런다.' 이 말이 나를 크게 위로해 줬어요. 아이를 잘 키우지 못했다고 스스로를 자책하며 괴로워하고 있던 저를, 그리고 아버지를 닮아 내 아이와 남편에게 폭력적이었던 나 자신을 연민의 마음으로 위로해 주었어요. 내가 나를 미워하고 싫어하는 마음의 근원에는 어렸을 때 아버지 앞에서 연약할 수밖에 없었던 나 자신에 대한 수치심이 있었기 때문임을, 그러나 누구나 그 상황에서는 그럴 수밖에 없었을 것임을, 내가 느끼는 감정은 당연한 것임을 인정해 주었어요.

　대물림되는 나쁜 감정의 폭발은 내 의지에 따라 그 연결고리를 끊어 낼 수 있음을 믿고, 짜증나는 감정이 올라올 때 건강하게 변화시키기 위해 노력했어요. 폭력성이 대물림되고 있다는 것을 내가 인지하고 있다는 것부터 그 시작이라고 했으니, 이미 나는 희망의 첫걸음을 내디딘 것이라고 생각했어요. 내 안에 억눌린 감정들이 불필요하게 폭발해서 가족들에게 상처를 주는 일이 생기지 않도록 내 안의 감정들을 돌봐 주었어요.

　이렇게 서렌더를 통해 내 안에서 소화시키지 못했던 감정들에 대해 받아들이고 이해하면서 제 자신을 돌보기 시작하자 저의 삶에도 많은 변화가 찾아왔습니다. 남편도 아이도 저의 눈치를 보지 않고 편안하게 이야기할 수 있게 되었고, 그리고 무엇보다 제 마음이 편안해 졌어요. 항상 찌푸려져 있던 저의 미간도 이제 긴장을 풀고 미소 지을 수 있게 되었고요. 나 스스로를 이해하고 받아들이는 것이 얼마나 중요한 일인지 온몸으로 느낄 수 있는 시간이었습니다.

그리고 제 자신에 대해 이해하게 되자 아이와의 대화도 한결 편안해졌어요. 아이가 자기의 감정을 표현할 때까지 기다려 주고 어떤 감정을 이야기하면 '그럴 수 있겠다.'라고 말해 줬어요. 저에게는 그래도 몇 마디 하는데 사람들 많은 곳에 가면 입을 다물어 버리는 아이에게 그 때 어떤 감정이었는지 물었어요. 그냥 좀 무서웠다고 해서 예전에는 '그게 뭐가 무섭냐.'고 혼을 냈다면 이젠 '그럴 수 있다, 엄마도 그런 경험이 있다.'고 말해 주고 있어요. → Empathize

어느 날은 하교 후 집에 온 아이가 책가방을 던지고서 친구와 게임을 하고 오겠다고 조르는 거예요. 우리 규칙이 자기의 할 일을 한 후 게임을 하기로 했으니 숙제를 먼저 하라고 하니, 투덜대며 수학책을 펼치고 짜증을 내더라고요. 그 모습을 보니 화가 머리 끝까지 올라 아이의 책을 던지면서 그런 태도로 공부할 거면 그만 때려 치우라고 버럭 화를 내고 말았어요. 한 달이면 너에게 들어가는 돈이 얼마인데 그렇게 철없는 생각이나 하고 있냐고 잔소리를 퍼부은 거죠.

그때 아차 싶었어요. '지금 나에게 분노의 감정이 올라왔구나.'를 자각하고는 바로 안방 베란다에 만든 나만의 공간에 들어

갔어요. 향초에 불을 켜고 3분 동안 명상을 했어요. 감정을 잠재운 뒤, 다시 아이에게 가서 말했어요. "지훈아, 엄마가 책을 던지고 화를 내며 그만 때려 치우라고 말했을 때 기분이 어땠어? 무안하고 당혹스럽진 않았어? 엄마도 너에게 그런 행동을 하고 나서 많이 속상하고 좌절감이 들어 후회했어. 지훈이는 친구들과 게임을 하고 싶었을 텐데 그 마음을 전혀 이해해 주지 못한 엄마가 많이 미안해."라고요. → Recognize, Empathize

그리고는 '내가 왜 이렇게 분노의 감정을 가지게 되었을까?' 하고 자신에게 물었어요. 돌아본 저의 마음에는 '과도한 입시 경쟁에서 뒤처지면 어쩌나?' 하는 걱정과 불안감이 크게 자리잡고 있었어요. 아이의 미래를 위해 지금 내가 엄마로서 잘 하고 있는지, 이렇게 하는 게 최선이고 맞는 건지 너무 막막했어요. 남들 하는 거 따라 해 보는데 사람들마다 말이 달라서 어디에 기준을 두어야 할지 모르겠는 거죠. 이렇게 생각을 감정과 분리하고 나서 아이가 자신의 욕구를 그대로 표현하게 도와주었어요.

"엄마는 우리 지훈이가 누구 못지 않게 잘 살아가길 바라는 마음이 커. 좋은 대학도 가고 원하는 직장을 얻어서 행복한 삶을 살았으면 해. 그래서 지금 엄마가 잘 하고 있는지 걱정되고, 무엇을 더 해야 하는지 불안하고 두려웠던 것 같아. 그리고 지훈이는 공부보다 게임을 더 좋아한다고 엄마가 섣불리 판단하니 화가 났던 것 같아. 다시 한번 미안해."라고 말해 주었어요. → Accept

제가 저의 감정 상태를 돌아보면서 저의 감정에 대해 스스로 인지하고 성찰하는 과정을 통해 아이의 감정을 돌볼 수 있게 되었던 것 같아요. 그 과정에서 아이에게 참 부끄럽기도 하고 여전히 아이에게 화가 나는 순간들도 많지만, 이제는 예전처럼 화를 부정적으로 발산하는 것이 아니라 감정을 긍정적으로 흘려 보내는 방법을 알게 되었어요. 그리고 제가 솔직하게 저의 감정을 말하자 아이도 자신의 감정에 대해 자유롭게 발산할 수 있게 된 것이 참 기뻐요. → Heal

저는 오로지 '어떻게 하면 아이를 잘 키울까?'를 생각했지만 지금은 '어떻게 하면 나의 길을 잘 갈까?'로 질문이 바뀌었어요. 예전에는 24시간을 아이들을 위해 썼다면 지금은 30% 정도는 저를 위한 시간으로 사용해요. 요즘은 제 일을 하고 있으면 아이들이 곁에 와서 이것저것 물어요. '재밌느냐? 왜 이걸 하느냐?' 등등 저의 일에 대해 궁금해 하더라고요. 그리고는 '엄마, 나 국어 숙제를 할까?'라고 먼저 말하는 게 신기했어요. 제가 하라고 하기 전까지 스스로 자기 일을 하지 않던 아이가 말이죠. 그리고 저의 시간을 갖기 시작하면서는 감정 일기도 반성과 후회보다는 감사와 행복의 내용으로 채워지게 되고, 자존감도 많이 회복되더라고요.

또한 매일 감사 일기를 적어요. 교수님이 알려 주신 대로 포스트잇에 적어서 집안 곳곳에 붙여 놨더니 아이들이 자연스럽게 읽고 따라하더라고요. 나의 삶을 돌보지 않은 채 아이들을 돌보는 것에만 몰두했을 때에는 아이들도 불안해 했던 것 같은데, 놀랍게도 제가 저의 삶을 돌보기 시작하자 아이들이 그런 저를 보고 제가 바라던 삶을 살기 시작하더라고요. 엄마의 시간을 가지라는 교수님 말씀의 의미가 무엇인지 진정으로 깨닫게 된 순간이었어요. → Heal

4

반복적 감정 패턴을 끊다
Change, 바꾸기

　제가 직장 생활을 하면서 가장 힘들었던 점은 가장 가까운 동료의 감정에 너무 휘둘린다는 거예요. 그 동료의 감정이 다운되어 저에게 평소와 다르게 대하면 어떻게 그 상황을 모면해야 할지 몰라 힘들었어요. 그 동료는 저와 비슷한 성향이라 회사에서 가장 가깝게 지내면서 많이 의지하는 사람인데, 좀 예민하고 꼼꼼한 부분이 있어서 생각지도 못한 일에서 감정 동요가 있더라고요. 그럴 때마다 너무 당황스럽고 그 친구의 감정을 제가 그대로 흡수해 버리면서 우울감, 무력감, 불안감을 느끼곤 해요.
　제가 지금은 이렇게 제 감정을 구체적으로 이렇다 저렇다 말하고 있지만 예전에는 제 감정을 어떻게 다뤄야 하는지 잘 몰랐어요. 화를 낼 만한 상황에 처했을 때에도 너무 당황해서 몸과 마음이 얼어붙는 느낌이랄까요. 그리고는 이런 상황이 다 내 탓인 것만 같아 움츠러들었어요. 감정 치유 수업에 가서 어떤 주제로 코칭을 진행하면 좋겠냐고 하셔서 방금 이야기한 동료와의 문제를 말씀드렸거든요. 그런데 교수님이 그 문제 외 다른 상황에서 우울감이나 무력감, 불안한 감정을 느낀 적이 있는지 물으시는 거예요. 그 질문을 받고서 제가 울컥하면서 걷잡을 수 없이 눈물이 났어요. 왜 눈물이 나는지 몰랐는데 지금껏 살아오면서 저의 힘든 감정에 대한 이야기를 그 어느 누구에게도 말해 본 적이 없다는 사실을 그제서야 안 거죠.

저는 부모님의 뜻대로 명문대를 졸업하고 대기업에 입사했어요. 그런데 입사한 지 7년이 지났는데도 완벽하게 업무를 수행하지 못하고 실수하는 저를 용납하기가 어려웠어요. 제가 원하는 직장도 아니고 제 적성과 잘 맞는 업무도 아닌 데다, 업무 특성상 제가 스스로 결정할 수 있는 것은 한계가 있었고요. 일이 잘못되면 온전히 제가 책임을 져야 하는 불합리한 시스템에서 일을 해야 하니 일이 힘들게 느껴지기만 했어요. 물론 제 자신에게 세워 놓은 기준이 엄격하다는 걸 알고 있었지만, 7년차인데도 업무상 실수가 여전히 있다는 것을 확인할 때마다 너무 힘들었어요. 그럴 때 크게 자책하고 많이 우울해 했어요.

그렇게 실수할 때마다 자꾸 부모님을 원망하는 저를 발견했어요. '원하지도 않은 일을 부모님이 강압적으로 밀어붙여서 대학도, 직장도 선택했는데, 부모님은 왜 그렇게 이 길을 원하고 강요했을까? 나에게 아무런 선택의 기회도 주지 않고서……' 시간이 지날수록 이런 생각이 상처로 남았어요. 고3 때 부모님께서 저의 진로를 일방적으로 결정하고 강요하셨던 기억이 떠오르면 끝없는 좌절과 우울감에 빠지곤 해요. 그 당시 아버지 결정을 무시할 만큼 제가 선택할 진로도 마땅치 않았고 다른 선택을 한다는 것 자체가 무엇보다 불안했어요. 그래서 그냥 그렇게 저는 수긍할 수밖에 없었던 것 같아요.

업무상 실수가 다행히도 무난히 처리되었을 때에도 자책과 우울이 계속 남아서 저를 괴롭혔어요. '나의 행복은 뭘까? 사람은 행복하려고 태어난 건데 나는 왜 이렇게 살지? 무엇을 위해 나는 계속 이렇게 살아야 하지?' 이런 생각이 들면서, '부모님은 무엇을 기대하고 날 여기에 서 있게 했을까?' 하는 생각이 멈추질 않았어요. 아버지의 강한 성격이 저를 한없이 초라하게 만들고 소심하게 만들었어요. 주관이 뚜렷한 분이어서 아예 대화가 통하지 않아 그분 말씀에 그저 순응할 수밖에 없었는데, 그러면서 저는 위축되고 무력한 아이가 되어 버린 거죠.

그래서인지 아빠에 대한 원망감이 시간이 갈수록 커지더라구요. 아버지를 피하기 위해 회사에서 지원하는 해외 파견을 신청하기도 했어요. 아빠가 있는 한 한국에서는 절대 행복할 수 없다는 생각이 들었거든요. 회사에서도 누군가 날 억압한다는 느낌이 들면 아버지가 떠오르니 한국을 더 떠나고 싶었던 것 같아요. '미국에 가면 내 마음이 조금 편안할 수 있겠다. 이런 우울감에서 해방되어 내가 하고 싶은 일을 마음껏 하면서 자유롭게 살 수 있겠다.' 이런 생각을 해서 무조건 외국으로 나가고 싶었어요. 그런데 운명처럼 지금의 남편을 만나서 미국을 가지 않아도 여기서도 내가 행복할 수 있는 길이 있다는 것을 알게 되어 국내에 머물게 되었어요.

저는 내향적인 사람이라 혼자만의 시간을 가지며 에너지를 충전하고 스트레스를 푸는 시간이 필요해요. 남편의 존재는 든든하지만, 그 사람을 신경 써야 할 시간이 늘어난 것이 버겁기도 해요. 남편도 회사 일로 힘들어하는 경우가 있는데 같이 고민하고 공감할 여유가 없다는 게 슬퍼요. 그러면서 남편 눈치를 살피곤 하는데, 어렸을 때부터 아빠의 눈치를 엄청 많이 보고 자란 탓이 아닐까 싶어요. 너무 엄격하신 아버지의 눈치를 살피는 게 습관처럼 남아 버린 거죠. 상대가 기분이 안 좋으면 나 때문인가 하는 생각이 먼저 들고 나에게 화풀이를 하거나 나를 힘들게 하면 어쩌나 걱정부터 되는 거죠.

제가 감정 치유에서 얻은 가장 큰 소득이 바로 '스키마 다루기'예요. 스키마가 액자와 같은 사고 프레임이라는 설명을 듣자마자 '아……' 하는 탄식을 했어요. 무엇보다 그 스키마가 어렸을 때의 경험으로 형성된다는 사실이 놀라웠어요. 저에게는 늘 아빠의 눈치를 보면서 불안하고 무기력한 저의 감정이 스키마가 되어 버린 거예요. 그래서 모든 상황에서 저만의 스키마대로 해석을 했던 거죠. 알려 주신 대로 나의 스키마로 자동적 사고를 하는 저를 관찰했어요. 상황은 다른데 저의 자동적 사고는 일관되게 작동하더라구요. '내가 뭘 잘못했나? 나 때문에 저 사람이 저렇게 화가 났나? 저 사람의 우울에 내가 영향을 미친 건 아닐까?' 하는 생각들 말이에요.

저는 감정 저널링을 같이 했어요. 노트에 모든 걸 적기 시작한 거죠. 남에게 차마 하지 못할 말들, 예를 들면 험담이나 욕설까지 모두 적었어요. 그래서 내가 힘들 때마다 아버지에 대한 원망감이 동시에 떠오르면서 분노하고 있다는 것을 알게 되었어요. 그전에는 그저 우울, 슬픔만 느꼈는데 그게 원망, 분노라는 것을 깨달았던 거예요.

스키마가 작동하는 자동적 사고에 관한 일지를 적으면서 아빠가 나한테 준 상처를 낱낱이 적었어요. 그 상처가 너무 커서 처음 감정 치유에서 '용서'에 대해 공부할 때에도 결코 아빠를 용서하기는 어렵겠다 싶었어요. 고등학교 3학년 때 적은 일기에도 아빠를 결코 용서하지 않겠다고 적었더라고요. 그런데 어느 날 일지를 덮으면서 문득 '아빠도 어쩌면 참 불쌍한 사람이구나.' 하는 생각이 들었어요. 그러면서 아빠를 조금씩 이해할 수 있겠다는 마음이 생겼죠.

그리고 용서가 어렵다면 대체 감정으로 감사를 이용하라고 배웠는데, 그걸 한 번 적용해 보고 싶었어요. 어쨌든 저를 키워주신 집안의 가장으로서 성실하게 일을 하셨고, 그래도 제가 정상적으로 성장해서 사회에 나올 수 있도록 뒷바라지해 주신 부분을 생각하면서요. 그리고 아빠에게 벗어나기 위해 해외 파견을 준비하는 과정에서 그걸 도와주는 남편과 만났거든요. 아빠가 준 선물이 남편인 거죠.

　이렇게 저널링을 하고 일지를 적으면서 가장 좋았던 건 저에 대한 자책과 혐오가 줄어든 거예요. 그 감정이 스키마로 촉발된 부정적 사고 때문에 생겼다는 것이 놀라웠어요. 그러면서 그 친한 동료에게 감정을 표현하는 것도 점점 가능해졌어요. "난 네가 우울하고 힘들어하면 어떻게 해 줘야 될지 몰라서 좀 당황스러워. 왜냐하면 나도 내가 그렇게 힘들 때 어떻게 처리해야 될지 몰라서 혼자서 전전긍긍하거든. 네가 그러면 그게 내 모습 같아 보이니까 감정이 전이되어 버리는 거야. 네가 우울하고 힘들어 할 때 뭔가 도와주고 싶은데, 내가 되게 눈치를 많이 보는 성격이어서 너에게 다가가기도 어렵고 어떤 말을 하는 게 조심스럽기만 하더라고."

　이렇게 말하면서도 그 친구의 반응이 궁금하고 걱정되기는 했어요. 그런데 놀랍게도 그 친구가 제 말에 고개를 끄덕여 주더니 손을 꼭 잡더라고요. 그렇게 말해 주어 고맙다고. 덕분에 나와 더 가까워진 느낌이라고 하는 거예요. 감정 표현이 근육처럼 쌓이고 단단해진다는 말이 실감나고 있어요. 예전에 비해 지금의 저는 훨씬 더 저에 대해 잘 표현하고 있어요. 가장 좋은 건 우울감이나 무력감이 줄었다는 거예요.

5

건강한 감정이 건강한 일상을 만든다
Heal, 보다 강해지기

수진이는 고교 시절 가깝게 지내던 친구였어요. 졸업하고 연락이 뜸하다가 제가 다니던 회사로 수진이가 이직해 오면서 다시 친해졌어요. 같은 부서에, 사는 곳도 가깝고 아이들도 비슷한 또래이다 보니 육아 정보도 주고받으면서 자주 왕래를 하며 가족처럼 의지하며 지냈죠.

그러던 어느 날 업무 문제로 갈등이 있었는데, 그 이후로 서로에게 서운함이 풀리지 않아 어색한 분위기가 좀 길어졌어요. 이대로는 안 되겠다 싶어 겨우 저의 마음을 추스르고 대화를 시도했는데, 수진이가 다른 직원들이 있는 앞에서 저에게 "너도 이제 철 좀 들어라. 남들 기분도 생각하면서 살아야 되는 거 아니야? 언제까지 그렇게 이기적으로 굴 거야?"라고 말하는 거예요. 얼마나 모욕감과 수치심을 느꼈는지 저도 그 순간 컨트롤이 안 돼서 하고 싶은 말을 다 퍼붓고 말았어요.

감정 치유 수업을 들을 땐 '아, 이젠 방법을 알겠다.' 싶었고 인간관계도 달라질 수 있겠다는 기대감이 컸어요. 그러다 예기치 않은 사건이 터지니까 감정이 한꺼번에 와르르 무너지면서 아무것도 할 수 없다는 무력감마저 느꼈어요. 정말 많이 힘들더라고요. 휴대 전화 문자로라도 그 당시 내 마음과 달리 공격을 받으니 너무 당황해서 얼떨결에 감정이 폭발하고 말았다고, 그래서 너무 심한 말을 했다고 말해야 하나 고민이 깊었어요. 다른 사람들에게 이런 상황에서 어떻게 하느냐고 조언을 구했는데, 일단 거리를 두면서 간극의 시간을 좀 두면 어떻겠냐고, 그러면 서로의 마음이 진정되는 시간이 될지도 모른다는 말에 설득이 되었어요. 사실 어떤 말을 어떻게 해야 할지도 몰랐고 수진이가 무엇 때문에 그렇게 화를 냈는지 알 수가 없었거든요. 내가 당황했고 수치스러웠다고 내 입장만 말하다가 다시 언쟁을 높이는 일이 생길까 겁나기도 했구요.

그래서 일단 급한 마음을 접고 아무 일도 없었던 것처럼 지내려 했지만, 내가 뭘 그렇게 잘못했는지 혼자 자꾸 되짚게 되고, 그렇게 믿었던 수진이가 어떻게 나에게 이럴 수 있나 싶어 진짜 외롭고 허탈했어요. 그동안 함께 했던 시간들까지 부정해야 된다는 게 제일 무서웠어요. 한편으론 이러다 화해할 시간을 놓쳐 수진이와 완전히 등지게 되면 어쩌나 하는 우려도 있었던 것 같아요. 어느 정도 시간을 보내야 되는지, 언제까지 이 무거운 기다림의 시간을 버텨야 하는지 모르겠어서 괴로웠어요.

그러다 감정 치유 수업의 사후 복습 시간(follow-up session)에 참여하게 되었는데, 뜻밖에 제 문제를 이슈로 다루어 주셨어요. 그 순간이 저에게는 선물 같은 전환의 기회가 된 것이죠. 가장 먼저 제 마음속에 들어온 메시지는 '누군가 한 번쯤은 다 겪는 시간들인 것 같다.'는 말이었어요. '맞다. 나는 왜 나만 이런 문제를 겪는다고 생각했지? 어느 누구라도 이런 상황을 경험할 수 있는 거 아닐까?' 이 생각만으로도 묵직하게 짓눌리고 있는 감정이 해소되는 느낌이었어요.

그리고 '상처받지 않았으면 좋겠다. 그럴 이유가 하나도 없다. 당신에게 어떤 문제가 있어서가 아니다. 어쩌다 살아가다 보면 누구든 그런 이슈를 마주하게 된다.'는 말을 듣고 결국 펑펑 울고 말았죠. 수진이와의 사건 이후 뭔가 스멀스멀 올라오는 두려움에 사로잡혔고 차갑고 불편한 아픔이 있었거든요. 내가 감정 조절도 못하는 심각한 사회 부적응자가 되었다는 생각에 제 자신이 끝없이 초라하고 작아지는 것만 같았어요.

그런데 그 이슈를 상처로 남게 할지, 기회로 전환할지는 오롯이 나의 선택이라는 말에 정신을 바짝 차렸죠. 그 시간이 결코 쉽지 않겠지만 누군가가 같이 걸어가 주면 조금은 위로가 되는데, 오늘 이 시간을 함께하는 우리가 그런 존재가 되어 주겠다는 말에 큰 위안과 깨달음을 얻었어요. 누군가를 공감한다는 것이 어떤 큰 행위가 아니라 '너는 아무런 문제가 없으니 괜찮다. 그 힘든 시간 견디는 동안 그저 곁에 함께해 주겠다'라는 따뜻한 말로 충분하다는 걸 안 것이죠. 그렇게 공감을 받으니 제 마음속 깊이 박혀 있던, 저도 미처 몰랐던, 아니 보려고 하지 않았던 감정 즉, 미움과 원망이라는 감정을 보게 되었어요.

적어도 고등학교 시절부터 친구였던 수진이가 내가 어떤 사람이고 적어도 그런 모진 말을 들어야 하는 파렴치한 사람은 아니란 걸 잘 알 텐데, 어떻게 내게 그런 말과 아픔을 주는지 정말 너무 밉고 서운했어요. 저는 지나치게 다른 사람을 배려하고 신경 쓰는 성향이 있어요. 그래서 항상 다른 사람의 눈치도 많이 살피고 내가 불편해도 상대방이 편안하도록 맞추며 살았어요.

저의 이런 성향이 언제부터 시작된 것인지 정확히는 모르겠지만, 제 기억으로는 갑자기 집안이 경제적으로 어려워지면서였던 것 같아요. 지하 단칸방에서 다섯 식구가 살게 되었는데 엄마는 이른 새벽에 나가 저녁 늦게야 집에 오셨어요. 동네 식당 주방에서 일을 하셨고 언제나 손발이 퉁퉁 부어 돌아오셨죠. 그리고는 늘 힘들다는 말과 고통스러운 표정을 보이셨어요. 저에게 다정한 말과 웃는 표정을 거의 보여 주지 않으셨어요. 그래서 저는 언제나 엄마의 눈치를 살피며 어린 시절을 보낸 것 같아요. 어떻게 해야 엄마를 조금이라도 웃게 할까, 내가 무엇을 하면 엄마가 날 다정하게 불러 줄까를 생각하면서 말이죠. 돌이켜보면 그런 환경이 지금의 저를 만든 것 같아요.

저의 무의식에 내 자신이 아닌 누군가에게 인정받고 사랑받고자 하는 욕구를 채우지 못해 슬픔이 가득한 어린 아이가 있음을 알았어요. 그래서 나의 감정을 표현하고 돌보기보다 다른 사람의 감정에 더 민감하고 신경 쓰며 살아가고 있지만, 그런 저의 노력이 인정받고 사랑받지 못할 때 크게 낙담하고 말았던 거죠. 제 내면의 그 어린 아이가 지금 미움과 원망이라는 감정을 표출하게 만든 거 아닐까 생각해요. 참 신기해요. 그저 공감받았을 뿐인데 내 무의식의 어린 아이를 마주하게 되었다는 사실이 말이에요.

이를 깨닫고는 감정 치유에서 배웠던 '감정 기억 정화'를 실천해 나갔어요. 어린 나를 마주하고 바라보면서 꼬옥 안아 주면서 말했죠. 미안하고 고맙다고, 그런 기억을 용서해 달라고 그리고 사랑한다고. 이렇게 정화를 하고 나니 제가 처음에 했던 그 질문, '어느 정도 시간을 보내야 되는지, 언제까지 이 무거운 기다림의 시간을 버텨야 하는지'에 대한 물음에 답을 찾을 수 있었어요. 기다림은 시간의 길이가 중요한 게 아니라 어떻게 기다려 주느냐의 태도와 관련이 있다는 말을 이제야 이해한 거죠. '미움 없이, 원망 없이 기다리자. 나는 화해할 준비가 되었는데 너는 왜 아직 그 자리에 있냐고 서운해 하지도 말자.'고 다짐했어요. 교수님 말씀 중 인상깊었던 건, '그는 나와 많은 부분 다르다. 걸을 때 보폭도 다를뿐더러 나는 운동화를 신었지만 그는 불편한 슬리퍼를 신고 있을 수 있다. 상대가 나에게 그런 행동을 하는 이유는 분명히 있다.'였어요. 이 조언 덕분에 왜 기다려야 하는지, 어떻게 기다려야 하는지 확실히 알 수 있었죠. 지금도 수진이와 예전처럼 편하고 살갑게 지내지는 못해요. 하지만 차갑고 날카로운 불편감은 없어요. 같은 공간에서 부딪히면서 업무 보는 데 지장이 없으니, 그것만으로도 다행이고 감사한 일이죠. 그리고 점점 더 좋아질 거라는 막연한 기대가 있어요. 그게 중요한 것 같아요.

이번 일을 겪으면서 내 안의 스키마를 확인할 수 있었어요. '아, 내가 이렇게까지 저항이 심하구나. 나는 왜 이렇게 다른 사람 말에 저항감이 심할까? 이 저항감은 뭘까? 어디에서 오는 걸까?'를 계속 물었죠. 그랬더니 알게 된 게 있어요. 내가 사람들과 관계할 때 늘 가짜 감정으로 대한다는 사실이었어요. 괜찮은 척, 좋은 척, 여유 넘치는 척, 평온한 척 보여 주기 감정만 중요하다고 생각한 거죠. '나는 사랑받을 자격이 없어.'라는 스키마는 과도한 친절과 지나친 헌신으로 보였고 외로움과 슬픔이라는 진짜 감정을 감추기 위한 수단이었던 거죠. → Accept

원인은 알았지만 막막했어요. 내 진짜 감정은 뭔지도 모르고 어떻게 표현해야 되는지도 몰랐던 거죠. 내가 저항감을 가지고 있다는 사실을 알아차리는 것으로 출발하면 된다는 교수님 조언에 따라 시시각각 일어나는 사건과 상황에서 내 감정을 알아차리고 표현하는 연습을 했어요. 그 후로 누군가 대화를 하면서 알아차린 내 감정을 표현하니 상대에게 궁금한 것도 생기더라고요. "내 감정을 알아차리니 상대의 감정이 보이고 이해하게 되는구나, 이게 공감이었어!"라는 생각이 들었어요. 그 사람 이야기를 들어주면서 저는 제 감정을 알아차림과 동시에 그 사람의 감정을 읽을 수 있었던 거예요. 내가 나의 감정에 집중하고 존중하면 다른 사람이 소외되는 것인 줄만 알았는데, 오히려 더 진솔한 마음으로 다른 사람의 이야기에 귀 기울일 수 있게 되고 편안하게 관계를 맺을 수 있게 된다는 것이 신기했어요.

저의 큰 고민 중 하나가 감정의 파도에 휩싸이면 폭식을 하는 건데, '먹으면 안 돼!'라는 생각 자체가 오히려 스트레스로 작용해서 더 먹게 되는 것 같더라고요. 생각해 보면 저는 제 자신에게 '이건 하면 안 돼, 이건 해야 해.'라는 엄격한 기준을 두고 스스로를 가두고 억압해 왔던 것 같아요. 그러다 그 기준을 지키지 못하면 죄책감과 수치심을 느끼면서 스스로를 힘들게 한 거죠. 폭식도 먹으면 안 된다는 생각이 강할수록 반대로 더 자제를 못했던 것 같아요. '나는 왜 이리 의지박약일까? 제대로 하는 게 별로 없네.' 하며 후회와 좌절을 되풀이하면서 한없이 초라해지기만 했죠.

그래서인지 감정 치유 Heal 단계에서 다이어트와 건강한 식습관 유지에 감정이 연결된다는 교수님 말에 귀가 번쩍 했어요. 뭔가를 지속하기 위해서는 '의지가 아니라 감정'을 다루면 된다는 사실이 크게 다가왔던 거죠. 그 출발이 '감정 알아차리기'였어요. 내가 폭식하는 이유가 허기짐인데 그것이 진짜 에너지가 소진되어 발동한 허기인지, 스트레스나 짜증과 같은 감정으로 일어나는 허기인지를 구별하는 것이 중요했어요. 그리고 감정적 요인으로 허기를 채우고 나서도 죄책감을 느끼기 보다 '내가 불안하다 보니 평소보다 더 많이 먹게 되었구나'라고 공감하고 인정해 주었어요. 아직도 폭식의 문제가 완벽히 해결되지는 않았지만 알아차림으로 내 감정을 인정해 주니 후회와 자책이 덜 해서 좋아요. 조금씩 먹는 양이 줄어 들고 있고요.

늘 남이 원하는 것이 무얼까를 생각했던 제가 내가 원하는 것이 무엇인지 아는 일은 쉽지 않았어요. 그래서 상대가 아니라 나의 감정에 집중한다는 것이 저에게는 큰 용기가 필요한 일이었어요. 그런데 저의 감정 하나를 알아차리는 것으로 그렇게 용기를 낼 수 있는 첫 발을 뗀 거죠. 타인에게 거절당하는 게 두려워 전전긍긍해야만 했던 제가 조금씩 달라지는 계기가 되었어요. 무엇보다 이젠 제 자신에게 더 너그러워지고 친절해졌다는 게 큰 변화예요.

수진이가 그 사건 이후로 저에게 처음 건넨 말은 "너의 상황과 감정을 말해 줘서 고마워, 내가 오해한 부분이 좀 있었네."였어요. 감정 중에서도 나를 지키는 핵심이 '자존감'이라고 했는데, 정말 자존감이 회복되는 전환점이었어요. 그 이후로 자신감도 생기니 있는 그대로의 저를 드러내고 다른 사람도 그렇게 바라볼 수 있었으니까요. 그래서 감정 치유에서 배운, 자존감을 지키는 질문을 매일 아침 하나씩 소리 내어 말하는 루틴을 실천했어요. 알려 주신 습관의 알고리즘 설계에 따라 스몰 액션(small action)은 '자존감을 지키는 질문 하나', 트리거는 '머리를 말리면서'로 정했어요. 그리고 저녁에는 '감사 일기'와 함께 '자존감을 지키는 질문'을 하면서 내가 갖는 감정을 이렇게 적었어요. '혼자 소리 내어 말하는데 점점 소리가 커지고 있어서 활기차다.' 마지막으로 이걸 실행하면서 느낀 '감정'도 기록했어요. '아직 어색하다.' '잘할 것만 같은 기대감이 든다.' 이런 식으로요. 한 달 정도 해 보니 왜 이걸 알고리즘 설계라 하는지 알겠더라구요.

→ Heal

챕터2

REACH
나의 감정을 돌보는 다섯 단계

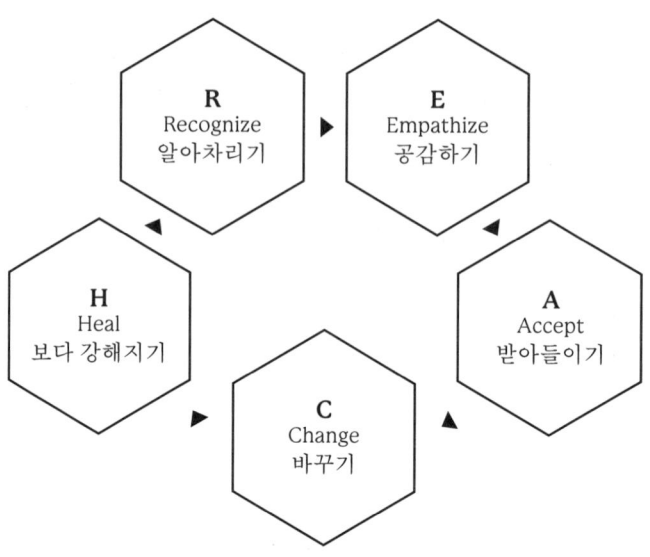

REACH는
'나의 감정이 나의 몸과 마음의 건강을 결정한다'는
원리를 토대로 감정이 나에게 보내는 신호를 알아차려서
스스로 감정을 치유하는 프로세스이다.

Recognize(알아차리기)는 "나는 불안하다."라고 느끼는 것이 아니라(!) "내가 지금 불안이라는 감정을 가지고 있다." 또는 "나에게 불안이 있다."는 사실을 아는 것이다. 이럴 경우 불안은 일시 정지 상태가 된다.

프리뷰 스토리의 주인공은 이렇게 말했다. "처음으로 제 감정을 '관찰자 시선'으로 보기 시작한 거죠. 이전에는 우울해지면 그냥 '아, 너무 우울해, 슬퍼, 무기력해.'라며 우울이라는 감정에 잠겨 버렸다면, 이제는 '내가 우울감을 느끼고 있구나, 내 안에 허무함이 올라오고 있구나, 슬픈 마음을 갖고 있구나.'라며 관찰을 해 보았어요."

Empathize(공감하기)는 상대의 경험 속으로 들어가 그를 이해하고 느끼는 과정이다. 즉, 상대의 감정에 대해 '그럴 수도 있겠구나.'라고 수긍하면서 상대의 감정에 동화되는 것을 의미한다. 프리뷰 스토리의 주인공은 이렇게 말했다. "제 짝은 저보다 열 살 정도 더 나이가 드신 분이었는데, 그분이 고개를 끄덕이며 제 손을 꼬옥 잡아 주시는 거예요. 그 순간, 마치 엄마가 저를 따뜻하게 바라보며 '엄마가 너를 외롭게 해서 정말 미안해'라고 말해 주는 것 같은 느낌이 들었어요."

Accept(수용하기)에는 두 가지 의미가 담겨 있다. 첫 번째는 "그럴 수도 있지 뭐." 하고 자기 감정을 있는 그대로 인정하는 것, 두 번째는 "아, 내가 그 감정을 느꼈던 이유가 바로 이것 때문이었구나."라고 겉으로 드러난 감정의 뿌리를 인식하는 것이다. 프리뷰 스토리의 주인공은 이렇게 이야기한다. "그때부터 저는 감정 치유 수업에서 배운 대로, 떠오르는 기억을 정화하는 연습을 시작했어요. 교육 시간에 엄마를 떠올리게 했던 그분이 저에게 건넨 말과 행동을 떠올리며, 저도 제 자신에게 똑같이 말해줬죠. '미안했다고, 너는 아무 잘못이 없다고, 괜찮다고, 그 생각으로 힘들었던 너를 이해한다고.' 지금 이렇게 말하면서도 눈물이 나요." 이처럼, 감정을 수용한다는 것은 스스로에게 진심 어린 말을 건네고, 그 아픔을 있는 그대로 안아 주는 연습이기도 하다.

Change(바꾸기)에서 말하는 '감정을 바꾼다'는 것은 '감정의 주파수를 바꾼다'는 말로 표현할 수 있다. 내가 처한 상황에서 부정적 감정이 생겨났을 때 라디오의 주파수를 바꾸듯이 감정을 바꾸겠다는 의지를 가지고 나의 감정을 긍정적 감정으로 바꾸는 것을 말한다. 프리뷰 스토리의 주인공은 이렇게 말했다. "아침에는 작은 긍정 확언으로 하루를 시작했어요. '오늘도 너만의 아름다운 삶이 시작되는구나, 축하해!' '네가 따뜻한 사람이라 참 다행이야, 오늘도 많은 사람과 함께 이 따뜻함을 나누자' 이렇게 말이죠. 슬픔의 밑바닥까지 내려가 본 경험이 있기에 '이제는 내가 나를 돌봐야 되겠다.'라는 마음이 절실해졌고, 그때부터 저는 스스로를 매우 소중하게 여기는 말을 매일같이 나에게 해 주었어요."

Heal(보다 강해지기)은 영한사전에서 치유하기로 해석된다. 그런데 나는 Heal을 매우 의도적으로 "보다 강해지기"로 표현했다. 즉, R E A C의 단계에서 이해하고 연습했던 대로 꾸준히 실천한 결과로 '감정에 관한 한 이 책을 읽기 전보다 더 강해진 상태'가 내가 생각하는 Heal의 진정한 의미이다. 우리 모두가 애초에 마음먹은 대로 모든 일을 실천한다면, 어쩌면 Heal의 단계는 불필요할지도 모른다. 현실이 그렇게 녹록하지 않다는 것은 독자들께서도 잘 아시리라. 그래서 나는 Heal 단계에서 특별히 더 구체적인 방법을 제시하고 가능한 한 꼼꼼하게 설명했다. 전 단계에서 독자들께서 쏟아부은 모든 노력들이 작심삼일로 끝나지 않기를 간절하게 기원하며. 프리뷰 스토리의 주인공은 이렇게 말했다. "그러면서 제 기억 속 상처들을 조금씩 다르게 바라보게 되었어요. 그때의 상처가 떠오를 때마다, 그 안에 함께 있던 미움, 원망, 슬픔의 감정을 사랑과 감사, 연민의 감정으로 바꾸는 훈련이 감사 일기로 가능했으니까요." 이 과정을 지속하려는 행동을 연상하도록 내 삶 속 일정한 패턴의 일들을 찾아 기록하고 작은 것이라도 지속하고자 하는 행동을 목표로 세운다. 여기에서도 핵심은 감정이다. 그것을 하는 과정에서 느끼는 감정과 그것을 한 후에 감정을 기록하면서 정적 감정 회로를 설계하는 것이 바로 회복탄력성을 강화하는 것이다.

REACH, 이 질문들을 기억하라!
Recognize: 지금 이 순간 어떤 감정인가?
Empathize: 어떤 관심과 사랑을 받고자 하는가?
Accept: 그 감정을 허용하기 위해 무엇을 해야 하는가?
Change: 그 감정을 바꾸기 위해 내가 선택한 행동은 무엇인가?
Heal: 그것으로 내게 주어진 감사한 일은 무엇인가?

자, 그럼 함께 REACH를 통해 스스로의 감정을 치유해 보자.

알아차리기

지금 이 순간 어떤 감정인가?

감정 치유 수업에서 만난 참가자들은 내게 목이 마른 듯이 다음과 같은 질문을 쏟아 낸다.

"나도 잘 모르는 나의 감정을 어떻게 이해할 수 있을까요?"
"감정을 이해하면 마음이 평온해질 수 있을까요?"
"부정적 감정이 제 뜻대로 조절되지 않을 땐 어떻게 해야 할까요?"
"물살 같은 내 감정을 도무지 이해할 길이 없어요. 어떤 방법이 있나요?"
"다른 사람도 이런 감정들을 겪는 걸까요? 나만 이러는 걸까요?"
"이 감정은 도대체 어디에서 오는 걸까요?"
"나도 내 감정을 이해하지 못하는데 누가 내 감정을 알아줄까요?"

이런 질문을 받을 때면 감정은 우리의 삶에 매우 밀접하게 관여하고 있지만 그와 동시에 매우 낯설고 어려운 과제라는 것을 느끼곤 한다. 이들에게 감정이 자신에게 어떤 의미인지 묻는 질문에 다음과 같은 반응을 목도할 때면 감정에 대한 올바른 이해가 얼마나 필요한지 새삼 깨닫는다.

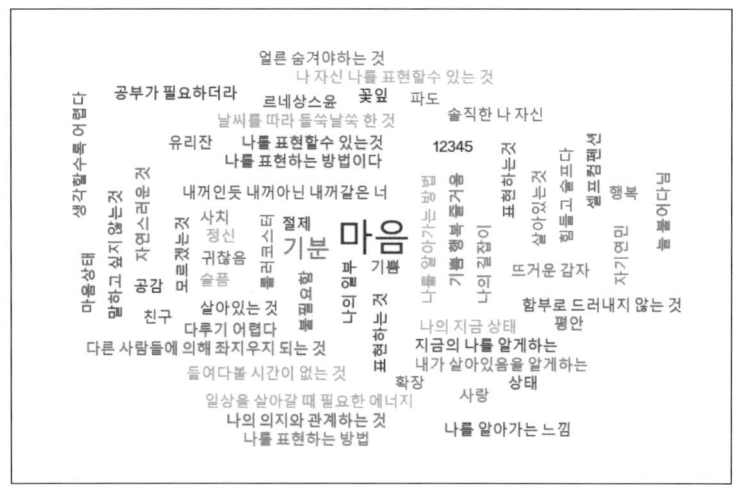

[그림] '나에게 감정이란?'에 대한 응답

위의 그림에서 보듯 감정에 대해 '힘들고 슬픈 것' '자기 연민' '사치' '불필요함'과 같이 부정적으로 생각하거나, '숨겨야 하는 것' '말하고 싶지 않은 것' '함부로 드러내지 않는 것' '다루기 어려운 것'과 같이 혼자서 끙끙 앓고 있으면서도 감정을 어떻게 다루고 해결해야 할지조차 모르는 사람이 많다. 그나마 젊은 세대는 감정을 자기 자신과 연결하기도 하고 표현하는 도구로 인식하지만 연령대가 높아질수록 감정은 자신을 힘들게 하는 장애물 같은 것으로 여기는 경우가 더 많다.

감정을 떠올렸을 때 '짜증, 분노, 답답함'과 같은 부정적 감정이 먼저 떠오르고 이에 따라 감정은 빨리 없애야 하는 대상으로 느끼며, 이런 감정을 느끼는 자신이 나약하고 형편없는 사람이라고 생각하게 되는 이유는 뭘까?

"너무 감정적인 거 아니야?"
"자신의 감정만 내세우면 일 처리가 어렵지!"
"너만 그렇게 억울한 것 같지? 아니야. 다 그렇게 참고 사는 거야."

다른 사람과 함께 일을 하는 과정에서 자연스럽게 생겨나는 감정을 표현하게 되면 위와 같은 피드백을 받기 쉽다. 감정을 표현하는 것이 마치 비이성적인 사람이 비합리적으로 일을 처리하는 방식 정도로 치부하는 사회·문화적 환경 탓일 것이다.

"그런 감정 따위 별 거 아니야."
"시간 지나면 아무 일도 아닐 일에 뭘 그리 애태우니?"
"그만 좀 울어. 그렇게 징징거리면 혼낼 거야."

우리는 왜 그렇게 슬픈 것인지, 무엇 때문에 불평을 토로하는 것인지에 대한 관심을 받기 보다 그렇게 감정을 내보이는 건 옳지 않다는 말을 더 많이 듣고 자라 왔다. 그래서 우리는 힘들거나 고통스런 감정을 외면하고 배척하는 현상이 자연스럽게 학습되면서 자신의 감정을 알아차리기는 더 어려워진 것이다.

"우리 아이는 참 착해요."
"아이답지 않게 어른스럽고 듬직해요."
"문제 한 번 일으키지 않는 대견한 아이예요."
"엄마 말이라면 무조건 따르는 착한 아이예요."

만약 유년 시절 줄곧 이런 말을 듣고 자랐다면 자신의 감정을 누군가에게 표현하는 것이 상대에게 부담이 된다고 여겨 자신의 감정을 숨기고 억누르는 데 익숙해진다. 그래서 성인이 된 후에 알 수 없는 이유로 뭔가 억눌린 듯 답답하고 금세 우울해지는 자신의 감정을 어떻게 처리해야 하는지 몰라 막막함을 느낀다.

이렇게 사회·문화적 이유, 가족 관계나 가정 환경 등 다양한 이유로 우리는 감정을 다루는 것에 미숙하다. 그러나 감정은 우리의 오해로 인해 부정적 대상이 된 것일뿐, 잘 이해하고 다룰 수 있게 된다면 우리 삶을 매우 건강하게 만들 수 있는 중요한 키워드가 될 것이다. 특히 중·장년층은 다음 세대들에게 영향을 미치는 중요한 역할을 하므로 감정에 대한 이해가 더욱 중요하다고 볼 수 있다. 그중에서도 부모는 자녀가 자신의 감정을 삶의 원동력으로 잘 다룰 수 있도록 곁에서 늘 길잡이 역할을 하는 존재이다. 따라서 부모가 감정을 이해하고 표현하는 모습을 보여 주면, 자녀는 그 모습을 통해 삶을 배우게 된다.

사례 1

아이가 숙제를 미루고 노는 것에만 집중하더니 결국 저녁이 되었어요. 그제서야 숙제를 하면서 아이가 짜증을 많이 내는 거예요. 그것을 보는 나도 짜증이 폭발해 아이에게 소리를 고래고래 지르며 화를 내고 말았어요. 주눅이 든 아이는 자신의 감정을 억누르며 숙제를 하는데, 그 모습을 보니 제가 조금만 기다려 주었으면 좋았을 텐데 싶은 생각이 들더라고요. 어찌나 제 자신이 한심한지 그런 제가 싫어지면서 한동안 우울했어요.

사례 2

회사 일을 제대로 마무리하지 못한 채 서둘러 집에 돌아왔다. 아이 저녁을 챙겨 주고 숙제하는 것도 봐 주어야 한다. 식사 준비 시간도 빠듯한데, 아침에 남겨 둔 설거지 거리가 싱크대에 가득 차 있다. 나보다 늦게 출근한 남편에게 분명 설거지를 부탁하고 나갔는데 말이다. 외출복도 갈아 입지 못하고 부랴부랴 설거지를 하고 있는데, 아이가 곁으로 다가와 고개를 갸우뚱거리며 묻는다.

"엄마, 화 났어요?"

화가 난 걸 감추고 싶었던 나는 당황하여 버럭 소리를 지르고 만다.

"화 안 났어! 쓸데없이 그런 거 신경 쓰지 말고 넌 방에 들어가서 숙제나 해! 빨리 하고 밥 먹고 학원 가야지!"
아이는 투덜대며 자기 방문을 '쾅' 닫고 들어가 버린다.

우리가 감정을 알고 싶어하는 이유는 사례 1과 사례 2에서 보듯 타인과 소통이 잘되지 않고 감정으로 인한 문제를 어떻게 해결해야 할지 막막하기 때문이다. 사례 1은 아이도, 엄마도 '짜증'이라는 자신의 감정을 잘 이해하지 못해서 생긴 문제 상황이다. 아이는 숙제를 다급하게 해야 하는 상황에서 생겨난 불안한 감정, 숙제를 미리 해야 했는데 하지 못한 것에 대한 후회와 자책의 감정, 늦었지만 숙제를 끝내고 싶은 책임감과 도전의 감정 등이 뒤섞인 복잡한 감정을 엄마에게 '짜증'으로 표현하고 있는 것이다. 그런데 엄마는 이러한 감정을 이해하지 못한 채 '짜증을 내는 아이'의 모습으로 인해 화가 나게 된 것이다. 이때 엄마가 아이의 짜증에 담긴 다양한 감정들을 알아차리고 그 감정에 대해 아이 대신 말로 차분히 공감하며 표현해 준다면 아이는 자신의 감정을 인지하고 짜증을 부리는 대신 엄마의 정서적 지지를 받아 짜증을 가라앉히고 숙제에 집중할 수 있었을 것이다.

사례 2는 화가 난 자신의 감정을 있는 그대로 인정하지 못해서 생긴 문제 상황이다. 화가 난 자신의 상태를 인정하는 것이 왠지 모르게 불편하고 특히 아이에게 들키는 것이 부끄럽게 느껴져서 화가 났음에도 화가 나지 않았다고 화를 내며 소리를 지르게 된 것이다. 이렇게 화가 났음에도 화가 나는 감정을 인정하지 않고 결국 폭발하고 마는 엄마를 보며 아이는 자연스레 감정에 대해 이렇게 학습한다. '아, 화는 저렇게 표출하고 반응하는 거구나. 화가 나도 화가 났다고 말하면 안 되는 거였어.' 감정은 유년 시절 부모에게 경험하는 것으로 많은 학습이 이루어진다. 안타깝게도 대중 매체에서 슬프거나 화가 난 경우 술을 먹는 장면이 자주 등장하는데, 이는 우리가 습관적으로 분노와 슬픔을 술로 연결하는 이유가 된다. 감정은 이렇게 학습되는 것이다. 아무리 감정을 이론적으로 알게 한다고 해도 경험적으로 체득하는 것을 넘어설 수 없다.

이런 상황에서는 감정을 외면하고 부정하는 대신 화가 나는 자신의 감정을 그대로 인지해야 한다. "지훈아, 엄마가 화가 난 걸 알았구나. 엄마가 말하지 않았는데 어떻게 알았어? 엄마 표정을 읽은 거야? 우리 지훈이 관찰력이 대단한걸!" 하고 말해 주는 것이다. 그리고 엄마가 화가 난 이유를 설명한다. "엄마가 회사 일을 마치고 우리 지훈이 식사 준비를 빨리 해 주고 싶었는데, 설거지가 밀려 순간 짜증도 나면서 더 지쳐 버린 거 있지. 엄마는 우리 지훈이가 배고프면 어쩌나 걱정했거든."

그런 후에 엄마의 감정을 이해해 준 것에 대한 고마움을 표현하면 된다. "지훈이에게 이렇게 말하고 나니 기분이 풀리네. 정말 고마워!"라고 말이다. 그러면 아이는 '아~ 화가 나더라도 화가 난 이유를 곰곰이 생각하면서 표현하면 더 이상 화가 나지 않을 수 있구나.'라고 이해하게 된다. 이런 경험이 쌓이면서 아이는 감정에 대해 더 탄탄하게 이해하고 학습하게 된다. 그리고 감정을 알아차리고 표현하는 것이 타인과 대화하고 관계를 맺는데 정말 중요한 일이라는 것도 자연스레 알게 된다.

감정 이해와 관련된 네 가지 질문을 바탕으로 '감정 알아차리기(Recognize)'에 대해 알아 가고자 한다.

감정을 알아차리는 것은 왜 중요한가?

'알아차리기'는 감정 치유의 첫 단추이다. 내 마음에서 어떤 감정이 일어나는지를 정확하게 인식해야만 다음 단계인 '공감하기(Empathize)' '받아들이기(Accept)'와 '바꾸기(Change)'를 거쳐서 우리가 원하는 '보다 강해지기(Heal)'의 목적을 달성할 수 있다. 내가 이 순간 느끼고 있는 이 감정이 슬픔인지, 분노인지, 불안인지를 정확하게 인식하지 못하거나 그 슬픔, 분노, 또는 불안에 매몰되어 있다면 내 감정을 치유하는 대장정을 시작할 수조차 없게 된다. 즉, 감정을 잘 알아차리면 부정적 감정으로 인해 불필요하게 소모되는 시간과 에너지를 줄일 수 있고, 감정에 대해 객관적으로 판단할 수 있을 때에 그 감정에 대처할 방법을 찾을 수 있는 정신적 여유가 생기는 것이다.

우리는 다양한 감정을 경험하며 살고 있지만 인간의 감정은 자신이 익숙하게 느끼는 상태로 복귀하려는 특성이 있다. 따라서 내가 자주 느끼고 있는 감정이 무엇인지에 대해 알아차리는 것이 매우 중요하다. 내가 익숙하게 느끼는 감정이 무엇인지 알게 된다면 감정의 변화에 동요하는 것이 아니라, 나의 감정 변화를 주체적으로 조절할 수 있기 때문이다.

예를 들어, 아이를 돌보는 과정에서 겪는 많은 '어려움' 때문에 '화남' '짜증' '우울' 등과 같은 부정적 감정을 갖게 되는데, 육아로 인한 기쁨과 만족에도 불구하고 다시금 우울한 상태로 쉽게 돌아가는 이유도 자주 느꼈던 부정적 감정을 익숙하게 받아들이기 때문이다. 하지만 감정의 변화가 이러한 경향성을 갖고 있다는 것을 인지한다면 나의 주된 감정을 내가 선택할 수 있는 첫걸음이 될 것이다.

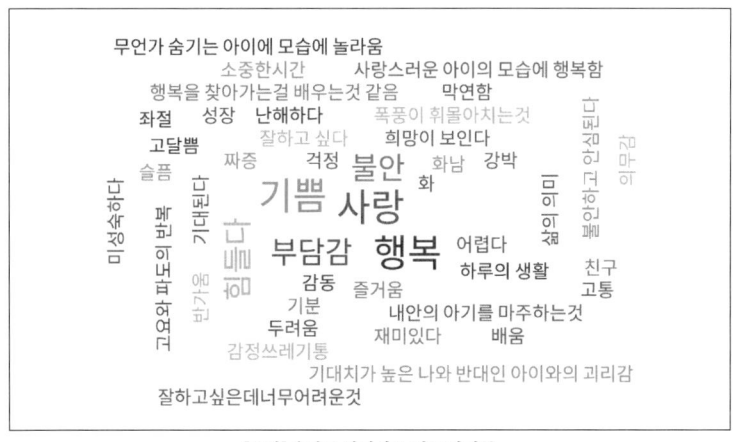

[그림] 육아를 하면서 느끼는 감정들

앞 그림에서 보듯이 우리의 감정과 생각은 종종 혼용되어 표현된다. 감정을 적겠다고 하지만 생각을 드러내는 것이다. 또한 감정의 특성상 어떤 상황에서 하나의 감정만 일어나지 않는다. 대부분 여러 감정이 복합적으로 공존하는 상태에서 의식적으로 표출되는 익숙하고 강한 감정을 느끼게 된다. 기쁜 일이 있을 때 눈물이 나는 것처럼 긍정적 감정과 부정적 감정이 한 쌍을 이루고 있을 때도 있다. 그래서 표출되지 못한 수면 아래의 감정들을 알아차리고 표현해 주는 것이 무엇보다 중요하다. 육아를 할 때 힘들고 어렵지만 뿌듯하고 즐거운 것을 함께 느낄 때가 있을 것이다. 이럴 때 힘들고 어려운 감정에 매몰되어 뿌듯하고 즐거운 감정이 외면당하지 않게 하기 위해 나의 감정을 잘 알아차리는 것이 중요한 것이다.

독일 프라이부르크 대학교 임상심리학과팀에서 21개 연구를 분석한 결과 감정을 알아차리는 것과 우울, 불안이 관련이 있음을 확인하였다.[1] 즉, 감정을 잘 알아차릴수록 우울감과 불안감이 줄어든다는 것이다. 예를 들어, 지금까지 아무도 하지 않았던 어떤 새로운 것을 시도할 때 우리는 불안을 느끼게 된다. '새로운 방법이 실패하면 어떡하지?' '남들보다 오히려 뒤처지면 어떡하지?'와 같은 부정적 생각들로 인해 불안을 느끼게 되는 것이다. 이렇게 불안을 느끼고 있을 때 자신의 감정에 대해 알아차리는 것이 중요하다. '아무도 가지 않은 길을 가야 하니 내가 불안을 느끼는 것이 당연하지.' '새로운 것을 처음 하기 때문에 남들보다 늦는 것에 대해 불안을 느낄 수밖에 없지.'와 같이 자신의 불안을 인식하고 인정하는 것이다.

  이러한 행동을 '불안을 마주한다'고 표현할 수 있다. 여기서 '마주한다'는 것은 마치 마주 앉아 대화를 나누는 것을 말한다. 즉, '불안'이라는 감정이 나에게 '너 진짜 이렇게 가도 괜찮겠어? 너 지금 다른 친구들보다 많이 늦다는 건 알고 있는 거야?' 하며 대화를 건네는 것이다. 그럼 나는 '불안'에게 대답한다. '남들보다 늦더라도 나는 남들이 보지 못하는 것을 볼 수 있지 않을까?', '새로운 방법이 지금보다 더 좋은 결과를 가져올 가능성 때문에 내가 시작했잖아.'라고. 이러한 대화 과정에서 불안감이 줄어들고, 그만큼 새로운 일에 쏟는 에너지가 늘어난다는 것이다.

  이렇게 될 때 '불안'이라는 감정은 나에게 삶의 방향을 설계하고 또 어떻게 가야 하는지를 체크해 주는 고마운 친구가 된다. 여기에서 핵심은 '나에게 오는 어떤 감정도 나를 괴롭히기 위해서 오는 것이 아니다.'라는 메시지를 기억하는 것이다. 내 몸에 오는 통증이 날 괴롭히기 위해서가 아니라, 앞으로 올 더 큰 병을 알아차리고 대비하라고 오는 신호인 것처럼 '불안'이라는 감정도 나를 힘들게 몰아가기 위해서가 아니라, 앞으로 겪을 수 있는 어려움을 미리 준비하여 잘 이겨 낼 수 있도록 돕는 긍정적 시그널이다. 이러한 '불안'을 그저 통증으로만 마주할 것인지 아니면 삶의 마중물로 만들 것인지는 오롯이 내가 할 수 있는 선택이다. 그리고 그 선택들이 모여서 내 삶을 만든다.

특히 부정적 감정의 대표 주자라 할 수 있는 불안이나 화는 알아차리지 않으면 억누르거나 외면하게 된다. 그렇게 모른 척하고 도망갈수록 그 감정들은 마음속 깊이 숨어 똬리를 튼다. 그렇게 똬리를 틀고 있다가 예상치 못한 순간에 상상하지 못한 방법으로 튀어나와 버려 우리를 힘들게 하는 것이다. 감정을 억눌러 놓고 완벽하게 봉쇄했다고 생각하지만 보이지 않을 정도로 작은 구멍을 통해 새어 나오는 공기처럼, 감정들이 새어 나와 유독 가스처럼 우리를 질식하게 만든다. 무의식 중에 일어난 일이기에 무엇이 원인인 줄도 모르고 그저 잠식당하고 만다.

흔히 말하는 트라우마도 이와 유사한데, 이는 유년 시절에 겪었던 사건에 의한 감정들이 억눌린 채 남아 있어 현재의 삶에도 영향을 끼치는 것이다. 당시에는 그 힘겨운 상황을 어떻게 이해하고 어떻게 해결해야 될지 모르니까 그 순간에 일어나는 그런 감정들을 그냥 억누르고 막아 버린다. 그 상황에서 느꼈던 감정이 너무나 괴로우니까 그 순간에 일어나는 모든 감정을 차단해 버리는 것이다. 내 몸에 그런 감정들이 살아나지 않도록 의식적으로 막아 버려서 내부 감각 신호에 무감각해지는 것이다.

이처럼 자기의 내부 감각 신호에 무감각한 사람들은 '지식화(intellectualization)'라는 방어 기제를 사용하곤 한다. 이는 고통스럽고 불안한 감정이나 정서적 경험을 직면하는 대신, 이를 지식으로 대체하거나 과도하게 이성적으로 해석함으로써 감정을 회피하는 심리적 전략이다. 예를 들어, 유년 시절에 트라우마를 경험한 부모의 경우에 육아와 관련된 불안한 감정을 억누르고 외면한 채 자신의 아이를 잘 키우기 위해 다양한 육아 지식을 끊임없이 습득하려는 경향이 있다. 그러나 이렇게 축적된 지식은 정서적으로 통합되지 않은 채 머릿속에만 존재하게 되며, 실제 양육 상황이 지식과 일치하지 않을 경우, 오히려 불안이 더 증폭되는 역효과가 나타날 수 있다.

무의식적 트라우마를 감추기 위해서 사용하는 '지식화'로 인해 지금 아이를 돌보는 것에 대한 현재의 자각이 깨진다. 즉, 지금 내 아이의 발달 상황과는 관계없이 지식적인 것에 얽매여 '내가 공부하기로는 지금쯤이면 아이가 뒤집기를 해야 되는데, 지금쯤이면 아이가 손가락을 그만 빨아야 되는데, 지금쯤이면 아이가 걸어야 되는데……'와 같은 기준이 더 확실해지기 때문에 아이에 대해서 더 불안해지고, 또 내가 뭘 잘못하고 있는 건 아닌지 더 초조해진다. 그래서 지금 내 아이가 어떤 상태인지를 잘 관찰하면서 내 아이에게 어떻게 집중할 것인가를 훈련하는 게 중요한데, 그 시작점이 바로 나의 감정에 대해 알아차리는 것이다.

일반적으로 트라우마에 대해 어떤 나쁜 기억으로 인해서 현재 문제가 일어나는 것이라고 막연하게 알고 있지만, 트라우마 전문가 가보르 마테(Gabor Mate)는 나쁜 기억의 영향력 뿐 아니라 내부 수용 감각(interoception)의 신호를 뇌가 끊어 버리는 것에 주목했다.[2] 즉, 뇌가 내부 감각과 내 몸의 연결을 끊어 버리는 것으로, 트라우마가 내부 감각 신호를 의식적으로 차단한다. 그런 의미에서 트라우마는 몸에 새겨진다고 하는 것이다.

즉, 어떤 문제가 발생했을 때 뇌가 제대로 작동을 하지 않아서 예기치 못한 방향으로 나가게 되는 것이다. 그래서 트라우마 치료의 핵심은 과거에 대한 기억을 재해석하는 차원이 아니라 현재 내 몸의 내부 수용 감각을 어떻게 연결할 것인지에 초점을 맞춰야 하는 것이다. 현재 내 몸에서 무슨 일이 일어나고 있는지 지금 내 몸 상태가 어떠한지에 대해 아는 것, 바로 여기에서부터 트라우마의 치료가 시작된다고 강조한다.[3]

트라우마는 과거에 자기가 억눌러 놓았던 그 순간의 감정이 무의식 중에 몸에서 반응하는 것이다. 예를 들어, 오래전 성폭행을 경험한 여성이 자신을 성폭행한 범인을 10년 만에 우연히 TV 화면에서 봤는데 자기도 모르게 실신해서 응급실에 실려가는 상황을 생각해 볼 때, 현재 내 몸 상태와 무관하게 과거로 내 몸이 돌아가서 그 기억과 연결해 버리는 것이다. 이렇게 감정은 우리의 무의식이나 그 잠재의식을 건드린다.

부정적 감정은 자기에 대한 부정적 인지로 이어지면서 자기 비난이 확장되어 버린다. 과거에 모멸감을 가졌던 그 현장에 무기력하게 서 있었던 자신이 떠오르면서 모든 문제는 다 나 때문에 일어났다고 부정적으로 인지하게 된다는 것이다. '내가 거기에서 조금 더 강하게 반응했어야 했는데……' '아무리 그 사람이 나보다 힘이 세고 권력이 더 있다고 하더라도 내가 저항했어야 했는데……' 하며 무기력했던 자신만을 탓하게 되는 것이다. 무기력하게 당하고 있었던 자신을 탓하는 것으로 그 상황에 대해서 합리화를 계속하면서 부정적 감정이 쌓이게 되는 것이다.

따라서 이러한 부정적 감정의 악순환을 끊어 내는 것이 트라우마 치료의 핵심이다. 이를 위해서는 트라우마로 인해 끊어졌던 내부 수용 감각과 뇌의 연결을 회복시킬 수 있어야 하는데 그 첫걸음이 바로 현재 감정에 대한 객관적인 인식이다. 현재의 감정을 일으키는 잘못된 생각은 자신의 트라우마 때문임을 인지하고, 과거에 억눌러 놓았던 감정을 대면하고 객관적으로 인지해야 치료가 시작될 수 있는 것이다.

이처럼 감정 치유에서는 현재 자신의 감정 상태를 객관적으로 인식하는 것이 매우 중요하다. 또한 트라우마가 다시 작동하지 않게 하기 위해서도 감정을 억누르거나 회피하지 않고, 이를 있는 그대로 바라보고 인식하는 '알아차리기'가 핵심 역할인 것이다.

감정을 알아차린다는 것은 어떤 의미인가?

내 감정을 알아차린다는 것은 '내가 어떤 감정을 느끼고 있는지를 인식한다'는 뜻이다. 예를 들어, "아, 화나!"라고 반응하는 것이 아니라 "나는 지금 '화'라는 감정을 느끼고 있구나."라고 인식하는 것이다. 얼핏 보면 같은 말 같지만 이 문장의 차이는 매우 크다. 전자는 내가 느끼는 감정에 휩쓸려 그대로 표출한 것인 반면, 후자는 '내가 이러한 감정을 느끼고 있다'는 사실을 한 걸음 물러나 관찰한 결과로 표현한 것이기 때문이다.

자신의 감정을 '관찰자의 시선'으로 보기 시작했다고 말했던 프리뷰 스토리 속 간호사를 기억하는가? 간호사 이야기가 나온 김에, 독자들에게 챕터2를 더 흥미롭게 읽는 방법을 소개하려 한다. 먼저 챕터1 스토리에 등장하는 6명의 주인공 중에서 가장 마음이 가는 인물을 한 명 골라 본다. 그리고 챕터2에서 소개되는 이론과 기법을 떠올리며, 그 주인공이 어떤 방법을 활용했을까, 그에게 어떤 이론과 기법이 도움이 될까를 상상해 보는 것이다. 이처럼 스토리와 이론을 연결하면서 읽다 보면, 내용을 훨씬 더 생생하고 깊이 있게 이해할 수 있을 것이다.

전자가 '화'라는 상대 선수와 싸우고 있는 나의 상태를 표현한 것이라면, 후자는 나라는 선수와 '화'라는 선수 간에 벌어지고 있는 경기를 관전하고 있는 심판의 입장에서 그 다툼의 상태를 설명한 것이라 할 수 있다.

	감정 느낌(못 알아차림)	감정 인식(알아차림)
표현된 문장	아, 화나	내가 지금 화라는 감정을 느끼고 있네.
표현하려는 대상	감정	감정 인식의 결과
표현의 주체	싸움 당사자로서의 나	경기의 관객 또는 심판으로서의 나

[표] 알아차림과 못 알아차림의 차이

위의 표에 나타난 바와 같이 감정을 알아차린다(Recognize)라는 말은 당사자로서 내 마음에서 일어나는 감정을 그대로 느끼고 표현하는 것이 아니라, 내 마음에서 일어나는 감정을 인식하고 그 인식의 결과를 객관적으로 표현하는 것을 말한다.

내가 드라마나 영화를 보는 관객이라고 생각해 보자. 그 상황 속에 있는 드라마 주인공은 자신이 지금 어떤 상황에 처해 있고 앞으로 어떤 일이 일어날지 한 치 앞도 모르기 때문에 일을 그르치거나 비탄에 빠지는 모습을 본다. 하지만 이를 관객의 시각에서 본다면 여러 장면을 다각도로 보고 이야기를 미리 예측하면서 보게 된다. 이러한 관객의 시각을 '메타인지'라고 할 수 있는데, 이는 자기 자신을 객관적으로 정확하게 바라보고 이해하는 것을 의미한다. 즉, 그 상황에서 내가 제대로 알고 있는지, 더 알아야 할 것이 있다면 무엇인지, 내가 잘못 알고 있는 것이 있다면 무엇인지를 생각해 보는 과정을 의미한다.

"우리가 곤경에 빠지는 이유는 뭔가를 모르기 때문이 아니라 그것을 확실하게 안다는 착각 때문"이라는 마크 트웨인(Mark Twain)의 말처럼 내가 알고 있는 것이 오류일 수 있다는 사실을 알아야 한다. 내가 지금 알고 있는 것이 전부가 아니라는 사실, 모르는 것이 있을 수 있다는 겸허함을 가지고 우리는 '내가 왜 그런 생각을 할까?' '내가 왜 그런 감정을 가질까?' '내가 왜 그런 행동을 할까?' 이런 질문을 할 수 있어야 하는 것이다.

메타인지 역량은 'ASMR'로 정리할 수 있다. 자신의 행동과 감정을 인식하고 관찰하는 '주의 집중(Attention)', 자신이 알고 있는 것과 모르는 것을 알아 차리는 셀프 피드백의 '시뮬레이션(Simulation)', 결과가 아닌 과정에 집중하면서 실패를 마주할 수 있는 회복력과 발전을 지속하려는 경향을 지닌 '성장 마인드셋(Mindset)', 마지막으로 자신의 행동을 반추하며 분석을 통해 새로운 관점을 얻는 '성찰(Reflection)'이다.

주의 집중 Attention		셀프 피드백 Simulation		성장 마인드셋 Mindset		자기성찰 Reflection
자신의 행동과 감정을 인식하고 관찰하는 능력	+	자신이 아는 것과 모르는 것을 알아차리는 능력	+	실패를 마주하는 회복력과 지속성 유지를 위한 마인드	+	자신의 행동을 반추하고 분석하여 새로운 관점을 얻는 능력

[표] 메타인지 역량(ASMR)

이런 메타인지 역량으로 건강한 자존감이 형성된다. 즉, 자신에 대한 평가에서 벗어나 자신과 상황을 객관적으로 이해하면서 현재 자신이 더 노력해야 할 것이 무엇인지 알고 그것을 성취하는 과정에서 자존감의 균형을 찾을 수 있는 것이다. REACH의 마지막 단계에서 자존감에 대한 이야기는 더 자세히 나누겠지만, 한 가지 기억할 점은 자존감 역시 '감정'이라는 사실이다. 즉, 자존감이 높다, 낮다의 평가적 개념이 아니라 감정처럼 어느 순간은 자존감의 균형이 깨졌다가 또 어느 순간에는 균형이 맞는 개념인 것이다. 그 어떤 것도 고정된 감정은 없으니 말이다.

자존감의 균형이 무너졌다고 느낄 때, "음, 오늘은 나의 자존감 균형이 조금 흔들렸구나." 하고 지금의 내 상태를 알아차리는 것이 무엇보다 중요하다. 그다음 단계는 감정적으로 조금 진정된 후, 왜 그런 일이 생겼는지 천천히 돌아보는 것이다. 감정적으로 자신을 성급하게 판단하거나 비난할 필요는 없으니까 말이다. 그 대신 이렇게 자신에게 질문을 던져 보는 것이다.

"내가 기대한 만큼 준비가 부족했던 걸까?"
"이걸 얻기 위해 내가 더 할 수 있는 건 뭘까?"
"그래도 최선을 다했으니, 다음엔 다시 도전해 보자."

이처럼 자기 자신에게 따뜻하게 질문하는 것으로 충분하다. 감정적으로 반응함으로써 이런 질문들을 받아들이지 못하게 나를 가두어 버리지만 말자. 무엇보다 중요한 건, 지금 느끼는 이 부정적인 감정이 영원히 지속되지는 않는다는 사실을 아는 것이다.

감정을 알아차리는 것의 의미는 긍정적인 감정만을 유지하는 것에 목적을 두지 않는다. 변화하는 자신의 감정을 들여다보고 알아 가는 과정 그 자체가 중요한 의미를 갖는다. 지금까지 '감정을 어떻게 제거할 것인가?'에 집중했다면 이제는 '감정을 어떻게 발견할 것인가?'로 그 관점을 이동할 필요가 있다. 감정을 발견하기 위해서 가져야 할 태도와 시선은 감정의 재판관(emotion judge)이 아닌 감정 과학자(emotion scientist)의 것이어야 한다. 감정은 조절의 대상이 아니라 관찰의 대상이기 때문이다.

감정이란 무엇인가?

우리말로 '감정'이라 해석되는 영어 단어 Emotion은 바깥을 향해서 움직이는 에너지라고 할 수 있다. '감정(emotion)'의 어원은 라틴어 'e+motio'에서 파생되었는데, 이는 '운동(motion)'과 '밖으로(e-, out)'의 합성어로 감정은 어떤 사건의 직접적인 결과가 아니라 밖으로 움직이는 에너지를 의미한다. 즉, 인간의 마음속 생각이 밖으로 표출됨을 의미하며, 외부 자극에 몸의 에너지가 변화하는 매우 자연스러운 반응을 뜻한다. 따라서 감정을 뇌와 신체의 소통 도구로 표현하기도 한다.

감정은 우리가 어떤 상황이나 사회적 관계 속에서 느끼는 몸의 반응과 감각적인 느낌이다. 하지만 이런 감정은 단순히 개인적인 느낌에 그치지 않고, 사회 속에서 사람들과 함께 의미를 나누고 공유하는 '현실'로 인식된다. 즉 사회적 실재(social reality)로 작용한다. 예를 들어, 누군가가 나에게 원치 않는 호의를 베풀어 난처함을 느끼면서도 예의상 관계 유지를 위해 감사의 표현을 해야 하는 상황에 처했을 때, 우리는 불편함이나 긴장과 같은 복합적인 생리적·감각적 반응을 경험하게 된다. 이러한 반응은 단순히 몸에서 일어나는 생리적 변화로 끝나는 것이 아니다. 우리는 그것을 사회적 상황 속에서, 다른 사람과의 관계를 통해 해석하고 의미를 부여하면서 비로소 '감정'으로 받아들이게 된다.

인간의 감정에 대한 관심은 수천 년 전부터 이어져 왔다. 그럼에도 불구하고 감정이 정확히 무엇인지, 어디에서 비롯되었는지에 대한 과학적 설명과 진화적 배경에 관한 논의는 여전히 계속되고 있다. 감정에 대한 초기 이론은 신체 생리학적 변화가 감정을 유발한다는 것 즉, 공포스런 현장을 목격하면 심장이 두근거리는 신체 변화가 일어나고 그로 인해 감정이 유발된다는 이론(The James-Lange theory, 1884)과 감정적 사건이 발생하면 뇌의 시상이 피질과 자율신경계에 동시에 신호를 보내 감정 경험과 생리적 반응이 동시에 발생한다는 이론(The Cannon-Bard Theory, 1927)이 있다. 예를 들어, 위협적인 상황에 직면했을 때 사람은 두려움(감정적 반응)을 느끼는 동시에 심박수가 증가(생리적 반응)한다는 것이다. 이후 제기된 생리적 자극과 인지적 해석이 조합을 이루면서 감정이 발생한다는 이론(Stanley Schachter & Jerome Singer, 1962)은 생리적 자극에 대한 각성 후에 개인이 인지적 해석이나 평가를 하는 과정에서 감정이 생성된다고 설명한다.[4] 즉, 같은 생리적 반응에도 개인이 그 상황을 어떻게 해석하느냐에 따라 감정이 달라진다고 보았다. 예를 들어, '화남'으로 느낄지, '놀람'으로 받아들일지는 개인이 그 상황을 어떻게 이해하고 평가하느냐에 달려 있다는 것이다.

이처럼 신경과학자들이 인식이나 기억과 같은 인지 과정의 신경학적인 부분에 집중하였다면, 최근 10년 전부터는 뇌과학의 발전에 힘입어 우리 신체의 '내수용 감각(interoception)'이 감정에 영향을 미친다는 결과에 주목하고 있다. 우리 몸에는 외부 환경의 정보를 받아들이는 다섯 가지 감각 즉, 시각, 청각, 미각, 촉각, 후각과 같은 '외향적 감각(exteroception)'과 몸 내부의 정보를 전달해 주는 '내수용 감각(interoception)'이 있다. 이중 내수용 감각은 통증, 심박수나 체온, 감염 여부, 혈당 수치, 혈액 농도와 같이 우리 몸의 생리학적 상태를 감지하는 감각 시스템을 말한다. 내수용 감각에 의한 불쾌감이나 통증이 의식의 차원으로 드러나면서 '감정'이 생성된다는 것인데, 즉, 신체 변화에 대한 뇌의 해석이 감정으로 드러난다는 의미이다.[5] 내수용감각이 우울증이나 불안과 같은 정신 건강 상태와도 직결된다는 수많은 임상 연구 결과들이 이를 뒷받침하고 있다.[6] 따라서 감정을 인지하는 것은 내수용 감각으로부터 얻는 정보를 어떻게 처리하는가와 관련이 있어 내수용 감각에 대한 인지 훈련이 감정 조절에 효과가 있다는 주장이 힘을 얻고 있다.[7]

이렇듯 감정이 몸의 작동 원리와 관련이 있다는 근거는 최근 주목받고 있는 '알로스테시스(Allostasis)'의 개념으로 설명이 가능하다. 알로스테시스는 '항상성(homeostasis)'과 대조적으로 '변화를 통한 안정성(stability through change)'을 의미한다.[8] 즉, 우리 몸은 내부 환경을 일정 상태로 지속하기 위해 신체를 조절하는 데 목적이 있는 것(항상성의 개념)이 아니라, 오히려 외부 자극으로 인해 끊임없이 변화하는 내부 환경에 능동적으로 반응하여 예측하는 시스템이라는 것이다. 따라서 감정이란 우리가 인지한 환경적, 심리적 스트레스 요인에 반응하여 내부적, 생리적 평형 상태를 유지하는 과정으로 정의할 수 있다.[9]

항상성(homeostasis)은 생물체가 생명을 유지하기 위해 외부 환경의 변화에도 불구하고 내부 환경을 안정적으로 일정하게 유지하려는 성질을 말한다. 반면에 알로스테시스는 스트레스 등의 외부 환경을 받으면 그에 대응하기 위해 뇌가 정상의 기준을 변화시켜 적응한다는 개념이다.[10] 예를 들면, 우리 신체 상태는 항상 일정한 체온과 호흡수를 절대적으로 유지하는 것이 목적이 아니다. 약속 시간에 늦어 허겁지겁 달리다 보면 내 몸의 체온은 높아지고 호흡도 빨라지는데, 우리 뇌가 이 상태를 반영한 체온과 호흡수로 조절하는 것이다. 이로 인해 질병에 대한 치료적 접근도 달라지는데, 무조건 원래 상태로 돌리는 '항상성'이 아니라, 우리 몸의 전체적 변화 속에서 새로운 균형을 찾는 '알로스테시스'에 초점을 두는 것이다.[11] 한마디로 알로스테시스는 개인차에 따른 호르몬 농도, 스트레스 민감도, 계절 변화 등으로 인한 질병 원인, 환경적 요인까지 고려한 균형점을 발견하는 신경 시스템의 핵심 기능이다.

이 신경 시스템을 이해하기 위해 알아 두면 좋을 개념이 부교감 신경 중 하나인 '미주 신경(vagus nerve)'이다. 이것은 12쌍의 뇌 신경 중 10번째 뇌 신경으로 뇌의 연수에서 시작해 각 장기와 연결되며, 우리 몸의 신경 중 가장 길어서 각 사지로 뻗어 있는 뇌신경이다. 우리 뇌의 신호를 내장 기관으로 전달하거나 내장 기관들의 신호를 뇌에 전달하며 뇌와 몸을 연결하는 중요한 역할을 한다. 미주 신경이 알로스테시스에 의한 내부 감각을 전달하는 것이다.[12] 이 미주 신경을 통한 내부 감각 신호는 뇌의 섬엽(insula)을 거쳐 뇌의 각 부위로 전달된다. 의식의 관문이라 불리는 섬엽에서 내부 감각 정보가 처리되어 전전두피질에 전달되면서 의식에 떠오르게 된다. 즉, 섬엽이 내부 감각의 무의식과 의식을 연결하는 통로가 되고 감정을 인지하고 조절하는 핵심적 기능을 담당하는 것이다.

또한 미주 신경은 스트레스 상황에서 우리 몸을 조절해 준다. 미주 신경이 심장과 연결되어 있어 혈압을 낮추고 심장 박동을 조절해 주는 역할을 하는데, 흥미로운 점은 호흡의 리듬에 따라 미주 신경이 심장에 브레이크를 걸어 준다는 것이다.[13] 날숨 즉, 한숨을 길게 쉴 때 미주 신경이 활성화되면서 심장에 브레이크를 걸어 심박동률(일정 단위 시간에 심장이 뛰는 횟수)을 낮추어 준다. 이를 기반으로 미주 신경 자극을 활용한 호흡 훈련 명상법도 있다. 이 명상법의 원리는 날숨을 들숨보다 두 배 이상 길게(예: 들숨을 3초로 한다면 날숨은 6초로) 의도적으로 호흡을 조절하여 심박동률을 낮춤으로써 스트레스를 완화시키는 것이다.[14]

이 과정에서 '능동적 예측 시스템'이 작동한다. 우리 신체가 호흡을 통해 의도적으로 스트레스를 낮추려 노력했던 경험을 기억하여, 비슷한 상황에 처했을 때 우리의 감정을 해석하고 능동적으로 대처하는 시스템이 작동하는 것이다. 즉, 우리 신체는 다양한 상황 속에서 내부 환경의 변화를 겪으면서 지속적으로 피드백을 반영하는데, 이렇게 교정과 조절을 반복적으로 경험하면서 우리는 필연적으로 불편함을 느낀다. 이것이 바로 감정인데, 반복되는 피드백 과정에서 의식이 작동하면서 이 감정을 해석하고 판단할 수 있게 됨으로써 능동적 대처도 가능해진다.

예를 들어, 많은 사람 앞에서 중요한 발표를 앞두고 있다고 하자. 심장과 호흡은 빨라지면서 식은땀까지 날 것이다. 이때 날숨을 들숨보다 길게 하면서 세 번만 반복해 보라. 그러면 우리 뇌가 '아, 우리 주인이 이렇게까지 신경을 예민하게 처리하라는 것은 아니구나.'라고 깨닫게 된다. 그래서 미주 신경과 섬엽이 작동하면서 호흡이 조절되고 심박동률을 조금씩 낮출 수 있다. 물론 바로 심박동수가 줄어들 수는 없다 해도 몸의 센서가 응급 상태가 아님을 알고 그것에 맞게 대응할 수 있게 된다.

힘들 때 심호흡을 하라는 말이 뭐 그리 대단한 것인가 싶을 수도 있지만, 여기에서 핵심은 심호흡의 작동 원리를 인지하는 것이다. '아, 이런 작동 원리로 심호흡을 하라는 거였구나!'를 머리로 이해하고 날숨을 길게 하면서 하나, 둘, 셋을 외치다 보면 내가 긴장했다는 사실보다 나의 호흡에 더 집중한 자신을 발견하게 될 것이다. 그리고 이렇게 호흡에 집중하는 과정에서 긴장도가 낮아지는 것을 느낄 수 있을 것이다. 이렇게 우리 뇌와 몸은 우릴 돌볼 준비가 되어 있는데, 그 시스템을 작동하기 위한 스위치를 누르지 않고 스트레스 상황에 자신을 던져 버리는 일은 없어야 하지 않을까?

우리의 뇌에 특정 감정 회로가 이미 저장되어 있어서 그것이 발현되는 것이 아니라, 우리의 경험을 기반으로 뇌가 예측하여 반응한다는 접근으로 감정을 이해하면 어떤 감정이라도 수용 가능한 넓은 스펙트럼을 갖게 될 것이다. 이렇게 어떤 감정이 발생하더라도 그럴 수 있다고 생각하는 인식은 우리가 부정적 감정에 발목 잡혀 허우적거리는 오류를 막아 준다. 실제로 감정은 흐르는 물 또는 지나가는 구름과 같다. 통증이 왔다가 사라지는 것처럼 감정 또한 있다가 사라지는 것이며, 통증이나 감정 모두 우리에게 필요한 당연하고도 타당한 것임을 알면 된다.

다시 말해, 감정이란 신체의 불균형을 미리 예측하여 방지하는 뇌의 기능이 실패할 경우 발생하는 것이며, 신체 불균형 회복을 위해 특별한 조치가 필요하다는 뇌의 신호(signal)이다. 또한 감정은 나의 내부 상태 즉, 개인의 과거 경험들, 기억, 신념 등이 외부 특정 자극과 조합되어 뇌의 구조적 상호작용으로 생성되는 것이다. 우리는 어떤 선택과 결정, 판단을 할 때 과거에 선택했던 특정 행동이나 그와 연관된 정서 또는 신체적 반응을 토대로 무의식적으로 반응한다. 그런데, 여기에서 핵심은 우리가 행동이 아니라 감정을 기억한다는 점이다. 이처럼 감정은 신체와 의식을 잇는 다리와 같은 역할을 한다. 그래서 정신이 건강하면 신체적 건강도 유지하게 되는 것이다.

감정의 특징은 '구름'과 '그네', 그리고 '신호등'에 비유할 수 있다.

첫째, 감정은 '구름'과 같다. 먹구름이 잔뜩 끼어 있다가도 한바탕 소나기를 쏟아붓고 나면 금세 맑은 하늘이 보이는 것처럼, 감정도 계속해서 변화하는 특성을 지니고 있다. 이처럼 감정이 한 가지 상태에서 머무르는 것이 아니라 계속 흘러간다는 것을 안다면 감정에 매몰되거나 집착하지 않을 수 있다. 결혼하면서 우리는 영원한 행복과 기쁨만이 넘칠 것을 기대하지만 결혼 후 생각지도 못한 사소한 것들이 갈등의 씨앗이 되고 서로의 기대에 어긋나 힘들어 하곤 한다. 연애를 시작했을 때는 "그냥 곁에 있어 주기만 해도 충분해."라고 말하지만, 시간이 지나면서 그 바람은 흔적도 없이 사라지고 내 기대와 다른 연인에게 서운함과 실망을 느껴 투덜대는 자신을 발견할 것이다. 이렇게 감정은 긍정적이든 부정적이든 끊임없이 변하고 흐르는 속성을 가지고 있다.

둘째, 감정은 '그네'와 같다. 그네는 우리가 힘을 주어 구르는 만큼 앞뒤로 더 많이 움직이고, 힘을 주지 않고 가만히 있으면 움직임이 점점 멈춘다. 이와 같이 우리가 어떤 감정을 계속해서 느끼고 있다면 그 감정은 사그라들지 않고 점점 커진다. 예를 들어 상대를 미워하는 감정을 계속 느끼고 있다면 처음 미워하는 감정보다 점점 더 그 사람이 싫어지게 된다. 어떤 이유에서 남편이 미워지기 시작하고 그 생각을 계속 (몇 달간, 몇 년간) 하면 남편의 뒤통수만 봐도 화가 치미는 것이 딱 그네 작용인 것이다. 하지만 그 감정을 느끼지 않으려 노력한다면 그네가 멈추듯 감정도 멈추는 특성을 지니고 있다.

셋째, 감정은 '신호등'과 같다. 신호등은 빨간 불도 파란 불도 모두 중요한 역할을 한다. 빨간 불에 멈추고 파란 불에 가는 규칙 덕분에 교통이 원활해지듯, 우리에게 일어나는 다양한 감정들은 모두 각자의 중요한 역할을 담당하고 있다. 즉 행복, 기쁨, 보람 등과 같은 긍정적 감정만 수용하려는 태도에서 벗어나 '모든 감정은 타당하다.'는 것을 받아들여야 한다. 어떤 감정은 틀린 것, 나쁜 것이라는 우리 인식이 감정으로 인한 고통을 일으킨다는 점에서 '모든 감정은 마땅하며 오히려 나를 위한 것이다.' 라는 사실을 인지해야 한다. 신호등에서 빨간 등이 없다면 우리 안전은 보장받지 못하는 것처럼 우리가 외면하고 회피하려는 부정적 감정들 즉, 슬픔, 우울, 분노, 공포 등의 감정도 우리 삶 속 안전을 위해 꼭 필요한 감정임에 틀림없다.

이러한 감정의 특성은 과학적으로도 설명할 수 있다. 신경 해

부학자이자 하버드대 뇌과학자인 질 볼트 테일러(Jill Bolte Taylor) 박사는 선천적 혈관 기형으로 인한 뇌출혈 증세로 수술을 받았고, 좌뇌 기능을 잃는 뇌졸중의 후유증을 감당해야 했다. 이 과정에서 언어 중추를 담당하는 좌뇌가 기능하지 않았고 '내가 누구이다.'라는 정체성이 사라지고, 자신에 대해 부정적 인식을 일으키는 작용이 멈추면서 한없는 평화와 기쁨의 상태를 누렸다고 고백했다. 이후 8년간의 회복 과정에서 뇌과학자의 시선에서 좌뇌 기능과 관련한 큰 깨달음을 얻게 되었는데, 좌뇌는 언어 중추를 통해 나 자신을 규정하고 외부 정보를 수집해 이야기를 만들어 내면서 지속적으로 반복하는 패턴의 고리가 있음을 발견한 것이다.[15]

즉, 감정의 뇌라고 불리는 변연계의 자동 활성화 시스템은 90초 동안 작동하고 사라진다. 예를 들어, 분노라는 감정이 유발되어 뇌가 자극되면 화학 물질이 분비되면서 몸이 생리적 반응을 겪게 되지만, 최초의 자극이 있고 90초 안에 분노를 구성하는 화학 성분이 혈류에서 완전히 빠져나가면 몸의 자동 반응은 멈춘다는 것이다. 그런데 90초 이후에도 분노를 계속 느끼고 있다면 변연계의 활성화 시스템이 멈추지 않고 계속 순환하고 있다는 뜻인데, 이는 우리가 의식적으로 그 분노를 다시 선택했기 때문이다. 이를 통해 어떤 자극으로 감정이 유발되는 것은 불가항력이지만 그것을 멈추는 선택은 우리 자신에게 있음을 알 수 있다.

질 볼트 테일러의 경험을 뒷받침하는 연구를 진행한 사람이

미국의 뇌신경학자이자 제퍼슨 대학 병원 건강연구소 책임자인 앤드류 뉴버그(Andrew Newberg)이다. 그는 SPECT(단일광자 방출 컴퓨터 단층촬영)이라는 뇌 촬영 기술을 이용해, 명상 중 일어나는 뇌의 변화를 과학적으로 관찰했다. 티베트의 수도승들과 프란치스코 수녀회의 수녀들을 대상으로 연구한 결과, 그들이 깊은 명상 상태에서 '신과 하나 되는 느낌'을 경험할 때, 실제로 뇌의 특정 부위가 변화하는 모습이 포착되었다. 명상이 절정에 이르는 순간 뇌의 연합 영역(association area) 또는 연합 피질(association cortex)에서 신경 활동이 달라지는 것을 확인할 수 있었는데, 특히 두정엽 부분의 정위 연합 영역(자신을 나머지 세계와 구별하고 공간상에서 자신의 위치를 파악하게 하는 역할을 하는 영역)에서 차이점을 보였다.[16]

연합 영역은 신체 감각기로부터 전달되는 정보를 처리하여 근육에 운동 지령을 내보내는 통합 작용을 하는데, 두정엽의 정위 연합 영역의 활동이 억제되거나 감각계로 들어오는 정보 입력의 양이 줄어 들면 우리는 공감각(共感覺, synesthesia: 인간의 오감 중 한 영역의 감관에 자극이 주어졌을 때 그 자극이 다른 영역의 자극을 불러일으키는 현상)을 잃어 버려 자아감이 사라지며 초월의 일체감을 느끼게 된다. 즉, 모든 것을 인식할 수는 있지만, 감정, 기억, 생각이 사라지고 무아(無我)의 상태가 된다는 것이다. 예를 들어, 좋아하는 음악에 빠져 자신을 잊는 느낌이 든다거나, 몰입 상태에서 초월의 일체감을 경험하는 것 등을 의미한다. 이를 뇌 신경학적 개념으로 표현하자면 '뇌의 정위 영역(orientation area)'으로 들어오는 감각 정보가 일시적으로 차단될 때 발생하는 현상으로 설명된다. 다시 말해, 뇌가 시간, 공간, 자아에 대한 인식을 잠시 멈추면서 경계가 흐려지고, 깊은 몰입이나 초월적 감각이 생겨나는 것이다.

앤드류 박사는 이것을 '마음(mind)'이라고 표현한다. 그는 자아(self)는 뇌가 만들어 내는 하나의 현상일 뿐이며, 마음과는 동일하지 않다고 설명한다. 오히려 마음이 자아를 구성하는 기억과 감정을 형성하는 데 중요한 역할을 한다는 것이다.[17] 테일러 박사가 좌뇌 손상을 경험하면서 우뇌 작동만 가능해져 좌뇌의 연합 영역이 정상적 감각 입력을 받지 못하니 자신 몸의 경계 인식이 사라지면서 우주와 하나가 되는 기분을 느끼게 되었다는 설명과 일치한다.

감정을 알기 위해 뇌의 해부학적 영역인 '편도체'와 '전전두엽 피질'을 이해할 필요가 있다. 우리 인간의 뇌는 영역간 활발한 네트워크를 기반으로 연결되어 있다. 영유아기에는 정서 정보 처리를 담당하는 '변연계' 내의 활성화가 주를 이룬다면, 청소년기를 지나 '전두엽' 발달이 완성되는 성인이 되면서 '전전두엽'과 편도체 영역의 연결성이 증가된다. 이 연결성이 갖는 의미는 자신만의 감정 경험과 감정 패턴을 장착하여 이로써 자신의 감정에 대한 질이 결정된다는 것이다. 예를 들면, 편도체 반응성이 높은 사람은 극심한 스트레스에 노출될 경우 불안이나 우울 증상을 경험할 확률이 높다. 즉, 불안 장애를 가진 사람은 편도체가 과도하게 활성화되고, 전전두엽의 활성도는 상대적으로 낮다.

편도체는 특정 공포나 위협 상황에서 다양한 정서적 반응을 하는 핵심적 중추이며, 자극에 대한 기억을 처리하고 통합하는 매우 중요한 역할을 한다. 우리 뇌의 전두엽의 기능을 해부학적으로 두 가지로 구분한다면, 운동 기능과 관련한 '피질'과 다양한 고등 정신 기능을 수행하는 '전전두피질(prefrontal cortex)'로 나눌 수 있다. 특히 '안쪽 전전두피질(medial prefrontal cortex, MPFC)'은 감정 정보의 판단을 수행하며, '안와전두피질(orbitofrontal cortex, OFC)'은 욕구 및 동기, 사회적으로 적절한 행동 수행에 관여한다. 요약하면 '전전두피질'은 인간의 성숙도가 진행될수록 활성화가 되며, 상대적으로 편도체 활성화는 감소된다. 이처럼 '전전두피질'과 편도체는 마치 시소처럼 한쪽이 올라가면 다른 한쪽이 낮아지는 상호작용을 하며 감정과 관련된 신경 회로를 형성하고 있는 것이다.

한편, '두려움'은 뇌가 위협을 감지했을 때 자동으로 작동하는 일종의 경보 시스템에서 비롯된 감정이다. 이때 핵심적인 역할을 하는 것이 편도체이다. 편도체는 뇌의 측두엽, 해마 앞쪽에 위치한 아몬드 모양의 구조로, 라틴어로 '아몬드(almond)'를 뜻하는 '아미그달라(amygdala)'라는 이름을 갖고 있다. 하지만 편도체는 단순히 공포를 느끼는 것에 그치지 않고, 감정과 관련된 기억을 저장하고 다시 떠올리는 '정서 기억', 그리고 감정 반응을 반복하거나 조절하는 데에도 깊이 관여한다. 특히 공포와 같은 위협적인 상황에서는 편도체가 위험을 빠르게 감지하고 그 정보를 뇌의 다른 영역에 전달해 싸우거나 도망치는(도전 또는 회피) 생존 반응을 유도한다. 이처럼 편도체는 감정을 조절하고 행동을 유도하는 뇌의 핵심 중추라 할 수 있다. 예를 들어, 위험의 소리를 들으면 편도체는 즉시 비상 신호를 보내 뇌의 다른 영역이 소리가 무엇인지 처리하기 전에 반응하게 한다. 그래서 갑자기 큰 소리가 나면 음향적 놀람 반사가 일어나서 깜짝 놀라거나 움찔하게 되는 것이다. 이러한 반응은 우리가 위기 상황에 대응할 수 있게 하는 긍정적 작용을 하는 것이다.

골먼(Goleman)에 따르면 외부 정보가 뇌의 '신피질'에 도달하기 1/1,000초 전에 편도체에 들어가는데, 그런 이유 때문에 뇌의 이성적 체계가 실제 위험을 구분하기 전에 첫 번째 체계가 과잉 반응을 일으키는 것이다. 이렇게 편도체가 위험으로부터 보호하기 위해 신체를 통제하는 것을 의학적으로 '편도체 납치(amygdala hijack)'라 부른다. 편도체 납치는 싸움-도피 반응을 활성화하여 자신을 보호할 수 있어 위험한 상황에서 도움이 된다. 하지만 의도치 않게 감정적 반응을 하게 되어 일어나는 현상을 위험 신호로 잘못 해석함으로써 상황을 악화시키기도 한다.[18]

편도체가 공포나 분노 같은 감정에 민감하게 반응한다는 연구는 이미 많이 알려져 있다. 그중에서도 주목할 만한 연구로, 2024년 가브리엘라 수아레스(Gabriela Suarez) 연구팀이 발표한 결과가 있다. 이들은 폭력이 자주 일어나는 지역에 거주하는 사람들을 대상으로, 뇌의 편도체가 어떻게 반응하는지를 조사했다. 연구에 따르면, 이런 환경에 사는 사람들의 편도체는 잠재적인 위협에 더 민감하게 반응하며, 이는 정서적으로 부정적인 영향을 줄 수 있다. 그런데 흥미로운 점은, 부모가 아이에게 따뜻하고 적극적인 양육을 제공할 경우, 이런 뇌 반응이 줄어들 수 있다는 것이다. 즉, 아무리 외부 환경이 열악하더라도 부모의 보살핌이 아이의 정서적 건강에 보호막처럼 작용할 수 있다는 사실을 보여 주는 연구라 할 수 있다.[19]

지금까지 우리는 감정을 알아차리는 것이 왜 중요한지, 감정을 알아차린다는 말은 어떤 의미인지, 그리고 감정이 무엇인지에 대해 알아보았다. 사실 이 세 가지 이야기들은 지금부터 이야기하고자 하는 네 번째 질문에 대한 대답을 위한 준비였다고 해도 과언이 아니다.

감정을 알아차리기 위한 방법은 무엇인가?

감정이 무엇인지, 그리고 감정을 알아차리는 것이 어떤 의미인지 알았고, 감정을 알아차리는 것이 참 중요하다는 것도 뼈저리게 느꼈더라도, 방법을 모른다면 감정 알아차리기를 실천하기 어려울 것이다. 구체적 방법을 알아야 막상 감정이 끓어오를 때 이것을 상황에 맞게 잘 사용할 수 있을 것이며, 실전에 사용할 수 있는 감정 알아차리기 방법을 연습해야만 감정을 알아차린다는 목표를 달성할 수 있을 것이다.

지금부터 지난 10년 동안 수없이 많은 수강자와 코칭 대상자에게 제공했던 매우 구체적인 방법과 도구를 소개하고자 한다. 그들이 이 방법과 도구를 어떻게 사용했고 어떤 효과를 보았다고 증언했는지, 그리고 그들이 이 방법과 도구를 사용하여 효과가 날 수밖에 없었던—방법과 도구 속에 숨겨져 있는—과학적 원리와 실험 결과도 설명하려 한다.

첫 번째로 가장 손쉬운 초 간단 감정 알아차리기 방법은 바로 '심호흡'이다. "아, 화나!"라는 말 대신 "내가 지금 '화'라는 감정을 느끼고 있구나."라는 말이 나올 때까지 하나, 둘, 셋을 세며 심호흡을 하는 것이다. 나도 모르게 화가 났더라도 "아차, '셀프 케어' 책에서 이렇게 하라고 했었지!"가 기억날 때까지.

'호흡'은 내가 진흙탕 속에 머무를지, 아니면 그곳에서 벗어날지를 결정짓는 내 선택의 결과이다. 복식 호흡 훈련을 꾸준히 수행하면, 우리 몸의 부교감 신경계가 활성화되어 과도하게 흥분된 교감 신경계가 진정된다. 내 의지로 자율 신경계를 조절하여 몸의 작동을 조절할 수 있는 유일한 방법이 바로 '호흡'이다. 이는 다른 장기와 달리 뇌의 모든 영역에 호흡과 관련된 회로가 연결되어 있기 때문이다. 또한, 호흡계(Respiratory system)는 심장과 달리 자체적인 '페이스메이커(pacemaker)' 기능이 없어 스스로 호흡 리듬을 만들지 못하기 때문에, 뇌줄기(특히 숨뇌, medulla oblongata)에 위치한 호흡 조절 중추(Medullary Respiratory Center, MRC)로부터 신경 자극을 받아야만 호흡 근육이 움직이고 숨을 쉴 수 있다. 숨뇌에 위치한 전보찡어 복합체(pre-Bötzinger complex)는 등쪽 호흡군(Dorsal Respiratory Group, DRG)의 들숨 뉴런과 연결되어 있으며, 이곳의 뉴런들은 심장의 동방결절(SA node)처럼 자발적이고 리듬감 있는 흥분과 억제의 주기를 반복한다. 이러한 주기적 활동으로 우리는 들숨과 날숨을 자연스럽게 조절한다.[20]

'심호흡'이 효과를 발휘하는 뇌과학적 근거는, 호흡만으로도 뇌의 혈류량이 증가하고, 전측대상회, 섬엽, 전두엽 등 주의력과 집중력에 관여하는 뇌 부위들이 활성화되기 때문이다. 또한 편도체와 '선조체(striatum)'가 비활성화되는데, '선조체'는 보상, 인지, 동기 부여, 운동, 충동성 등의 기능을 매개하는 중추의 일부로 욕망을 느끼는 부위이다. 그리고 깊은 호흡으로 스트레스 호르몬인 '코르티솔(cortisol)'의 혈액 내 농도가 감소된다는 연구 결과는 현재까지 지속적으로 보고되고 있다. 점점 더 많은 실증적 연구에서 복식 호흡이 신체 이완 반응을 유발하고 신체적, 정신적 건강에 도움이 된다는 사실이 밝혀지고 있는 것이다.[21] 아래 그림은 호흡 훈련에 참가한 그룹(BIG)이 참가하지 않는 대조군(CG)에 비해 코르티솔 수치가 유의미하게 낮았다는 결과를 보여 준다. 아울러 부정적 정서가 상당히 감소하였다.[22]

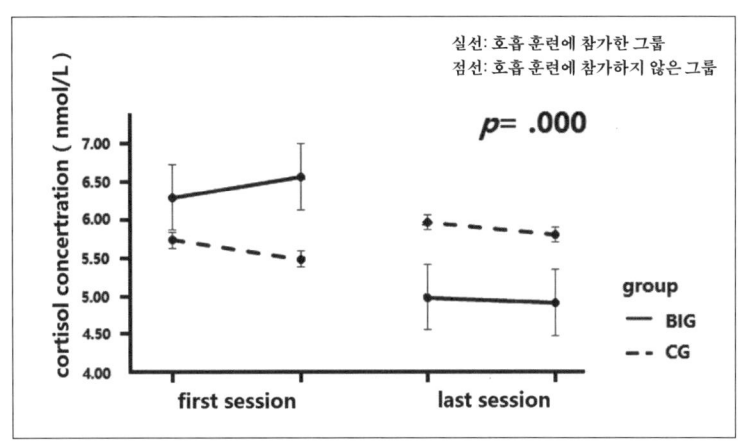

[표] 호흡 훈련의 효과

심호흡 방법을 잘 활용할 수 있는 팁은 우리가 익숙하게 알고 있는 복식 호흡을 하는 것이다. 복식 호흡은 배를 통해 숨을 쉬는 것으로, 폐 아래 위치한 횡격막을 아래로 밀어 내면서 상복부만을 부풀려 호흡하는 방법이다. 구체적인 방법은 다음과 같다.

① 편안한 자세로 앉아 한 손을 배에 나머지 한 손을 가슴에 올린다.
② 코를 통해 공기가 배까지 전해진다는 느낌으로 깊게 4초 동안 숨을 들이마시며 배가 앞으로 나오게 한다.
③ 3초간 숨을 멈춘다.
④ 5초간 입으로 천천히 숨을 내쉰다.
⑤ 3초간 숨을 멈춘다.

심호흡을 할 때는 배의 움직임에 집중하면서 어깨가 위 아래로 움직이지 않도록 유의해야 한다. 따라서 복식 호흡은 벽에 기대거나 누워서 시행하면 어깨와 등이 고정되어 수월하다. 즉, 들숨과 날숨에 그저 집중하라는 것이다. 숨이 들어오고 나가는 것을 말이다. 심호흡이 어려운 이유는 자연스럽게 호흡하는 자신을 관찰하고 발견해야 하는데, 의도적으로 호흡을 하려고 하기 때문이다. 처음 진행하는 초보자의 경우 가장 유의할 점은 이런 복식 호흡법에 지나치게 신경을 쓴 나머지 오히려 민감한 교감신경을 더욱 항진시킬 수 있기 때문에 주의해야 한다. 단순히 배와 가슴으로 깊이 숨을 쉰다는 생각으로 편안하게 진행하는 것을 추천한다. 한 번 숨을 들이마실 때 천천히 평소보다 많은 양을 몸으로 들어오게 한다고 생각하면 좀더 쉬울 것이다.

두 번째 방법은 하나부터 열까지 세면서 호흡에 집중하는 '수식관(隨息觀: anapanasati)'이다. 이것은 내쉬는 숨을 들이쉬는 숨보다 길게 하는 방법이다. 이 방법 또한 뇌파와 신경 전달 물질에 변화를 가져옴으로써 망상이 줄어들고 집중도가 높아지는 효과를 얻을 수 있다. 앞의 심호흡과 거의 비슷하지만 숫자를 센다는 점에서 살짝 다르다.[23]

'수식관'의 구체적 방법으로 '하나부터 열까지 세기' 방법이 있는데, 이를 활용하기 위한 팁은 다음과 같다.

① 가장 편안한 자세로 눈을 감고서 처음 들이쉬는 들숨에 마음으로 '하나'를 세고, 내쉬며 마음으로 '둘'이라고 수를 센다.

② 다시 두 번째 숨을 들이쉬며 '셋', 내쉬며 '넷'을 센다.

③ 또 숨을 들이쉬며 '다섯', 내쉬며 '여섯',

④ 다시 숨을 들이쉬며 '일곱', 내쉬며 '여덟',

⑤ 마지막으로 숨을 들이쉬며 '아홉', 내쉬며 '열'.

이렇게 열까지 수를 센 다음 다시 '하나'로 돌아가 반복한다.

호흡을 할 때에는 먼저 호흡이 일어나고 있음을 알아차려야 한다. 혹시 다른 생각이 들거나 몸의 감각, 주변 소음으로 호흡을 놓치게 되면 그 순간을 알아차리면 된다. '주변이 시끄럽다는 생각을 내가 하고 있구나.' '어제 다친 손가락이 아프다는 생각을 내가 하고 있구나.' '오늘 저녁은 누구와 무엇을 먹을지를 내가 생각하고 있구나.' 등과 같이 그 순간을 알아차리는 것이다. 그런 후에 다시 호흡에 집중한다.

호흡이 불안을 줄여 주는 데 효과가 있다는 의학적 근거들은 교감 신경과의 관련성 측면에서 설명할 수 있다. 즉, 교감 신경이 항진되면 불안이 유발되는데, 심호흡을 하면 이런 교감 신경이 안정된다는 연구 결과들이 다수 존재한다.[24] 우리가 무의식적으로 힘들 때 한숨을 내쉬곤 하는데, 이것도 우리 몸에서 교감 신경을 안정시키기 위해 본능적으로 심호흡을 하는 것이다. 이 원리를 믿고 어떤 이유에서든 불안한 상태가 된다면, 불안한 대상에서 시선을 떼고 가능한 먼 곳(예: 하늘)을 바라보면서 몸에 힘을 뺀다는 생각으로 심호흡을 10번 정도 하는 방법을 추천하고 싶다. 10번의 심호흡이 끝나기 전에 불안이 낮아지는 것을 느낄 수 있을 것이다.

세 번째 방법은 '나만의 제스처(gesture)'를 만들어 두고 감정이 올라올 때마다 활용하는 것이다. 이 제스처는 쉽게 떠올리고 기억할 수 있도록 자신만의 동작을 만들어 보는 걸 추천한다.

예를 들면,

신체 특정 부위(예: 허벅지, 손등)를 살짝 치며 'STOP'이라고 말한다.
입술을 다물고 그 위에 검지를 대고 '쉿' 소리를 낸다.
양쪽 손바닥을 아래로 내리면서 '후~' 하는 소리를 낸다.

처음엔 다양한 제스처를 활용하면서 어떤 것이 더 나에게 맞고 효과가 있었는지 잘 관찰하여 선택하길 바란다. 너무 복잡하지 않게 단순한 동작으로 여러 번 반복하면서 익숙한 것을 선택하면 된다. 그렇게 하나를 선택했다면 일정 기간 반복적으로 활용하는 것이 좋다. 그래서 몸이 자연스럽게 반응하는 시간을 갖는 것이다.

또 다른 방법으로는 몸에 지니고 있는 물품이나 도구를 활용하여 제스처를 취하는 것이다. 예를 들어, 왼손에 했던 팔찌를 오른손으로, 오른손에 있던 반지를 왼손으로 옮기는 행동, 또는 풀었던 머리를 묶거나, 반대로 묶었던 머리를 푸는 행동을 하는 것, 또는 휴대 전화 앱에서 명상 벨소리 앱을 다운받아 활용한다. 시간이 흐름에 따라, 앱을 여는 순간 생각이 멈추는 마법을 경험할 것이다. 팔찌, 시계, 반지 등 늘 내 몸에 소지하는 도구를 활용하면 바로 사용할 수 있어 골든 타임을 놓치지 않게 된다.

감정에 있어서 골든 타임이란 감정이 흘러 나가게 할 수 있는 중요한 시점을 의미한다. 즉, 부정적 감정이 생겨났을 때 감정을 나가게 하는 시간을 놓치면 그 부정적 감정을 반복적으로 경험하면서 감정의 굴레에 갇히게 되므로 골든 타임을 놓치지 말아야 한다는 것이다. 이와 관련해서 질 볼트 테일러 박사의 '90초 규칙'을 기억할 필요가 있다. 우리 몸은 두려움이나 분노와 같은 부정적 감정이 일어나면 교감 신경이 활성화되고 분노 호르몬이라 불리는 '노르에피네프린(노르아드레날린)'이 자동으로 분비된다. 그러나 이러한 변연계 자동 활성화 시스템에도 불구하고 90초가 지나면 활성화되었던 신경 물질들이 사라진다. 따라서 90초를 놓치지 않도록 나만의 특정 제스처를 만들어 활용하는 것이 중요하다.

네 번째 방법은 '나만의 특정 공간'을 활용하는 것이다. 이것은 감정이 일어났을 때 특정 공간으로 이동하는 것인데, 감정을 일으켰던 공간에서 벗어남으로써 그 감정을 멈추려는 의식적 노력이다. 나만의 특정 공간을 활용할 때는 감정을 일으키는 상황이나 대상에 집중하지 않도록 그 자리를 떠나는 것이 핵심이다. 아주 멀리 이동하지 않더라도 문제가 되는 상황 또는 사람에게서 벗어나기만 하면 된다. 어쩔 수 없이 같은 공간에 있어야 한다면 모서리나 벽 가장자리에 특정 물건을 두고 그곳으로 이동하는 것도 아이디어다.

'나만의 특정 공간'을 잘 활용할 수 있는 팁은 다음과 같다.

① 특별한 공간을 별도로 만들기 보다는, 벽 가장자리에 매트를 깔아 공간을 구분하고 그 매트 위를 걷는 정도로 간단하고 접근성이 좋아야 한다. 현재 사용 중인 가구 옆에 공간 구분용 물건을 두는 것도 추천한다. 예를 들면, 화장대 끝에 작은 테이블과 의자를 두는 것이다.
② 그 공간이 더 이상 특별해지지 않는다면 새롭게 다른 공간을 찾아 만들어 본다. 새로운 공간의 힘은 생각보다 크다는 사실을 기억하고서 말이다.
③ 가능한 혼자 있을 수 있는 공간이어야 하며, 그곳에서는 이전의 사건을 다시 떠올리거나 반추하는 일을 무조건 멈춰야 한다.
④ 생각을 멈출 수 있는 자신만의 특별한 의식을 행한다. 향초에 불을 켠다거나, 마음이 평온해지는 음악을 듣는다거나, 영감을 주었던 좋아하는 책을 읽는 것도 좋다.

이 방법이 효과적임을 알기 위해 '터널 시야(tunnel vision)'라는 의학적 용어를 이해하면 좋겠다. 이는 터널 속으로 들어가면 주변은 잘 안 보이고 앞만 보이는 것처럼, 자신의 문제만 보이고 주변이 보이지 않게 되는 것을 말한다. 특정한 것만을 바라보고 나머지를 바라보지 못함으로써 주변의 대부분을 놓쳐 버리는 현상으로, 심리학에서도 종종 인용되는 개념이다. 지금은 많이 알려진 '보이지 않는 고릴라' 실험이 좋은 사례이다.[25]

극심한 스트레스를 받으면 실제로 뇌가 터널 시야로 변하게 되는데, 자신이 보고 싶은 대로만 주변을 보는 현상이 발생한다. 이런 왜곡된 인지로 인해 다양한 문제가 발생하기 때문에 시야가 좁아지지 않게 하기 위해 의식적으로 주변을 볼 수 있게 만드는 '전환점'이 필요하다. 그 전환이 바로 '나만의 공간'으로 이동하는 것이다. 부정적 감정이 일어나 시야가 좁아지기 전에 그 감정에서 벗어나기 위해 적극적으로 행동해야 한다. 이러한 의식적 행동은 터널 시야에 매몰되는 것을 막아 주는 효과적 방법인 것이다.

다섯 번째 방법은 '저널링(journaling): 감정 일기 쓰기'이다. '저널링'은 자신의 감정 상태와 정도 그리고 그 이유에 대해 구체적으로 적어 보는 것이다. 저널링을 하면 자신의 감정을 알아차리고 그 감정의 원인을 이해할 수 있게 되어 자신의 감정을 객관화하는 데 도움이 된다.[26]

저널링을 할 때는 도구와 양식을 활용하면 좋다. 먼저 자신이 느끼고 있는 감정을 어떻게 표현해야 할지 모를 때에 도움이 되는 도구가 '감정 카드'이다. 자신의 느낌과 유사한 감정 카드를 고르는 과정에서 자신의 감정을 구체화할 수 있다. 저널링 양식은 다음 페이지에 제시한 '저널링 기록지'와 예시를 참고하면, 한결 쉽게 마음 속 이야기를 꺼내볼 수 있다. '감정이 일어났던 상황, 감정의 정도, 상황에 대한 나의 생각과 이유, 감정에 대처하는 나만의 방법' 등을 적을 수 있도록 항목별로 정리된 양식을 활용하면, 무엇을 작성해야 하는지에 대한 분명한 가이드가 될 것이다.

저널링을 잘 활용하는 팁은 다음과 같다.

① 감정을 표현할 때는 이렇게까지 적는 게 맞을까 싶을 정도로 최대한 구체적이고 자세히 적는다. 부정적 감정으로 가득 찬 마음이라도, 아주 작은 틈이 생기면 배출의 실마리가 되기 때문이다.

② 자신의 저널링 결과를 누군가와 나누고 이야기하면 좋다. 대화를 나누면서 더 알아차릴 수 있는 단서들이 생기게 되기 때문이다.

③ 저널링을 일시적으로 몇 번 하다 포기하지 않도록 습관화한다. 습관으로 이어지기 위해서는 일상의 반복적 활동과 연결하는 것이 좋다. 기상 직후, 양치 후, 컴퓨터 전원을 켠 직후, 잠자기 전, 아이에게 동화책을 읽어 준 후 등으로 말이다.

④ 저널링을 '감정 이름 붙이기(emotion labeling)'와 함께하면 더 효과적이다. 감정 카드를 보면서 지금 현재 내 감정을 명명하는 것으로 알아차림의 강도가 높아지기 때문이다.

⑤ 단순히 현재 기분 상태만 기록하는 것이 아니라, 왜 그런 느낌이

드는지, 그 감정을 어떻게 표현할 수 있는지 등을 함께 기록해야 한다.

⑥ 자신이 기록한 저널링 결과에 대한 가치 판단을 하지 말아야 한다. 저널링은 스스로 답을 찾아가는 과정이지 올바른 해답이 있는 작업이 아니기 때문이다.

다음은 감정 카드 예시이다.

독자들의 편의를 위해 여기에 QR 코드 하나를 제공한다. 이 QR 코드를 찍으면 감정의 이름이 나타난다. 지금 이 순간에 내가 느끼는 이 오묘한 감정을 뭐라고 불러야 할지 기억이 나지 않는다면, 사용해 보시길 권한다.

[그림] 감정 카드 QR코드

다음은 저널링 기록지와 작성 예시이다.

저널링(감정 일기) 기록지	
사건(event)	언제, 어디서, 무엇을, 어떻게
감정 점수	
그것을 경험하며 느꼈던 감정들	
당시 내가 했던 생각들	
내가 나에게 하고 싶은 말이나 질문	

저널링(감정 일기) 기록지		[작성 예시]
사건(event)	업무 중 사소한 실수를 했고, 팀장님이 "괜찮다, 그 정도 실수는 누구나 할 수 있다"고 하셨지만 하루 종일 마음이 무겁고 우울했다.	
감정 점수	2점 / 10점	
그것을 경험하며 느꼈던 감정들	자책감 / 실망감 / 우울감	
당시 내가 했던 생각들	- 나는 왜 이런 실수를 했을까? - 팀장님이 얼마나 나를 한심하게 생각했을까? - 다른 사람은 잘하는데, 나만 부족한 건 아닐까?'	
내가 나에게 하고 싶은 말이나 질문	- 팀장님이 "괜찮다."고 말해 주셨지만, 나는 괜찮지 않다. - 실수는 누구에게나 있을 수 있는데, 내가 너무 나 자신을 몰아세웠던 건 아닐까? - 완벽하지 않아도 괜찮다고, 나 자신에게 말하지 못한 이유가 뭘까?	

저널링(감정 일기) 기록지		[작성 예시]
사건(event)	몸이 너무 지쳐서 평소처럼 운동을 하지 못했다. 한 달 넘게 이어온 루틴을 지키지 못해서 아쉽고 속상했다	
감정 점수	6점 / 10점	
그것을 경험하며 느꼈던 감정들	아쉬움 / 지침 / 피로감	
당시 내가 했던 생각들	- 이렇게 한 번 쉬면 다시 흐름을 잃어버리는 건 아닐까? - 조금만 더 참았으면 할 수 있었던 건데, 너무 쉽게 포기한 건 아닐까? - 내 의지는 왜 이토록 쉽게 무너지는 걸까?	
내가 나에게 하고 싶은 말이나 질문	- 오늘 운동을 하지 못한 건, 게으른 게 아니라 정말로 지쳐 있었던 건 아닐까? - 하루 쉬었다고 무너질 만큼 약한 사람이었나? - 이럴 때, 내가 가장 듣고 싶은 말은 뭘까?	

저널링을 시작하려고 하면 '잘 써야 한다'는 압박감에 막막하고 버거울 수 있다. 그러다 '피곤한데 굳이?'라는 생각에 그만 접고 마는 경우가 더러 있다. 그럼에도 당장 시작할 수 있는 방법은 '딱 한 문장'을 써 보는 것이다. 형식이나 내용에 전혀 신경 쓰지 말고 저널링을 하고 있는 자신만 바라보며 한 걸음 내 딛어 보는 것이다. 다음의 예시를 보면 그 한 걸음이 어렵지 않음을 알게 된다.

- 오늘 아침, 이유 없이 마음이 무거웠다. 눈을 뜨고도 침대에서 한참을 일어나지 못했지만, 그래도 결국 몸을 일으켜 출근 준비를 한 나에게 감사하다. 내 안의 작은 힘이 오늘도 나를 살게 했다.

- 점심시간에 갑자기 울컥했다. 나도 모르게 차오르는 감정을 그저 바라보며, 참지 않고 느껴 본 것도 내게 필요한 시간이었나 보다. 내 감정을 억누르지 않고 인정해 준 나를 보니 뿌듯하다.
- 오늘은 외로움이 깊게 느껴졌다. 집에 와서 불 켜진 방을 보니 한숨이 났지만, 조용한 방 안에서 향초를 켜고 좋아하는 음악을 들으니 조금은 위로가 되었다. '아, 나 혼자서도 괜찮구나.' 하는 생각에 안도감이 들었다.
- 오늘은 친구의 말 한마디에 마음이 상했다. 괜찮은 척했지만, 하루 종일 그 말이 맴돌았다. 나도 모르게 초라한 기분이 들었고, 마음 한켠이 찝찝했다. 그러다 '왜 이렇게 혼자서 애타고 끙끙거릴까?' 싶어서 조심스레 내 마음을 털어 놨더니, 친구는 솔직하게 말해 줘서 고맙다고 했다. 감정을 회피하지 않고 마주한 나 자신에게, 그리고 그 마음을 표현한 나에게 고맙다고 말해 주고 싶다. 오늘의 나는, 조금 더 단단해졌다.
- 괜히 울적한 저녁, 무심코 꺼내 든 일기장에 하루를 써 내려가다 보니 조금은 후련했다. 내 이야기를 들어주는 종이 한 장, 그리고 이 시간을 마련해 준 내가 기특하다.
- 불안한 감정이 올라왔지만, 그 감정에 휩쓸리지 않고 천천히 숨을 쉬며 나를 진정시키려 애썼다. 서툴고 느리지만, 애쓰는 나를 보면 마음이 짠하고 가련하다.
- 오늘은 아침부터 별일도 없는데 눈물이 났다. 설거지를 하다가, 아이 책가방을 챙기다가, 갑자기 울컥했다. 마음이 너무 오락가

락해서 나 자신을 이해하기도 버겁다. 그런데 이렇게 내 감정을 적는 이 순간, 조금은 정리가 되는 것 같아서 다행이다.
- 가만히 있어도 화가 치밀어 올랐다. 누구 때문이 아니라 그냥 마음속에서 갑자기 올라오는 감정. 괜찮은 척하다가 엄마에게 괜히 짜증을 냈다. 미안해서 뒤돌아 우는 나를 보며, '아, 지금 내가 너무 힘들구나' 하고 처음 인정했다. 이런 나를 미워하지 않고 있는 그대로 껴안아 보려는 내 용기에 박수를 보낸다.
- 불면의 시간이 길어진다. 생각이 꼬리를 물고, 내 감정은 끝도 없이 요동친다. 그러다 문득, '내가 이렇게 흔들릴 수 있는 것도 살아있다는 증거구나'라는 생각이 들었다. REACH에서 배운 것처럼 지금은 힘들지만, 결국 잠잠해질 거라는 사실을 알게 되어 다행이다.
- 사실 나는 가끔 너무 외롭다. 주변엔 사람들이 많은데도, 어디에도 마음을 완전히 내려놓을 곳이 없다는 게 문득 서글프다. 그래도 이렇게 내 감정을 쓰면서, 적어도 지금 이 순간만큼은 나와 내가 연결되어 있다는 생각이 들어서 조금은 괜찮아졌다.
- 오늘 하루도 참 애썼다. 잘하지 않아도, 뭔가 대단한 성과를 내지 않아도, 이렇게 내 감정을 알아차리고 안아주려는 나 자신이 지금 이 순간만큼은 꽤 괜찮은 사람처럼 느껴진다.

이 방법이 효과를 발휘하는 이유를 뇌 과학적으로 설명하기 위해 '안와전두피질(orbitofrontal cortex, OFC)'에 대해 이해할 필

요가 있다.[27]

'안와전두피질'은 자신이 어떤 상태인지를 인지하는 영역으로, 감정과 관련된 정보를 처리하는 편도체가 안와전두피질의 꼬리쪽에 밀접하게 연결되어 있다. 또한 감정적 공감(emotional empathy), 특히 분노 및 공격성(aggression)과 관련이 있다. 내가 누구인지, 어떤 사람인지 생각하는 순간 이 영역이 활동하는 것이다. 자신을 정확하게 평가한 사람이 과대평가한 사람에 비해 안와전두피질 영역이 4배가 활성화되었다는 연구 결과를 통해 자기 통찰(Self-insight) 또는 메타인지가 얼마나 중요한지 알게 된다.

자신을 알기 위해 가장 탁월한 방법이 감정의 움직임이나 상태를 관찰하여 기록하는 일이다. 내가 주로 느끼는 감정이 어떤 상황에서 발생하는지 무슨 말이나 행동에 감정적 동요가 일어나는지, 특정 상황에서 자동적으로 일어나는 생각들은 무엇인지를 기록을 통해 파악하는 것이다. 이러한 저널링을 통해 나의 행동 패턴과 감정 처리 과정을 알아차릴 수 있는 것이다. 그래서 저널링은 감정을 표현하고 객관화하는 데 매우 탁월한 방법이며, 사건과 감정을 잇는 나의 생각까지 알아차릴 수 있는 중요한 방법이다. 그리고 앞에서 제시한 방법들과 함께 활용할 때 더 큰 시너지를 발휘할 수 있다.

우리 문화가 직접적인 감정 표현을 하지 않는 것을 덕목으로 여기며 감정을 표현하는 사람을 이성적이지 못하고 미성숙한 사람으로 치부하는 경향이 있다. 특히 감정을 다루기 어려운 환경에서 자라거나 감정을 통한 의사소통 방법을 학습하지 못한 경우 정서적 교감도 부족하여 자신의 감정을 인식하고 표현하기 어렵게 된다. 자신의 감정을 잘 알아차리지 못하면서 신체 감각으로 나타나는 정서적 각성과 감정을 구별하기 어려운 경우 정신의학적으로 '감정 표현 불능증'으로 진단하기도 한다.

'감정 표현 불능증(alexithymia)'은 그리스어로 '결핍'을 의미하는 'lexis'와 '감정'을 의미하는 'thymos'로부터 유래된 단어로, 감정을 위한 단어의 결핍, 즉 '정서를 언어화하지 못한다'는 의미이다. 자신이 느끼는 감정을 적절하게 구분하고 표현하지 못하는 상태를 말하는데, 1972년 미국의 정신과 의사 피터 시프네오스(Peter E. Sifneos)와 존 네미아(John C. Nemiah)에 의해 소개되었다.[28]

'감정 표현 불능증'이 있는 사람은 자신의 감정을 다른 사람에게 설명하고 전달하는 데 어려움이 있고 감정과 관련된 상상이 상대적으로 결핍되어 공상이 제한적이고 경직되어 있다. 그러다 보니 자신의 내적 경험보다 외적 자극에 더 초점을 맞추어 버린다. 쉽게 말해 스스로 감정을 알아차리고 표현하기 어려우므로 타인의 감정도 알아차리지 못하기 때문에 모든 사건들의 원인이 외부에 있다고 여기는 것이다. 이렇게 미성숙한 인지 조절 방법을 이용하기 때문에 비난, 걱정, 두려움을 기반으로 부정적 상황에 집중하면서 파국에 도달하게 되고, 이는 우울증, 강박증, 식이 장애, 불면 등을 일으키기도 한다.

'감정 표현 불능증'이 있는 사람의 뇌를 기능성 자기공명 영상(fMRI)으로 연구한 결과에서도 우측 뇌반구에서 감정 관련 정보를 보내더라도 좌측 뇌반구의 언어 처리 영역에 제대로 전달되지 못하는 것을 확인할 수 있다.[29] 즉, 감정 처리 과정에서 '전대상피질(ACC, anterior cingulate cortex)'의 활성이 대체적으로 감소했는데, '전대상피질'은 뇌에서 전해오는 정보를 처리하며 다양한 감정과 인지 과정을 담당하는 곳이다. '감정 표현 불능증'의 경우 양측 두뇌 반구 간 연결이 제대로 이루어지지 않아 감정, 인지 처리의 조절이나 통합이 어려운 것이다. 이처럼 감정을 인식하고 언어로 표현하는 것은 뇌에서 감정을 처리하는 중요한 과정이며 성숙한 인지 조절 방법이다.

여섯 번째 방법은 '감정에 이름 붙이기(감정 레이블링: emotion labeling)'이다. 감정에 이름 붙이기는 자신의 감정을 언어로 표현하는 방법으로, '짜증이 난다.' '불안하다.' '무섭다.' 등과 같이 감정을 표현하는 것이다. 또한 감정을 유발하는 자극에 이름을 붙여 '그 사람은 짜증이 난다.' '그곳에 가면 무섭다.'와 같이 표현하는 것이다.

이 방법은 감정의 충격을 완화시키는 감정 조절 전략으로, 감정을 재평가하는 것과 유사한 효과를 낸다. 토레(Torre)와 매튜 리버만(Matthew Lieberman)의 실험에서는 연구 참가자들에게 부정적 감정을 유발하는 이미지(예: 뱀, 전쟁 장면)를 보여 주고서 느껴지는 감정에 이름을 붙이도록 했는데, 참가자들은 사진을 보고만 있을 때보다 감정을 말했을 때 감정적인 고통이 줄어들었다고 응답하였다.[30] 이는 감정을 서술하는 것만으로도 감정의 고통으로 인한 스트레스가 감소함을 의미한다.

'감정 이름 붙이기'를 잘하기 위한 방법은 다음과 같다.

① 감정 체크-인(emotional check-in)의 순간을 의도적으로 갖는다. 하루 중 짧게라도 특정 시간을 정하여 현재 자신의 감정 상태를 파악해 보는 것이다. 기상 직후, 식사 후, 취침 전, 양치 후 등 자신이 순간 멈춤이 가능한 시간을 정해 알람을 활성화하는 것도 좋은 방법이다. 이는 감정을 더 잘 인식하고 더 잘 조절하는 데 도움이 된다. 해야 할 일 목록(to do list)에 '감정 체크인'을 추가하는 것만으로도 정신적 건강에 커다란 변화가 올 것이다.

② 시각화 연습을 한다(visualization exercises). 감정을 별개의 개체로 시각화하고 이름을 붙이면 또 다른 관점을 갖게 하고 감정의 강도를 줄이는 데 도움이 된다. 예를 들어, 감정과 거리를 두어 감정을 더 관리하기 쉽고 압도적 상태에서 벗어날 수 있다.

감정 체크-인과 시각화를 위해 다음 매트릭스(matrix)를 소개하고자 한다. 이 매트릭스는 제임스 러셀(James Russell)이 제시한 감정 원형 모델(a circumplex model of affect)을 참고한 것으로 감정을 두 가지 축의 핵심 요소로 구분한 '감정 체크 인 보드

(emotional check-in board)'이다.[31] 세로 방향은 활동성(activity) 수준, 가로 방향은 정서가(感情價, valence: 긍정/부정) 정도로 나눈 4개 영역에 해당하는 감정을 표현해 보는 것이다. 자신의 현재 감정을 감정카드에서 고른 후 각 분면 중 해당 영역을 찾아 체크하는 것으로, 감정 카드의 색상과 매트릭스의 4개 영역을 따라 각 감정을 체크해 볼 수 있다. 높은 활동성과 부정성은 좌상단, 높은 활동성과 긍정성은 우상단, 낮은 활동성과 부정성은 좌하단, 높은 활동성과 긍정성은 우하단으로 구성되어 있다.

하루 종일 동분서주하면서 회사 일을 마치고 저녁도 쫄쫄 굶은 채 집에 오니 아이들은 숙제도 하지 않고 게임에 빠져 있고 남편은 소파에 누워 심드렁하게 인사를 건넨다. 이럴 경우 '하……진이 빠진다.'의 감정은 부정성과 낮은 활동성에 체크-인 할 수 있다. 그러다 모처럼 여유로운 주말을 보내면서 오랜만에 가족들과 저녁 식사를 할 수 있다는 마음으로 '들뜨는' 감정이 든다면 높은 활동성과 긍정성 범위로 체크-인 하는 것으로 이동할 것이다. 하지만 이건 초보자에게 길을 안내하는 수준의 이정표일 뿐 자신의 직관적 선택으로 표현한다고 해도 전혀 문제가 되지 않는다는 점을 기억해 주길 바란다.

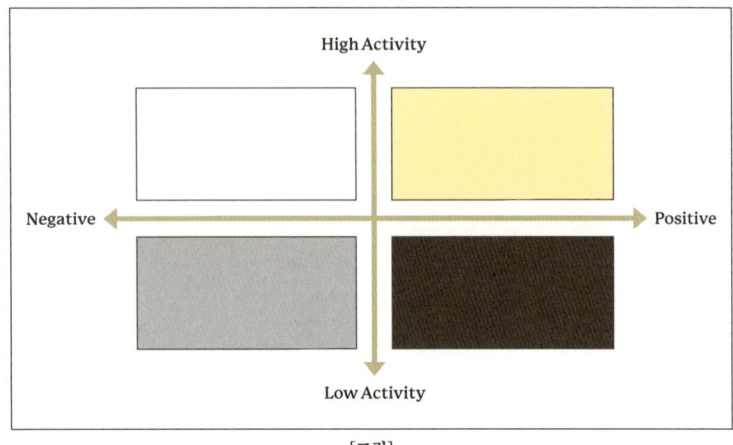

[그림]

③ '나는 ~ 진술문(I message)'을 사용하여 나의 감정을 주의 깊게 표현한다. 이렇게 감정을 공유함으로써 타인과 더 깊은 이해와 연결이 가능하다. 감정 조절이 필수적인 시험을 앞둔 학생들에게 걱정과 불안함에 대해서 글로 쓰게 했을 때, 감정을 표현하지 않은 학생들보다 점수가 더 잘 나왔다는 연구 보고도 있다.

다양한 연구를 통해 '감정 이름 붙이기' 활동이 심박수 등 분노와 관련된 생리적 각성 상태를 완화시키고, 불안과 공포와 관련 있는 피부 전도도를 낮추는 데 효과가 있다는 것이 밝혀졌다. 편도체가 비활성화되면 부정적 감정이 감소되고, 감정을 조절하고 인지와 의사 결정 과정에 참여하는 복외측 전전두엽 피질

(Ventrolateral Prefrontal Cortex:VLPFC)이 활성화되기 때문에 이러한 효과가 발생하는 것이다.[32]

'감정 이름 붙이기' 활동으로 참가자의 감정 수준이 조절되고 감정적 고통의 감소 효과가 있었다는 실험에서는 거미 공포증이 있는 참가자들을 거미가 담긴 상자가 있는 방에 머무르게 하고, 일부 참가자들에게는 그 상황에서 느낀 감정을 표현하게 했고, 나머지 참가자들에게는 사실만 중립적 언어로 설명하게 했다. 연구 결과, 감정을 표현한 집단이 상황만 설명한 집단보다 더 가까이 상자에 접근할 수 있었다. 게다가 거미에 노출되는 동안 '불안', '공포'와 같은 단어를 더 많이 사용할수록 오히려 그런 감정이 줄어들었다는 것이다.

뇌신경 부분에서도 인지적 통제와 관련된 뇌 영역인 우측 복외측 전전두엽 피질(RVLPFC) 활동이 눈에 띄게 증가함으로써 감정을 생성하는 편도체 활동이 감소되는 현상을 확인하였다. 심박수와 심장 출력 감소, 피부 전도도 감소(각성 수준 감소)등 긍정적인 영향이 나타났다. 토레(Torre)와 매튜 리버만(Matthew Lieberman)은 감정에 이름 붙이기가 다른 형태의 감정 조절에서 발견되는 것과 유사한 경험적, 자율적, 신경적, 행동적 효과를 보인다고 보고하고 있으며, 특히 구현하기 쉽다는 점을 감안할 때 이 활동은 감정 조절에 탁월한 방법이라고 말하며 다음의 네 가지 근거를 제시했다.[33]

간섭(distraction)

감정을 말로 표현하는 순간, 감정을 일으킨 자극과 그로 인한 즉각적 반응 사이에 틈을 만들어 낸다. 이러한 작은 틈이 감정을 순간적으로 환기시키고 감정을 일으킨 자극에 대한 반응을 약화시킨다. 예를 들어, 직장 상사가 "이런 것도 제대로 못 하면 도대체 왜 여기에 있는 거지?"라고 말한다면, 지체 없이 "지금 나는 수치심이 들고 분노가 차오르는 느낌이 들어."라고 표현해 보자. 감정적으로 폭발하는 대신 상황을 다르게 볼 틈을 갖게 될 것이다.

반성(self-reflection)

사람이 느끼는 감정을 말로 서술하기 위해서는 자신의 감정에 대한 자각과 이해가 필요하다. 불분명하더라도 감정을 언어로 서술하는 '감정적 자기성찰(emotional introspection)' 행위는 뇌에서 공포와 불안과 같은 감정과 연결된 편도체(amygdala) 활동을 감소시키고, 복측부 전전두엽 피질(ventrolateral prefrontal cortex)의 활동을 증가시킨다. 예를 들면, 반복된 실패로 지쳐 있는 취준생이 또다시 불합격 소식에 망연자실하고 있다면, 이번에도 떨어졌다는 사실에 너무 속상하고, 나라는 사람이 무가치하게 느껴져. 더 이상 버틸 힘이 없다는 생각에 무기력해지고 점점 자신감도 떨어져. 사실, 사회로부터 영원히 인정받지 못하면 어쩌나 두렵고, 오랜 시간 혼자 이 고통의 시간을 견디며 켜켜이 쌓인 외로움이 터져 버린 게 아닐까 싶어."

이처럼 표면에 드러난 '우울함'이나 '좌절감'만이 아니라, 그 아래 깔린 '무가치감' '소외감' '외로움'과 같은 감정들을 함께 인식하고 표현한다.

불확실성 감소(reduction of uncertainty)

감정을 분류하기 위해 이름을 붙임으로써 '나도 잘 모르겠어.'와 같은 감정의 불확실성을 줄일 수 있다. 이러한 감정의 불확실성이 감소하면서 편도체가 비활성화된다. 편도체 활성화는 이전에 경험하지 못한 새로운 상황으로 일어나기 때문에 감정의 불확실성을 줄이면 편도체 각성을 예방할 수 있다. 예를 들면, 면접을 하루 앞두고 가슴이 두근거리고 좌불안석이라면 "나는 지금 면접을 앞두고 결과를 두려워하고 실패하면 어쩌나 걱정하고 있구나. 괜찮아, 내 몸이 긴장하고 반응하고 있는 거야."라고 표현하면 나의 두려움을 받아 들이고 통제 가능한 것이라 인식하게 된다.

기호 전환(symbolic conversion)

감정을 말로 전환하면서 감정의 원인을 추상화 할 수 있다. 감정을 말로 서술하는 과정에서 발생하는 추상적인 사고가 감정을 조절할 수 있도록 도와준다는 것이다. 그러므로 감정의 언어적 서술은 감정을 자극하는 원인에게서 심리적으로 멀어지게 하는 동시에 감정적인 긴장을 감소시키는 방법이 된다. 자신의 감정을 무작정 표출하는 것이 아니라 감정 자체가 무엇인지 서술할 때 감정을 조절할 수 있게 된다는 것이다. 예를 들면, 연인과 말다툼 후 속상하고 심경이 복잡하다면, 다음과 같이 표현해 본다.

'그가 던진 말 한마디 한마디는 나를 겨눈 화살처럼 날아와 심장에 꽂혔다. 모욕감과 서운함이 거센 파도처럼 밀려 왔어. 내가 꿈꾸던 사랑이 맞나 싶어서 한참 동안 그 감정의 소용돌이 속에서 빠져 나오기 힘들었어. 그러다 다시 외로워지는 나를 발견해.'

감정을 상징과 은유로 표현하는 순간, 감정이 말하려는 진짜 메시지를 다시 읽게 된다.

지금까지 살펴본 여섯 가지 방법을 요약하면 다음의 표와 같다.

No	내 감정을 알아차리는 방법	사용법	적절한 상황 (타이밍)	사용 시 유의사항	활용 팁	과학적 증거
1	심호흡	코로 숨을 들이마시고 입으로 내뿜는 법	화가 나거나 불안할 때 몸에 힘을 뺀다는 생각으로 함	배의 움직임에 집중하면서 어깨가 위 아래로 움직이지 않도록 체크	들숨과 날숨에 그저 집중, 지나치게 호흡법에 신경을 쓰면 오히려 교감신경 자극	뇌혈류량 증가로 전두엽, 섬엽등 집중력 관련 부위가 활성화
2	수식관	하나부터 열까지 세면서 호흡에 집중	망상이 있고 집중력이 떨어질 때	내쉬는 숨을 들이쉬는 숨보다 길게	호흡에만 집중이 되지 않을 때 활용	
3	나만의 제스처 사용	쉽게 떠올리고 기억할 수 있는 제스처를 취하는 것	불안과 우울을 경험할 때	다양한 제스처 중 최적화된 방법을 찾음	내 몸에 지닌 도구를 활용	변연계 자동 활성화 시스템 90초
4	특정 공간 활용	감정적으로 힘든 상황을 일으키는 공간에서 분리		혼자의 공간으로 특별한 의식을 행함	현재 사용 중인 공간 활용, 소품의 적절한 이용	터널시야에서 빠져 나옴
5	저널링	나의 행동 패턴과 감정 처리과정을 기록하는 SHEET 활용	부정적 감정을 경험하는 모든 상황	자신이 기록한 저널링에 대한 가치판단을 하지 않는 것	최대한 구체적으로 기록, 일상의 반복적 활동과 연결	안와전두피질 (orbitofrontal cortex, OFC) 활성화로 자기통찰력(self-insight) 향상
6	감정에 이름 붙이기	감정카드와 감정체크 도구 활용	감정을 경험하는 모든 상황	하루 중 짧게라도 특정 시간을 정하여 현재 자신의 감정 상태를 표현	멈추지 않고 계속 기록, 왜 그런 느낌이 드는지를 표현	복외측 전전두엽 피질 (Ventrolateral Prefrontal Cortex:VLPFC) 활성화

[표] 내 감정을 알아차리는 여섯 가지 방법

    여섯 가지 방법의 난이도를 굳이 평가해 본다면 '심호흡'과 '10까지 세기'가 초급, '제스처 사용'이 중급, 그리고 '특정 공간 활용' '저널링'과 '감정에 이름 붙이기'가 고급이라고 할 수 있을 것이다. 초급, 중급, 고급을 나눈 기준은 이 방법을 쓰기 위해 들여야 하는 수고로움의 정도이다. 아무래도 특정 공간을 마련하는 것과 저널링이 심호흡보다는 좀 더 수고로울 테니 말이다.

어렵고 복잡하게 느껴진다면 다음 'SOS'로 기억해 보자.

1) Stop thinking 생각 멈추기

'Here and now, 현재에 머무는 것'을 말한다. 우리 생각은 늘 과거나 미래로 향해 후회와 걱정에 사로잡혀 있다. '멈추기'라는 것은 아무 생각을 하지 않는 것이 아니라 '아! 내가 또 과거(미래)로 가 있구나.'를 알아차리고 다시 현재로 오는 것을 말한다. 여기에서 '생각'은 판단과 해석을 의미하기도 한다.

2) Only breathing 호흡에만 집중하기

현재로 오기 위한 가장 좋은 방법이 바로 '호흡에만 집중하는 것'이다. 이전에 설명한 심호흡이나 수식관을 여기에 적용하는 것이다. 다시 강조하지만 호흡에 집중하려고 애쓰기 보다 내 호흡으로 몸이 어떤 변화를 일으키는지 그 상태를 그대로 따라가 보면 된다. 예를 들어, 호흡을 할 때 특정 부위, 코 끝이나 배 등에 집중해야 한다는 식의 생각은 몸의 긴장을 가져오기 때문이다. 호흡에 집중하는 이유는 단 하나, 이완(relaxation)을 위해서다. 들숨에 '따뜻해지는구나' '횡격막이 내려가는구나' 등을 알아차려도 좋고 자신의 심장 박동을 느껴도 좋다.

3) See emotion 감정 들여다보기

내가 어떤 감정을 느끼고 있는지 들여다보는 것이며, 어떤 감정을 외면하고 있는지, 무엇 때문에 없애고 싶어 하는지를 발견하는 것이다.

생각 멈추기 Stop thinking	호흡에만 집중하기 Only breathing	감정 들여다보기 See emotion
Here and now 과거나 미래로 향한 생각을 현재에 머무르게 한다	천천히, 호흡의 중심을 배로 이동 1분에 6회, 10초에 숨쉬고 내뱉기	감정 제거가 아닌 발견 구체적 표현, 욕구 발견

[표] SOS 방법

위에 열거한 방법과 도구가 모든 사람에게 모두 필요한 것은 아니다. 주부들이 요리를 할 때 즐겨 쓰는 도구가 저마다 서로 다르듯이 자신이 선호하는 방법을 세 가지만 골라보라고 권하고 싶다. 그리고 그 방법의 사용 후기를 카톡의 자신에게 보내는 문자로 기회 있을 때마다 남겨 보자. 좋았던 점, 나타난 효과, 이 책에는 없지만 자신만의 사용 노하우, 사용 시 유의사항, 특히 효과가 좋았던 상황 등. 기본 레시피는 이 책에 소개된 것을 사용했지만 나만의 맛을 내는 방법을 적음으로써 자신만의 감정 알아차리기 방법을 발전시킬 수 있을 것이다.

Empathize
공감하기

무의식이 표출하는 감정 읽기

'공감하기(Empathize)' 단계를 이해하기 위한 네 가지 질문은 다음과 같다.

1. 공감한다는 게 뭐지?
2. 감정 치유에서 공감이 왜 중요할까?
3. 어떻게 공감해야 하는가?
4. 이 단계에서 사용할 수 있는 도구와 방법은 무엇이 있을까?

이 질문들에 답하기 전에 다음 사례를 통해 공감을 경험해 보자.

사례 1

아내: 나를 위해 단 한 번이라도 시간을 내 준 적이 있어? 더 억울한 건……

남편: (아내 말을 가로채며) 아니, 매일 식사도 같이 하고 마트에도 같이 갔는데 왜 그래? 도대체 말이 되는 소리를 해야지.

아내: 무슨 소리야? 매일 나 혼자 식사 준비하느라 바빴고, 마트에 다녀오는 것도 모두 내 몫이었는데, 언제 같이 했는지 구체적으로 말해 봐. 말해 보라구!

사례 2

아이: 엄마는 언니만 예뻐하고, 맨날 나만 혼나니까 서러워, 엄마가 미워!

엄마: 세상에…… 이게 무슨 말이니? 언제 엄마가 언니만 예뻐했다고 그러니? 언니에겐 사주지 않은 인형도 너에게만 선물해 주고, 맛있는 것도 너에게 더 많이 해 주었는데……

아이: 그래도 언니에게는 더 친절하게 말하고 덜 혼내잖아.

엄마: 언니도 너도 잘못하면 엄마가 똑같이 혼냈지, 그게 무슨 말이야? 언제 엄마가 널 더 혼냈는지 말해 봐.

사례1에서는 아내가 남편과 대화가 되지 않는다면서 호소를 한다. 남편이 자기를 위해서 단 한 번도 시간을 내 준 적이 없다고 얘기하는 아내와 매일 식사도 같이 하고 마트에도 종종 같이 간다고 얘기하는 남편의 기억은 서로 상반된다. 비슷한 예로 '당신은 왜 맨날 이렇게 늦게 오는 거야?'라고 했을 때 '내가 언제 맨날 늦었다고 그래. 어제도 지난 주도 회사 끝나자마자 달려온 거 몰라? 너무하네 정말'이라고 반박한다.

사례2에서도 아이가 '엄마는 왜 자꾸 언니 편만 드느냐' '왜 나는 미워하느냐' 하며 울먹거린다. 엄마는 황당하고 억울하기만 하다. 마음으로는 똑같이 사랑을 나누어 준다고 나름 노력했는데 어디에서 무엇이 잘못된 것일까 싶다. 답답하고 억울한 마음에 '엄마가 언제 그랬어? 그랬다는 근거 있어?'라고 퍼붓고서는 '내가 지금 아이하고 뭘 하자는 건지, 원……' 상처받았다는 아이 마음보다 나의 억울함이 더 중요하다는 건가' 싶어 허탈해지기까지 한다.

사례1의 아내, 그리고 사례2의 아이에게는 공통의 감정이 보인다. 그것은 바로 '나를 더 이해하고 공감해 줘.'라는 마음이다. 사례 1의 아내 입장이 되어 생각해 본다면 어떻게 될까? '아내가 나의 관심을 더 필요로 하고 있나? 뭔가 고민거리가 있어서 나에게 이야기를 하고 싶은 걸까? 위로해 달라는 표현인 건가?'라는 생각으로 공감한다면 어떤 대화가 이어질까?

사례2의 아이 입장에서 아이가 느끼는 감정을 아이의 상황과 입장이 되어 공감해 본다면 어떻게 될까? 아이가 그런 감정 기억을 가지고 있다는 것을 이해하고 받아 주면서 '아이의 관점에서는 충분히 그렇게 느꼈을 수도 있겠구나. 아이는 엄마의 어떤 말과 행동을 원하는 걸까?'라고 생각한다면 엄마와 아이의 관계는 어떻게 변화될까?

이 사례들은 의견 차이로 공감이 어렵다고 하지만 기억의 왜곡이나 감정기억이 달라서 일어나는 경우가 흔하다. 우리는 일어난 사건을 그대로 말하기 보다 자신이 기억한 감정을 이야기하기 때문이다. 기억은 결코 완벽하지도 않으며 왜곡되기 쉬운데, 노벨경제학상을 수상한 다니엘 커너먼(Daniel Kahneman)교수가 발견한 피크-엔드 법칙(peak-end rule)에 의하면 우리는 자신의 경험을 있는 그대로 기억하지 않고 가장 강렬했던 순간(peak)과 가장 마지막 순간(end)으로 그 경험을 평가하고 기억한다.

커너먼 교수팀은 실험으로 이를 증명했는데, A 그룹과 B 그룹으로 나누어 두 그룹 모두 고통을 느낄 만큼의 차가운 물에 60초 동안 손을 넣었다가 빼게 하고, B 그룹에게만 60초 이후 30초 동안 섭씨 1도 정도 상승한 물에 손을 담그게 하였다. 같은 시간 차가운 물에 손을 담갔고 오히려 B그룹은 시간이 길었음에도 불구하고 두 그룹에게 A와 B 중 어느 그룹에서 실험을 반복할지 묻자 B그룹 방식을 선택한 것이다.[2]

또는 자신의 스키마(나의 경험, 가치관, 양육 방식과 학습 내용 등 개인이 인지한 사실들이 모여서 사건을 해석하는 프레임)에 따라서 기억하는 내용이 다를 수도 있다. 스키마에 대해서는 Accept(받아들이기)와 Change(바꾸기) 단계에서 설명할 예정이다.

사례1과 사례2 모두 우리가 일상 생활에서 많이 겪는 익숙한 대화 장면일 것이다. 남편과 아내, 아이와 엄마 양쪽 모두 대화를 하면 할수록 서로를 이해하지 못하고 답답해한다. 좋은 의도로 시작한 대화였지만 결국 누구 말이 맞는지 시비를 가리느라 소모적인 싸움만 하다가 감정의 골이 더 깊어지고 만다. 기억의 왜곡 또는 감정기억에 대해 알았으니 공감할 이유는 더 충분해졌다.

"그런 감정으로 힘들었다니 너무 미안해."라는 말로 공감의 문이 열릴 것이다.

공감한다는 게 뭐지?

공감은 상황을 해석하는 신비한 감정이다. 해석이 달라지면 상황이 이해가 되고 상대의 감정을 알게 되니 말이다. '아, 그래서 그랬구나. 그럴 수도 있겠구나.'라는 생각의 전환점은 우리를 아주 다른 세계로 이끌어준다. 더 나아가 '당신의 무엇이 그런 행동을 하게 할까?' '당신의 어떤 과거 무의식이 지금의 표면의식과 연결되는 걸까?'라는 질문은 그 상대와 소모적 논쟁을 하거나 원망, 미움의 감정에서 벗어나도록 도와준다. 상대와의 갈등이나 고통스러운 상황에 직면했을 때 그 해결의 실마리는 바로 '공감하기'에 있다.

앞에서 제시한 사례1과 사례2에 적용해 보았을 때, 표현된 언어에만 초점을 두고 옳고 그름을 따지는 것이 아니라, 생각을 전환해서 그 사람의 입장으로 그냥 들어가서 '그럴 수도 있겠다'라고 지지해 주는 것이다. 그리고 표면에 드러난 상황의 이면에 숨겨져 있는 것을 알기 위해 '이 사람이 왜 이런 말을 하는가?'를 스스로 질문해 본다.

그 사람 입장에서 사건이나 사물을 인식하고 이해한다는 것은 그 사람의 생각뿐만 아니라 의도와 목적 그리고 잠재적 반응까지도 추론하는 것이다. 즉, 완벽하게 그 사람 입장이 되어 그 사람의 마음을 이해하고 추론하면서 '이런 감정, 이런 동기, 이런 생각이 있어서 그랬구나. 그런 이유로 그랬구나.'를 이해하는 것이다.

물론 지금 표면적으로 드러내고 있는 의식이나 감정에 숨겨진 상대방의 무의식까지 우리가 다 알기는 어렵지만, '저 사람의 어떤 기억 속 무의식이 지금의 이런 생각과 감정으로 표출되는 것일까?'라고 질문해 보는 것이 필요하다. 이런 질문이 있었을 때에 우리는 상대를 진정으로 이해할 수 있게 됨으로써 비로소 사례 속의 소모적 논쟁이나 원망의 감정으로 들어가지 않을 수 있다.

사람의 무의식은 특정 감정을 지속적이고 반복적으로 느끼게 한다. 그 결과 모든 대화에 그 특정 감정이 포함될 수밖에 없으며, 무의식에 있는 상처받은 마음은 그와 연관된 감정을 더 쉽게 느끼도록 작동한다. 이러한 작동은 자신을 자신을 합리화하고 방어하는 기능을 수행함으로써, 자신의 신념이나 태도가 더욱 공고하게 유지되도록 하는 역할을 한다. 따라서 이러한 무의식이 담긴 감정을 알면 그 뿌리의 욕구를 확인할 수 있게 된다. "여보, 나는 당신의 관심이 필요해. 내가 하는 일에 신경을 쓰고 함께 있어 줘" "나는 당신의 칭찬이 필요해. 열심히 노력했는데 아무도 인정해 주지 않아서 속상해."라는 내면의 소리를 말이다.

이러한 내면의 욕구를 발견하지 못하면 사례에서 보는 것처럼 거칠고 폭력적인 언어로 상대에게 자신의 입장만을 표현하고 만다. 그럴수록 상대는 더 외면하고 도망가게 되는 악순환이 일어난다. 서로 영향을 주고받는 관계에서는 일방적으로 한 사람 때문에 어떤 일이 일어날 수는 없다. "당신이 그렇게 했기 때문에 내가 그런 거야."라고 하지만 그 상대는 "나도 당신이 한 그 행동 때문에 그렇게 했을 뿐이야."라고 답한다. 여기에서 누구의 행동이 옳고 그른지 따지는 것이 무슨 의미가 있을까? 서로의 행동을 잘못된 방향으로 강화할 뿐이다.

공감을 뜻하는 'empathy'는 미학에 근원을 두고 있는 독일어 'einfühlung(ein: 안으로, fühlung: 느끼다)'에서 온 것으로 1873년 피셔(R. Vischer)가 최초로 사용하였다. Einfühlung을 '함께 느끼다'의 'feeling into'로 번역한 감정 이입의 개념에서 고대 그리스어 'empatheia'를 어원으로 한 'empathy'가 되었다. 이는 'en'(in)과 'pathos'(feeling)가 결합한 단어로 '그 안에서 느끼는 고통이나 감정'을 의미한다. 또한 pathos란 고통 혹은 열정을 뜻하는데, 아리스토텔레스가 청중에 대한 설득의 수단으로 제시하였던 '정서적 공감'과도 같은 의미이다. 어원에서 알 수 있듯 공감은 타인의 정서를 함께 느끼는 것이 중요하다. 이를 '정서적 공감'이라고 하며, 상대의 경험 속으로 들어가 그를 이해하고 느끼는 과정으로, 상대의 감정에 대해 '그럴 수도 있겠구나.'라고 수긍하면서 상대의 감정에 동화되는 것을 의미한다.

공감은 '정서적 공감'과 더불어 '인지적 공감'도 중요하다. 정서적 공감이 우리가 무의식적으로 동화되는 것을 의미한다면 인지적 공감은 조금 더 의식적으로 반응을 하는 것으로, '어떤 감정으로 저렇게 힘들까?'라는 이해의 차원이다. 즉, 공감은 다른 사람의 감정에 반응하는, 서로 구별되지만 상호 연관된 두 과정을 포괄하는 개념이다.

이해와 공감에 대한 요청은 상대로부터 관심을 받고 싶어하는 마음, 사랑받고 싶어 하는 마음의 다른 표현이다. 이해와 공감은 상대방의 관점에서 상황을 바라볼 수 있을 때 가능한 것으로 '관점 바꾸기' 또는 '조망 수용 능력(perspective taking)'이라고 부른다.

우리는 일반적으로 그 사람의 경험과 내 경험이 일치할 거라는 전제로 '저 사람도 이렇게 느꼈겠구나.'라고 공감해 보려 하지만, 실제로는 나의 경험이 그 사람의 경험과 일치하기는 어렵다. 따라서 공감은 타인과 나의 차이를 인정하고 그의 상황과 관점을 이해하고 해석하는 과정이라 말할 수 있다. 즉, 타인의 감정과 생각을 이해하고 적절하게 반응하면서 그의 경험과 나의 경험이 동일하지 않다는 점을 인지하는 것이다. 여기에 핵심은 그 사람의 경험과 내 경험의 차이가 있다는 것을 아는 것이다. 차이를 인식함으로써 그 사람의 감정과 생각을 이해해 보려 하고, 또 그와 비슷하게 라도 감정을 느껴 보려 노력하게 된다.

즉, '그 사람의 경험과 나의 경험이 동일하지 않지만 이 사람이 충분히 힘들겠구나.'라고 이해하면서 그 사람에게서 발견되는 감정을 더 알아차리는 과정을 갖는 것이다. 나와 이 사람의 감정이 같다고 생각하면 더 이상 알아차릴 게 없지만, 다르다고 인지하는 것으로 출발하기 때문에 '저 사람은 지금 현재 어떤 감정을 느끼고 있는 거지? 무엇 때문에 저 감정이 드는 걸까?'라는 질문을 갖게 되고 또 찾아보려는 과정이 시작된다. 그런 감정을 발견하고 그 사람의 생각, 의도, 관점 등을 수용할 수 있는 능력이 바로 '인지적 공감'이다.

한 마디로 '인지적 공감'이란 상대 입장에서 그 사람의 마음을 헤아리는 것이라고 정의할 수 있는데, 인지적 인식을 기본으로 한다는 점에서 동물과 다른 점이라 할 수 있다. 인간은 정신적 신경망이 뇌 회로에 존재하기 때문에 이것을 통해서 다른 사람의 마음에 초점을 두는 '관점 바꾸기'가 가능하고 그 사람의 내적인 경험을 헤아릴 수 있게 된다는 것이다. 따라서 나의 경험과 그 사람의 경험이 동일하지 않음에도 불구하고 감정적 공유가 가능하다.

  이러한 '인지적 공감'은 자신의 감정 상태를 잘 아는 것에서부터 시작한다. 자신의 감정 상태를 잘 알아차리고 자신이 지금 느끼고 있는 것이 어떤 감정인지에 대해 인지할 수 있는 폭이 넓은 사람이 타인의 감정에 대해서도 잘 이해할 수 있기 때문이다. 이렇게 내가 나의 감정을 얼마나 잘 알고 감정 표현을 얼마나 풍부하게 하느냐 하는 감정에 대한 인식 수준을 '감정 스펙트럼'이라고 한다. '화난다' '기쁘다' 정도 밖에 표현하지 못하는 단순하고 정형화된 감정 반응 패턴을 가지고 있는 사람들은 타인의 감정 또한 다양하게 이해하기 어렵다. 그래서 자기 자신에 대한 수준 높은 감정 인식의 상태에 이르는 것은 타인에 대한 공감 능력을 크게 향상시킨다는 점에서 매우 중요한 단계라 할 수 있다.

  이는 공감을 강조하며 '감성 지능(EQ: Emotion Intelligence)'이란 개념을 대중화한 다니엘 골먼(Daniel Goleman)의 감성지능 모델에서도 확인할 수 있다. 골먼은 자신의 감정이 발생하는 이유를 알고 표현하는 자기 인식(Self-Awareness)'을 토대로 타인의 감정을 인식하고 공감하는 '타인 인식(Social Awareness)'으로 확장될 수 있다고 본다. 이런 인식을 바탕으로 자신의 감정을 조절하고 표현하는 '자기 관리(Self-Management)' 능력을 키우며, 이는 관용적이고 효과적인 관계 형성인 '관계 관리(Relationship Management)'로 이어진다.[4]

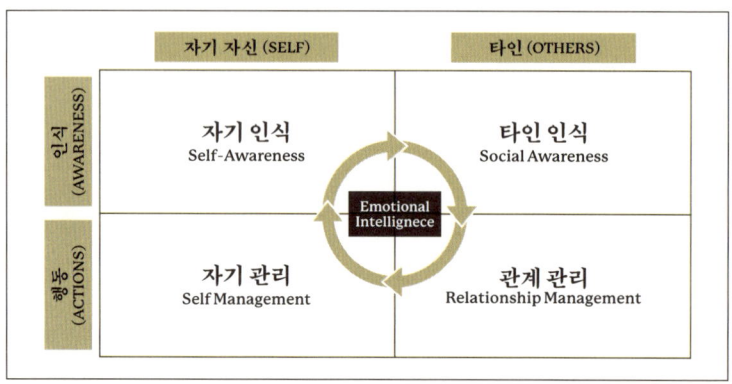

[그림] 감성 지능(EQ: Emotion Intelligence)

'자기 인식(self-awareness)'은 정확한 자기 평가 능력, 자기 확신 능력을 말한다. 즉, 자신의 감정이 발생하는 이유를 알고 이해하는 것으로, 감정과 행동 간의 차이를 인지하는 것이다. 이러한 '자기 인식'을 바탕으로 감정 전환이 가능하고 의사 결정에 직관을 활용할 수도 있게 된다. '자기 인식'은 '타인 인식(social awareness)'으로 연결되는데, 타인의 감정을 수용하고 타인의 감정에 민감하며 상대의 말에 귀 기울일 줄 알아 공감 및 감정이입이 가능하게 된다. 이를 바탕으로 사회적 상황에서 타인의 감정을 파악하여 이해하고 대처할 수 있다.

이렇게 자신의 감정을 잘 표현할수록 타인의 감정을 잘 읽을 수 있다. 즉, 자기 감정에 대해서 어떤 감정을 갖고 있고 왜 이 감정을 느꼈는지를 표현해 낼 수 있다면 '너도 이런 감정이었구나.' 하며 자연스럽게 공감이 된다. 그리고 내가 왜 이런 감정을 느끼는지 알기 때문에 감정 다루기가 되고, 감정 다루기가 잘되니까 타인과의 관계가 잘 형성된다.

이렇게 '자기 인식'과 '타인 인식'이 밀접하게 연관되어 있다는 것을 증명할 수 있는 또 다른 뇌과학적 근거는 '디폴트 모드 네트워크(DMN: Default Mode Network)'이다. 우리 체중의 2%에 불과하는 1.4kg의 뇌는 우리 신체의 그 어떤 기관보다 많은 에너지를 사용한다. 하물며 우리가 아무런 활동을 하지 않더라도 뇌는 움직이는데 그 영역이 바로 'DMN'이다. 이는 미국 워싱턴 대학교 의과대학의 마커스 레이츨(Marcus Raichile) 교수팀이 휴식 상태에 있는 실험 참가자의 뇌 활동을 우연히 발견하면서 개발된 개념으로, 우리의 뇌는 과제를 수행하거나 특정 작업에 참여하는 등의 일에 주의 집중하지 않을 때에도 활성화되는 영역이 있음을 해부학적으로 밝혀낸 뇌 시스템이다.[5]

DMN의 핵심 영역에는 내측 전두엽 피질(vmPFC, ventromedial prefrontal cortex), 후측 대상 피질(PCC, posterior cingulate cortex), 쐐기앞소엽(precuneus), 전두엽 및 각회(angular gyrus)가 포함되는데, 이 영역은 목표 지향적 작업에 참여할 때 활동이 지속적으로 감소하고, 휴식 상태이거나 특별한 인지 활동을 하지 않을 때 활성화된다.[6] 특히 내측 전전두피질은 감각 정보를 수용하고 변연계(limbic system)와 연결되어 정서적 반응에 관여한다는 점에서 윌리엄 제임스가 언급한 '파수꾼(sentinels, 주변을 살피고 지키는 일을 하는 사람)'의 역할을 한다.[7]

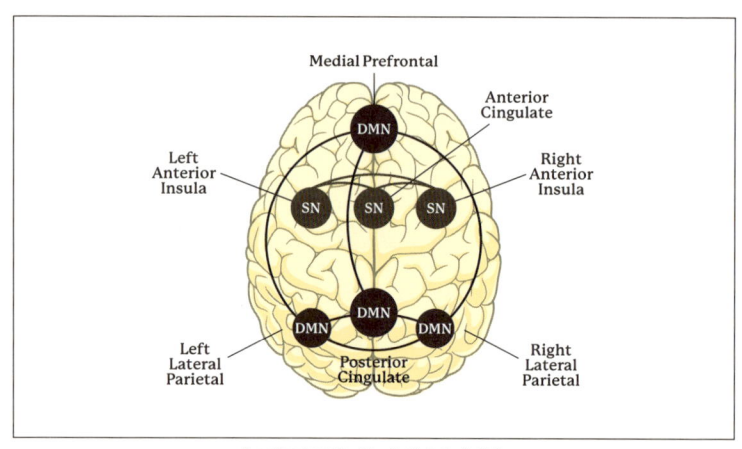

[그림] DMN의 기능적 연결망 시각화

DMN은 여러 뇌 영역이 유기적으로 연결되어 작동하는 신경 네트워크이다. 이 연결망 중 하나인 현출성 네트워크(SN, Salience Network)는 주어진 자극의 중요도를 평가하고, DMN의 활성 시점을 조절하는 핵심 조절자로 기능한다. 이러한 역할로 SN은 'DMN의 관리자'이자 '트래픽 컨트롤러'로 비유되기도 한다.[8]

삼중 네트워크 모델(triple network model)은 뇌의 다양한 기능을 조절하는 세 가지 핵심 네트워크인 DMN, 집행 통제 네트워크(CEN, Central Executive Network) 그리고 SN 간의 상호작용을 다루고 있어 인지적·정서적 처리를 통합적으로 조절하는 핵심 연결망으로 주목받고 있다. 이 모델에 따르면 DMN과 고차원 인지기능을 담당하는 CEN은 서로 반대되는 방식으로 작동한다. 일상적 상황에서 우리가 특정 작업에 주의를 집중할 때 SN(주목하는 뇌, 알아차리는 뇌)'이 먼저 자극에 반응함으로써 CEN의 활성을 유도하고 동시에 DMN은 비활성화된다. 반대로 내적 사고나 자아 성찰 등의 활동이 주가 될 경우, DMN이 활성화되고 CEN은 상대적으로 억제되는 경향을 보인다.[9]

DMN이 활성화되면 자신에 대한 기억, 자기 반성적 사고, 자신의 미래 계획 구상, 타인의 생각과 관점을 고려하는 등의 작용이 일어난다는 점이 중요하다. 우리가 어떤 것에 대해서 집중해서 고민하고 있을 때에는 좋은 생각이 떠오르지 않다가 다른 사람과 이야기를 나누거나 예술 작품을 보며 잠시 머리를 식히는 순간, 불현듯 "유레카!" 하고 아이디어가 떠오를 때가 있지 않은가? 바로 이것이 DMN의 작용이다.

휴식 상태의 뇌가 주로 하는 생각은 대부분 자기 자신과 관련된 내용으로, 다른 활동을 할 때 하지 못했던 자기 의식에 초점을 맞추고 집중한다. '나는 왜 이런 걸 좋아하지?' '나는 앞으로 어떤 삶을 살아가야 할까?' 등과 같이 자기 자신에 대한 성찰적 사고이다. DMN의 기능으로 자아 형성을 말하는 이유도 이 부위가 주로 자신에 대한 기억과 의사 결정에 관여하기 때문이다. 오히려 뇌가 쉬는 상태에서 우리는 과거의 경험을 반추하고 자아를 형성하는 의식의 조각들을 맞추는 기회를 갖게 된다. 내 현재 상태를 체크하고 나의 과거를 반추하며 미래를 계획하는 정보 처리 활동을 하는 것이다. 우리는 쉬면서도 자기 자신에 대한 생각을 멈출 수 없다. 이해를 돕기 위해 비유하자면 음식점에서 다음 영업을 준비하기 위해 갖는 브레이크 타임을 연상해도 좋겠다.

또한 명상을 하거나 예술 작품에 깊은 감동을 받아 충만함을 느낄 때, 그리고 다른 사람의 마음을 헤아릴 때 DMN이 활성화되는 것을 볼 수 있는데, 마음챙김 명상이 삼중 네트워크 모델(DMN, SN, CEN)의 상호 연결성을 증가시킨다는 연구 결과들이 그것을 증명한다.[10] 이렇듯 공감 능력 향상, 창의적 아이디어 발현, 예술적 영감을 얻는 것은 물론 장기 기억과도 연결된다는 이유로 DMN이 활성화되는 시간을 규칙적으로 갖는 것이 일의 생산성에 오히려 도움이 된다는 주장에 힘이 실리고 있다. 부모가 자녀들에게 '그렇게 멍 때리고 있지 말고 빨리 공부해!'라고 하는 말이 아이의 창의성과 생산성 발달에 얼마나 역효과를 일으키는지 알 수 있는 대목이다.

한편, 우울증 환자에게서 DMN이 비정상적으로 활성화되는 경우가 있다. 이는 왜곡된 자아상과 비관적인 미래 인식으로 인해 부정적인 생각을 반복하며 뇌가 쉬지 못하고, 그 과정에서 자아가 부정적인 방식으로 형성되기 때문이다. 마음챙김 명상을 활용하여 DMN 활동을 줄이는 것으로 우울증 치료에 효과가 있음을 증명하는 연구들이 제시되고 있다.[11]

또한 자기의 신체적 감각이나 정서와 같은 '직관적 상태'도 공감과 밀접한 관련을 가지고 있다. 즉, 자신의 현재 신체적, 정서적 상태에 따라서 공감의 수준이 달라질 수 있다는 말이다. 자신의 신체 신호 또는 내부 감각 신호에 민감한 사람들은 자신의 고통스런 감정에 빠르게 반응하게 되는데, 이런 사람들은 같은 기제로 타인의 고통에 대한 반응도 빠르다. 이렇게 일어나는 반응을 내면의 신호에 대한 무의식적이고 직접적인 반응이라는 점에서 '직관적 상태'라고 하는 것이다. 평소라면 충분히 상대에게 공감해 줄 수 있었던 상황이라도 내가 너무 피로한 상태에서는 공감하는 게 버겁게 느껴졌던 경험이 있을 것이다. 이렇게 자신의 '직관적 상태'는 공감에 있어서 중요한 역할을 한다.

'아이들에게 너무 화를 많이 내고 있어 힘들다'고 호소하는 엄마가 있어서 어떤 부분이 힘들고 어떤 상황에서 화를 내는지 구체적으로 적어 보라고 했다.

"아이가 먹고 싶다고 해서 요리를 해 주면 잘 먹지도 않아요. 그러니 화가 나죠." "빨리 밥 먹고 학원에 가야 하는데 느릿느릿 태평천하라서 울화가 터져요." "그러다 숙제를 하고 일찍 잠자리에 들어야 하는데 뭉기적거리는 꼴을 보면 화가 치밀어 폭발하는 거예요."

아이를 키우는 부모라면 누구나 겪었을 법한 사소한 일상인데 유독 이렇게 화가 나는 이유가 무엇일까? 궁금해서 "아이들이 하교하기 전에 엄마는 어떤 일을 하세요?"라고 물었다. 친구들을 만나서 놀기도 하고, 여러가지 취미 활동이나 모임에 참여한다는 것이다. 그녀는 매우 쾌활하고 활동적인 성격이어서 주변 사람들에게도 사교적이라는 평을 받고 있었고 학교 학부모 회장이기도 했다.

그 말을 듣고서 나는 이렇게 질문했다. "집에 돌아왔을 때 조금 덜 피곤하도록 활동을 조금만 줄인다면 어떤 걸 조정할 수 있으세요?" 질문을 받자 마자 그녀의 표정이 상기되면서 "아······ (깨달음의 탄식) 정말 그럴 수도 있겠어요. 생각지도 못했는데, 제가 피곤하니 아이들을 케어하는 게 벅차고 노동을 하는 사람처럼 힘들기만 했던 거예요."라고 말한다.

물론 자신의 일상을 육아 시간을 준비하는 것으로 대체하라는 의미가 아니다. 나의 정서적 안정과 육아의 균형점을 잘 찾아보자는 의미이다.

'공감'을 다시 정의하면 '자기의 감정의 인식 수준'과 '자신의 신체와 정서 면에서의 직관적 상태'가 반영되어서 나타나는 현상이라고 할 수 있다. 즉, 이 공감이라는 것은 어떤 하나의 단어로 다른 사람을 이해하거나 다른 사람의 감정에 고개를 끄덕이는 것이 아니라, 자기가 가지고 있는 다양한 경험적 지식을 바탕으로 '감정의 스펙트럼'을 넓히고, 신체적, 정서적으로 여유 있는 상태를 만들어서 타인의 감정에 대해 더 잘 이해해 가는 것이다. 이런 상태를 '감정 근육이 단단하다'라고 말할 수 있는데, 이 감정 근육이 단단할수록 다른 사람의 입장에 대한 투사와 감정에 대한 공감이 더 용이하다.

이 감정 근육은 뇌 과학적으로 설명할 수 있는데, '뇌섬엽'을 뜻하는 '인슐라(insula)'와 관련된 연구들에서 그 근거를 찾을 수 있다.[12] 뇌섬엽은 전두엽, 두정엽, 측두엽에 덮혀 있어서 육안으로 쉽게 볼 수 없는 뇌 깊숙한 곳에 자리 잡은 피질이다. 귀 뒤에서부터 2~3cm 안쪽에 존재하고 편도체와 해마 가까이에 있는데, 마치 조개 모양의 섬처럼 보인다고 해서 섬을 뜻하는 라틴어인 인슐라에서 유래한 명칭이다. 뇌 과학에서 감정과 관련한 편도체에 대한 연구는 오랫동안 진행되어 왔는데 이 뇌섬엽은 최근 5년 전부터 부각되고 있는 개념으로 뇌과학에서는 새로운 관심 영역이라 할 수 있다.

이 '뇌섬엽'은 앞에서 감정 인식 수준과 함께 다뤘던 직관적 상태와 연결된 공감 기전과 관련이 있다. 인슐라라는 이름처럼 섬과 같이 혼자 둥둥 떠 있는 상태가 아니라, 뇌의 각 부위로 연결되어 있어서 몸의 감각 신호를 받아서 뇌의 여러 부위에 전송하는 역할을 한다. 편도체에서 감정과 관련된 신호를 받았을 때 뇌섬엽에서는 이 감정을 판단하고 결정하면서 다른 곳으로 연결을 시켜 준다. 그래서 이것은 '의식의 관문'이라고도 불리는데, 이 과정에서 인슐라는 나의 몸 속 내부 감각을 더 잘 느끼도록 회로를 만들고 세포를 구성한다. 따라서 뇌섬엽 부위가 발달한 사람일수록 공감 능력이 크다고 볼 수 있다.

현재까지 보고된 인슐라 관련 연구 결과에 의하면, 인슐라 영역이 발달된 두 부류의 사람들을 확인할 수 있었는데 한 그룹은 '사회적 영웅'이고, 다른 한 그룹은 '명상하는 사람들'이었다. 사회적 영웅이라 함은 자신의 몸을 아끼지 않고 자기희생적 이타 행위를 하는 사람들을 말하는데 이들이 위험을 무릅쓰고 타인을 구하는 행동을 하는 동안 전두엽 오른쪽 섬엽(right anterior insula)이 활성화되고 커진다. 또한 이타적 행위를 하지 않는 실험군에 비해 공감적 관심(empathic concern) 수준 점수도 더 높았다. 공감적 관심이란 다른 사람이 느끼는 것을 신경 쓰며 상대가 불안해 보이면 자신도 불안해지는 정도를 말한다.[13]

명상을 통해 자신의 호흡이나 심박동을 조절할 수 있는 사람들도 영웅들과 같이 인슐라 부위가 크고 활성화되어 있었는데, 호흡을 통해 신체 내면의 직관적 상태에 민감하게 반응할 수 있는 능력을 키우는 것이 공감 능력을 향상시키는 것과 밀접한 관련이 있음을 알 수 있다.[14]

감정 치유에서 공감이 왜 중요할까?

감정 치유에서 공감이 중요한 이유는 우리에게 감정 치유가 필요한 이유와 맞닿아 있다. 우리는 누군가로부터 상처받은 마음이나 누군가와 관계를 잘 맺고 싶어하는 욕구가 있기 때문에 감정을 치유하려고 한다. 외딴 섬에서 자기 혼자 살아간다면 공감은 필요 없을 것이다. 하지만 누군가에게 내가 영향을 받고 또 그 누군가와 함께 감정을 공명하는 상태를 경험하며 살아가고 있기 때문에 공감 즉, 다른 사람의 감정을 이해하고 다른 사람과 감정을 공유하는 것은 매우 중요하다. 이렇게 감정 치유는 타인과의 관계가 전제되어 있으므로 공감은 관계 맺기의 주춧돌이라 할 수 있다.

감정 치유에서 공감은 누군가의 감정을 이해하고 느끼는 것을 넘어서 우리 자신의 고통을 최소화하기 위해서 더 필요한지 모른다. 우리가 힘들어하는 감정들은 좌절감, 상실감, 분노, 절망, 우울, 질투, 시기심 등인데 이런 감정들은 사회적 관계에서 발생하는 어려움과 갈등으로 발생한다. 특히 나와 가까운 가족, 직장 동료 등 긴밀한 관계에서 발생하는 소통의 문제가 고스란히 나의 아픔과 상처로 남게 된다.

특히 부모는 아이와의 관계를 잘 맺고 싶어 한다. 나의 공감 교육에 참여한 사람들의 대부분이 자녀와 대화가 잘 통하는 친구 같은 부모가 되고 싶어 신청했다는 말을 가장 많이 했다. 그러나 이런 간절한 바람과는 달리 아이들에게 '왜 나를 공감해 주지 못하느냐, 나를 제발 이해해 달라'는 말을 듣곤 한다. 이런 말을 들으면 부모는 마치 부모로서 기본 책임을 다해 주지 못한 것처럼 절망감과 죄책감을 느낀다. 아이는 아이대로 공감 받지 못해 부모로부터 상처가 크고, 부모는 부모대로 소통에 실패해서 당황하게 된다. 안타깝게도 감정은 전염력이 있어서 이런 감정적 불화는 서로에게 더욱 부정적 영향력을 지니게 된다. 이렇게 서로의 감정을 읽지 못하는 감정적 문맹 상태는 소통은커녕 단절만을 초래한다. 따라서 공감은 가족 간 소통과 긴밀한 관계를 형성하는데 무엇보다 중요한 요소라 할 것이다.

이러한 공감의 중요성에 대해 절절히 동의하는 사람들 중에서도 '저는 공감이 잘되지 않던데요, 너무 어려워요.'라고 말하는 이들이 많다. 그래서 이 공감이 어떻게 일어나는지에 대해 알고 연습해야 한다. 이 공감 능력은 우리의 뇌세포나 우리의 신체 근육과 비슷해서 사용하면 더 커지고 발전하지만 사용하지 않으면 감퇴되는 것이기 때문이다. 그리고 부모로부터 공감을 경험한 아이들이 타인과 감정적 소통을 잘 할 수 있다. 공감도 일종의 감정적 경험이므로 많이 경험해 본 아이들이 공감의 방법도 더 잘 알게 되는 것이다. 즉, 공감이라는 것은 인지적으로 배워서 알게 되는 것이므로 지금 잘 안 되고 어렵더라도 의식적으로 배우고 행하려 노력하면 발전시킬 수 있다.

한편, 인간은 '선천적 공감 능력'을 지니고 있다. 상대가 슬퍼하거나 힘들어 하면 나도 똑같이 슬퍼지는 경험을 해본 적이 있을 것이다. 인간은 이렇게 타인의 정서와 자신의 정서를 일치시키는 것이 가능한데, 이는 '거울 뉴런(mirror neuron)'이라는 뇌 신경 세포의 작용으로 설명할 수 있다. 이탈리아 파르마 대학 신경심리학자인 자코모 리촐라티(Giacomo Rizzolatti) 교수진은 원숭이가 땅콩을 집었을 때 원숭이 두뇌에서 반응하는 신경 세포(neuron)가 다른 원숭이나 사람이 땅콩을 집는 것을 보았을 때에도 똑같이 반응하는 것을 발견하였다. 이 신경 세포는 다른 동물의 행동을 '거울처럼 반영한다(mirror)'고 해서 거울 신경 세포로 이름 붙여졌다.[15]

거울 뉴런은 다른 사람이 하는 행동을 보거나, 그 사람이 고통을 느끼는 것을 보는 것만으로도 내가 실제로 그런 행동을 하는 것처럼 또는 내가 실제로 그런 감정을 느끼는 것처럼 우리의 뇌에서 반응하는 신경 세포이다. 이 거울 뉴런이 활성화되면서 우리는 다른 사람 입장에서 생각해 볼 수도 있고 또 이해하는 것도 가능하게 된다. 이렇게 우리는 공감의 뇌세포를 이미 지니고 있으므로 공감이 어려운 사람이라면 이 선천적 공감 세포 활성화에 더 많은 시간과 노력을 투자하면 된다는 희망을 가질 필요도 있다.

타인의 감정을 느끼는 것이 공감이라면 이 공감을 바탕으로 누군가의 아픔에 연민을 느끼고 돕고자 하는 마음까지 가는 것을 자비(compassion)이라고 한다. 이것은 공감에서 한 단계 더 나아가 자비를 베푸는 '측은지심'이며, '타인의 어려움을 해결해 주는 마음'까지 내는 것이다. 'compassion'은 '긍휼감'이라고도 하는데, 'compassion'의 'com'은 'with(함께)'이고 'passion'은 'suffering(고통을 겪음)'이라는 의미를 나타낸다. 이는 'empathy'의 'pathos'와 동일한 뜻으로, '고통을 함께 겪는 것'을 의미한다.

이것은 상대방의 행복을 위해서 우리가 갖는 이타주의적 동기와 관련이 있다. 그 사람이 어려움에 처했음을 인식하는 것, 그래서 그 사람의 감정에 동의하는 것, 그리고 어려움에 처한 사람을 봤을 때 슬픔이나 분노와 같은 감정을 느끼는 것 등을 말한다. 이렇게 타인의 고통에 대해 공감하고 연민의 마음을 느낄 수 있다면 서로의 아픔을 위로하는 발판이 되어 인간 관계에서 오는 어려움을 해소할 수 있을 것이다.

간혹 '나는 그 사람에게 정말 공감하고 싶고 또 위로의 메시지를 전하고 싶은데 그 사람이 너무 슬퍼하고 힘들어해서 뭐라고 얘기해야 될지 모르겠다'라고 말하는 사람들을 만난다. 그 사람의 슬픔이 자신에게도 충분히 느껴지고 위로하고 싶은 마음도 큰데 이걸 어떻게 표현해야 될지 모르겠다는 것이다. 기쁜 일에는 '축하해! 나도 너무 기뻐!' 하며 얼마든지 축하의 메시지를 전할 수 있는데, 슬픈 일에는 어떻게 표현해야 될지 몰라서 오히려 연락을 하지 못하는 경우가 있다. 그래서 어떤 사람들은 '내가 힘든 상황에 처하니까 모든 연락이 다 끊어지더라.'라고 말하기도 한다. 상대는 어려움에 처한 사람에게 자신의 말이 상처가 될까 봐 연락을 못한 것인데 엄청 큰 오해가 생긴 것이다. 그런데 그 어려움에 처했던 사람들은 그때 연락을 해준 사람들을 잊지 못한다고 얘기한다.

이런 상황에 'compassion'의 개념을 적용해 보면 해야 할 말이 무엇인지 알게 된다. 그것은 바로 '함께 느끼는 것'이다. 즉, '당신의 그 힘든 마음 내가 잘 이해한다. 하지만 얼마나 당신이 아파하고 힘들게 그 시간을 견디고 있는지 나는 감히 상상도 할 수 없다. 그럼에도 불구하고 나는 당신이 이 아픔의 시간을 견뎌내는 동안에 그 시간을 함께하고 싶다.' 이게 핵심 메시지이다. 그후에 그 사람의 곁에서 함께 해 주며 슬픔을 이겨낼 수 있도록 돕는 것이다. 그리고 진솔하게 이야기하면 된다. "나는 너에게 공감의 표현을 하고 싶은데 쉽지 않네. 하지만 너의 마음을 헤아려 보니 나도 너무 마음이 아파." 이렇게 그냥 있는 그대로 현재 느껴지는 그 마음을 표현하는 것이다.

다음 두 사람이 나눈 대화에서 B의 어떤 말이 공감이 되겠느냐고 물으면 많은 사람이 주저없이 '4번'을 외친다. 그리고 동시에 자신들이 그동안 다른 말로 위로하고 공감했다는 사실도 알아 차린다.

A: 난 안 돼. 이제 어떻게 하지……
B: ① 힘내, 나처럼 이렇게 긍정적으로 세상을 바라보면 한결 나아질 거야. 그냥 웃어 봐.
② 야~ 이 바보야, 힘 좀 내! 이러지 말고!
③ 어쩔 수 없었잖니, 너의 탓도 그 누구의 탓도 아니야. 단지 상황이 안 좋았던 거야.
④ 그 마음 이해해. 물론 네가 얼마나 아파하고 힘들게 견디고 있는지 난 감히 상상도 할 수 없지만……

이렇게 표현하는 경우에 '내가 해줄 수 있는 게 없는데 이렇게 함부로 단언해도 되나?' 하는 우려를 하게 된다. 하지만 현재 자신의 마음을 표현하는 것이 중요하다. 현재 나의 마음이 너의 슬픔을 함께 이겨 내도록 도와주고 싶은 것이 진실이므로 그것을 있는 그대로 얘기해 주고, 내가 어떻게 너를 공감해 줘야 될지 모르겠다고 솔직하게 이야기하는 것이다. 이렇게 진솔하고 꾸밈없이 자신의 현재 감정을 표현한다면 상대로부터 이런 대답을 듣게 될 것이다. '아니야, 괜찮아. 그냥 이렇게 내 곁에서 솔직하게 말해 준 것만으로도 충분해.'

이때 반드시 피해야 하는 말이 있다. "넌 잘 이겨 낼 거야. 지금 이런 고통은 아무것도 아니야. 곧 지나갈 거야. 그리고 더 좋은 방법을 찾아보자." 이런 말은 섣불리 하는 것이 굉장히 우려된다. 우리는 보통 쉽게 '어떻게 하면 좋을까?'로 넘어가는 경향이 있다. 문제를 제대로 인식하고 정의 내리는 과정을 건너뛰고, '그래서 어떻게 할 거야?'로 넘어가 버리기 때문에 문제가 되는 것이다.

예를 들면, 아이를 유산해서 슬퍼하는 사람에게 "야, 잊어버려. 아이는 또 가지면 되잖아. 지금 너 몸 추스르는 게 중요하지, 아이가 뭐가 중요해?"라고 위로하는 사람들이 있다. 틀린 말은 아니지만, 그 사람이 지금 아이를 잃었다는 것에 대해서 부정하거나 상실감을 느끼면서 좌절하고 우울해하는 이런 감정들이 한 순간에 지나가는 감정들이 아닌데, 그것을 다 부정하면서 잊어버리라고 이야기하는 것은 전혀 도움이 되지 않는다.

오히려 그 아이를 임신했을 때 엄마가 이 아이와 관계를 맺으면서 가졌던 그 감정들이 흐르게끔 도와주어야 한다. 이것은 그 사람을 위한 작업뿐 아니라 내가 그런 경험을 했을 때도 마찬가지이다. 무조건 외면하고 부정하는 게 아니라 애도의 시간을 충분히 갖는 것이다. 그래서 부정도 해 보고, 분노도 해 보고, 좌절도 해 보고, 절망도 해 보는 단계를 모두 거치도록 돕는다. 이 절망이라는 감정은 그 상황에서 내가 느끼는 감정이지 실패나 영원한 끝을 의미하는 게 아니기 때문에 충분히 그 감정을 겪는 게 중요하다.

그래서 그 엄마에게 아이를 임신했을 때 느낌이 어땠는지, 또 뱃속의 아이와 어떤 대화를 나누었는지, 아이가 뱃속에서 엄마 배를 찼을 때 어떤 느낌이었는지 등을 다 말하게끔 도와주는 것이 필요하다. 그러면 그 엄마는 아이에 대한 기억을 피를 토하듯 토해 내면서 아이를 잃은 상실감을 비로소 흘려보내게 된다. 이때 이 이야기를 들어주는 힘이 바로 공감의 기본이 되는 것이다.

병원에서 아이를 낳고 1년 만에 아이를 하늘나라로 보낸 엄마가 있다. 이 엄마는 아이가 사망한 이후에도 주기적으로 병원에 찾아와서 간호사들을 만나 이야기를 나누다 가곤 했다. 크리스마스 때면 케이크를 사 오기도 하고 또 작은 선물을 주기도 하면서 아이가 1년 동안 살았던 그 병동에 머물다 갔다. 그런데 이 엄마가 계속 오자 간호사들이 수근대기 시작했다. '저 사람은 자기 아이가 죽은 곳인데 어떻게 저렇게 계속 올 수가 있지?' 하면서 그 엄마를 이해하지 못했다. 게다가 '혹시 우리 병원에 의료사고나 문제점을 헤집으려고 오는 거 아니야?'라며 오해까지 했다. 하지만 이 엄마가 온 이유는 딱 하나, 바로 여기 오면 '지훈이 엄마'로 불리기 때문이었다.

　이 엄마는 아이를 여기에서 낳고 보냈기 때문에 밖에 나가면 지훈이 엄마가 아닌 것이었다. 지훈이라는 아이는 바깥 세상에는 존재하지 않는 것이다. 그런데 유일하게 이 병원에 오면 "어머, 지훈이 엄마 오셨어요!"라고 하면서 맞아 주니까 이 엄마는 지훈이에 대해서 유일하게 이야기할 수 있는 곳이었던 것이다. 이 엄마가 아직 아이를 떠나보내지 못했기 때문에 이 병원에 와서 간호사들과 지훈이에 대한 이야기를 하는 것으로 상실과 애도의 과정을 겪어내고 있었던 것이다. 그래서 그것을 공감하는 간호사라면 이 엄마가 지훈이에 대해서 충분히 이야기할 수 있도록 기다려 주는 것이 필요했던 것이다. 이처럼 공감이 필요한 상황은 우리의 삶 속 아주 가까이 존재한다. 공감을 통해 타인의 아픔을 서로 위로하며 살 수 있다면 우리의 고통과 불행은 많이 줄어들 수 있지 않을까?

　초등학교에서 또래상담 코칭을 요청받았던 적이 있다. 초등학생들을 대상으로 한 설문 조사 결과에서 고민이나 힘든 일이 있을 때 누구랑 가장 많이 이야기를 하느냐는 질문에 절대적인 우위를 차지한 대답이 바로 '친구'였다. 왜 부모에게 이런 고민을 얘기하지 않느냐고 물어봤을 때, 아이들의 대답이 '부모들은 해결책을 제시하려 하지, 공감을 해 주지 않는다.'는 것이었다. 이를 토대로 탄생한 개념이 '또래상담'이었던 것이다. 친구들에게 고민을 말했을 때는 '나도 그런 경험이 있어.'라는 이 한 마디로 공감은 충분했다는 것이다.

"너 그렇게 힘들구나. 나도 그런 경험이 있었어."라고 얘기하는 것으로 아이들은 공감 영역을 구축한다. 예를 들어, "키가 작아서 친구들이 놀려."라고 이야기했을 때, 또래 친구들은 "맞아, 나도 이 정도면 괜찮은데 큰 애들이 와서 자꾸만 나한테 작다고 얘기하더라. 나도 그때 진짜 짜증 났었어. 너도 진짜 슬프겠다. 걔네들은 정말 왜 그러는지 모르겠다."라고 공감을 해준다.

그런데 같은 말을 집에 가서 엄마에게 얘기하면 엄마는 "뭐 그런 사소한 일로 힘들어 하니? 걱정하지 마. 우유를 많이 먹으면 키가 클 거야. 그러니까 엄마가 매일 우유를 빠뜨리지 말고 먹으라고 했잖니?"라고 하며 공감은커녕 비난까지 받게 된다. 그리고 "엄마, 아빠가 작지 않으니 너도 걱정할 필요 없어. 밤에 일찍 자면 될 거야."라고 손쉽게 솔루션만을 제시를 하니까 아이들은 부모에게 더 이상 자기의 이런 고충을 토로하고 싶지 않는 것이다. 자녀가 왜 부모가 대화를 꺼려 하는지 조금은 알 것 같지 않은가.

타인의 감정에 대해 '그럴 수도 있겠다.'라는 정서적 공감은 감정의 이해를 넘어서 그 감정을 포착하고 '정서적인 공명(Emotional resonance)'을 이룬다. 정서적 공명이란 상대방이 느끼는 감정을 같이 느끼면서 그 사람이 처한 상황에 적절한 감정적 반응을 하는 것이다. 이러한 작용은 우리 뇌 중 '전대상피질(ACC: Anterior Cingulate Cortex)'이라는 곳에서 담당하고 있다.

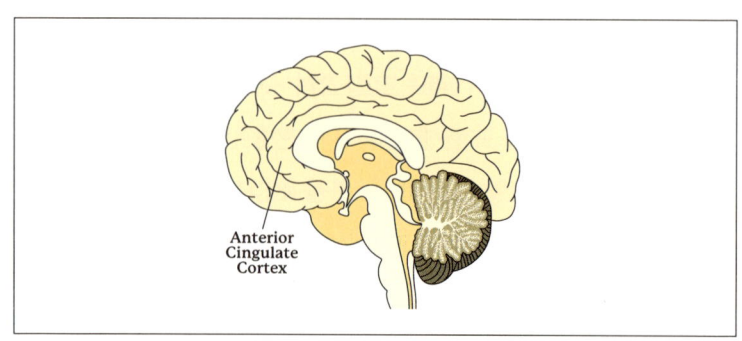

[그림] 전대상피질 (ACC: Anterior Cingulate Cortex)

스탠포드 대학교의 신경과학자인 모니크 스미스(Monique Smith)는 '동료 쥐가 아프면 건강한 쥐도 통증을 느낀다.'는 연구 결과를 발표했는데, 한 쌍의 쥐를 대상으로 한 실험에서 A생쥐는 한쪽 뒷발에 관절염과 같은 염증을 일으키는 주사를 맞았고 B생쥐는 아무런 해를 가하지 않았다. 두 생쥐를 한 시간 후 관찰하니, 주사를 맞은 A생쥐는 예상대로 관절염을 앓는 듯이 통증 반응을 보였고, 주사를 맞지 않은 건강한 B생쥐도 아픈 친구 생쥐와 유사하게 반응했다. 특이한 사실은 B생쥐는 양쪽 발 모두 다 아픈 것처럼 행동하며 A생쥐보다 오히려 더 힘들어 하는 것을 발견한 것이다. 타인의 감각적이고 감정적인 상태를 받아들이는 감정 이입, 또는 공감은 사회적 상호작용에서 매우 중요한 역할을 하는데, 이 실험을 통해서 공감은 인간만 경험하는 것이 아니라는 사실을 확인한 것이다.[16]

타인이 고통과 공포를 느끼면 옆에서 이를 지켜보는 건강한 사람도 고통과 공포를 느끼는 이유가 무엇일까? 바로 건강한 사람의 두뇌에서 '전대상피질(ACC)'이 활성화되어 다른 사람의 감정 상태에 대한 정보를 받아들여 감정이 전달되기 때문이다. 실제로 존재하는 물리적 고통이나 공포스러운 현장에 있는 어떤 사람이 심한 고통을 겪고 있는 것을 목격한다면, 자신은 그런 상황에 놓여 있지 않더라도 그저 보는 것만으로도 'ACC'가 활성화되어 그 사람과 동일한 고통을 느낄 수 있다는 것이다. 사랑하는 연인이 물리적 충격을 받았을 때 자신에게 직접적 신체 가해가 없었는데도 통증과 관련된 뇌 부위가 활성화된 것과 같은 결과이다.

우리는 타인의 고통에 공감하는 기능을 수행하는 뇌 부위를 지니고 있기 때문에, 누군가가 고통스러워할 때 함께 고통을 느끼는 것이 자연스러운 반응이다. 그저 이 반응을 그대로 따라 주면 되지만, 우리는 왜 그것조차 어렵게 느끼는 걸까? 그것은 스스로에 대한 자의식이 앞서면서, 선천적인 공감 능력을 억누르게 되기 때문이다.

그래서 자기 자신에 대한 인식과 성찰이 중요한데, 흥미롭게도 공감 훈련을 통해서 자기 인식도 가능하다. "학생들을 공감한다고 나름대로 노력한다고 했는데 저의 오만과 착각이란 걸 알았어요. 제가 던지는 질문이 어쩌면 학생들에게 답변을 못하게 하지는 않았는지 제 자신을 돌아보게 됩니다." 공감 교수법 교육 후 비로소 학생을 이해하고 자신의 교수법에 대한 성찰을 하게 되었다는 이 사례에서도 공감으로 자기 인식이 가능함을 알 수 있다.

앞서 언급했던 '거울 신경 세포'는 다른 사람의 행위를 보는 순간, 자신이 직접 그 행위를 수행하는 것과 동일한 운동 영역이 활성화되는 신경 세포이다. 이러한 영역의 활성화를 통해 우리는 자신을 타인의 입장에 대입해 보며, 그 사람의 머릿속에서 어떤 일이 일어나고 있는지를 이해할 수 있게 된다. 그래서 '거울 신경 세포'는 '감정 이입 세포'로 불리기도 하는데, 나의 뇌에서 거울처럼 상대의 감정을 반영하여 그 감정을 공유하는 것으로 '사회적 인식(Social Awareness)능력'인 '연결감'을 느끼게 된다. 상대의 입장에서 생각하다 보면 자신의 행동으로 인해 상대가 어떻게 느낄 것인지에 대한 성찰이 가능해지면서 자연스럽게 '자기 인식(Self-Awareness) 능력'도 향상되는 것이다.

이렇게 상대를 이해하기 위한 공감 연습은 상대를 이해하는 것을 넘어 감정 치유와 관계 회복을 이룰 수 있으며, 상대가 나를 이해하고 또 내가 나를 이해할 수 있는 단계까지 나갈 수 있는 아주 중요한 단계인 것이다.

어떻게 공감해야 하는가?

공감을 잘 하기 위해서는 '공감의 태도' 세 가지가 중요하다. 그 중 첫 번째는 '지지하기'이다. '지지하기'는 '그 사람의 생각이나 감정이 그럴 수도 있겠다.'라고 공감해 주는 것으로, 나의 관점을 바꾸어 타인의 입장에서 생각해 보는 '정서적 공감'과 연결된다. 우리는 '어떻게 그렇게 생각할 수 있니?', '도대체 왜 그렇게 느끼는 거야?' 이런 말을 들을 때 공감 받지 못한다고 느끼게 된다. 그래서 그 사람의 입장에서 그 사람의 생각과 감정이 타당하다는 것을 지지해 주는 것이 중요하다.

두 번째는 '기대하기'이다. 기대한다는 의미는 그 사람이 원하는 결과를 이루기를 희망하는 것이다. 조급함없이 상대가 원하는 결과를 낼 것이라고 기대하면서 기다려주는 것을 포함하는 의미이다. 특히 자녀 교육에 있어서 이 기다림은 중요한 화두일 수밖에 없다. 정말 많은 부모들이 '언제까지 기다려야 되냐?'고 묻는다.

사실 기다리지 못하는 사람이 어찌 부모뿐이겠는가? 직장에서는 상사가 부하 직원에게, 학교에서는 선생님이 학생에게 똑같은 질문을 하고 있는 것은 아닐까? 그런데 이 질문의 이면을 찬찬히 들여다보면 성과에 대한 조급한 마음과 이루지 못할 것에 대한 두려움이 보인다. 하지만 우리가 어떤 결과를 내기까지는 반드시 그 과정에 시간이 필요하다는 것을 알고 있다.

영국 SF 드라마 〈Humans(2015)〉에 부모의 조급함과 두려움의 실체를 확인할 수 있는 내용이 있어 소개하려 한다. 한 가정의 남편이 바쁜 아내를 위해 인공지능 로봇 아니타를 집에 들여서 엄마와 아내 역할을 하게 한다. 이로써 직장과 가정을 동분서주하던 아내는 드디어 편안한 일상을 누리게 된다. 그러던 어느 날 아니타가 매일 밤 자신의 어린 딸에게 동화책을 읽어 주는 평화로운 장면을 보면서 자신의 자리를 빼앗긴 느낌을 갖는다. 한참을 생각하다 책 읽어 주는 일은 자신이 하겠다고 말한다. 로봇 아니타와 딸 중 엄마의 제안을 거부한 것은 누구일까? 예상대로 딸 아이였다. "엄마와 다르게 아니타는 서두르지 않거든요."라고 말하면서 말이다.

교육 현장에서 이 사례를 들은 참가자들은 낮은 탄성으로 반응을 한다. 부모들은 자신이 아이들에게 책을 읽으면서(부하 직원에게 업무를 지시하고 나서, 학생들에게 수업 시간에) 얼마나 많이 서둘렀는지 스스로 너무 잘 알기 때문이다. 로봇 아니타는 엄마에게 자신이 얼마나 아이를 잘 돌보는지에 대한 명백한 사실을 말한다. "나는 당신보다 빠르고 강해요. 그리고 아이들을 선입견이나 편견없이 있는 그대도 관찰할 수 있죠. 무엇보다 난 두렵다는 핑계로 우울해하거나 술에 취하지도 않아요."

이 말을 들은 엄마는 당혹스러워 아무 말도 하지 못하고 서 있게 된다. 망연자실한 엄마에게 마지막으로 아니타는 말한다. "하지만 난 아이들을 사랑할 수는 없어요."라고 말이다. 이 스토리에서 우리가 스스로에게 할 질문은 "난 아이를 사랑한다고 하면서 왜 늘 서두르고 우울해 하면서 두려움을 갖는 것일까?" "내 사랑의 본질은 무엇인가?"이다.

세번째는 '신뢰하기'이다. 신뢰하기는 상대가 스스로 그것을 해결할 수 있다는 것을 당연히 여기는 것이다. 그 사람이 그것을 스스로 해낼 수 있다는 것을 익히 알고 있기 때문에 조급해하지 않고 기다릴 수 있게 된다는 점에서 '기대하기' 단계와 연결되어 있다. 그래서 앞서 기다림에 대한 질문을 받을 때 대답할 수 있는 것은 기다림의 양보다는 기다림의 질에 대한 것이다. 즉, '어떻게 기다릴 것이냐?'가 중요하다. 신뢰의 태도, 다시 말하면 상대가 해낼 것에 대한 긍정적 믿음의 태도로 기다려야 한다.

지지하기

'지지하기'에서는 상대방의 감정에 대해 '그럴 수도 있겠다'라고 하는 정서적 공감이 매우 중요하다. 이때 주의해야 할 점은 '부정적 감정'에 대해서도 인정하고 수용해 주어야 한다는 점이다. 부모들이 아이들과 대화하는 과정에서 흔히 하는 실수가 아이의 부정적 감정에 대해 불필요한 대상으로 여기는 것이다. 부모의 이런 태도로 인해 아이들은 부정적 감정에 대해서 빨리 제거해야 된다는 잘못된 신념이 생겨난다. 특히 아이들의 경우에는 어른들보다 일상에서 느끼는 두려움이나 공포가 더 많은데 어른들의 입장에서는 잘 이해가 되지 않으니 공감보다는 부정하는 반응을 더 많이 하게 되는 것이다.

예를 들어, 아이가 잠들기 전에 낮에 읽었던 동화책에 있는 괴물이 자기 침대로 찾아올 것 같다고 이야기할 때 부모는 이렇게 대답하는 경우가 많다. "그런 말도 안 되는 생각하지 마. 괴물은 동화책에나 있는 거야. 바보같이 그게 현실에 있는 괴물이라고 착각하지 마. 그런 게 뭐가 무섭다고 이렇게 호들갑이니? 엄마가 괜찮다고 몇 번이나 말했어? 다른 사람들은 이걸 하나도 무서워하지 않아. 다 쓸데없는 생각이니까 그만하고 빨리 자."라며 이성적으로 아이를 설득하려 한다.

이런 말로 아이의 공포나 두려움이 잠재워진다면 좋겠지만 절대 그렇게 되지 않는다. 아이는 엄마의 말을 듣고는 오히려 엄마의 도움 없이 혼자서 이 공포에 맞서야 된다는 두려움과 외로움으로 더 힘든 감정에 휘말리게 된다. 그래서 이 경우에 엄마는 이렇게 반응하는 것이 좋다. "너의 말을 들어 보니, 그 괴물이 나올까 봐 두려워하는 마음을 알 것 같아. 정말 무서울 수도 있겠구나. 많이 무서워 보이는데 엄마가 좀 안아 줄까?" 이렇게 아이의 공포와 두려움을 있는 그대로 인정해 주어야 한다.

공감의 태도 중 첫번째인 '지지하기'를 잘하기 위해서는 그 사람의 생각과 감정이 '그럴 만하다'라고 인정해 주는 것이므로, '어느 누구라도 그런 상황은 무섭게 느낄 것이다'라고 아이가 느끼는 감정이 타당한 것임을 말해 주어야 한다. 특히 이런 부정적인 감정, 그리고 어른들 입장에서는 잘 이해되지 않는 감정일 경우에 무시하거나 없애 버리려 하지 말고 그런 감정이 생겨날 수 있음을 충분히 공감해 주는 것이 중요하다.

그리고는 "괜찮아질 때까지 엄마랑 같이 이 시간을 잘 보내 보자."라고 말해 주면서 같이 있어줄 것임을, 혼자가 아님을 끊임없이 상기시켜 주면 좋다. 물론 아이는 두려움을 극복하기까지 시간이 필요하다. 30분, 1시간, 밤새, 혹은 몇 달이 걸릴지도 모른다. 그러면 부모 입장에서는 이 시간을 감당해 내기가 쉽지 않을 것이다. 퇴근하고 와서 아이를 챙기느라 힘들었을 부모는 아이가 빨리 잠들었으면 하는 마음에 그만하라고 소리치고 싶을 수도 있다. 하지만 다그친다고 문제가 해결되지 않는다.

여기에서 공감의 태도 두 번째 '기대하기'를 기억해야 한다. 아이가 스스로 공포심을 해결할 수 있으리라고 기대하며 그 부정적 감정을 해소할 때까지 기다려 주는 것이다. 이때 아이가 공포스러운 감정을 스스로 잘 흘려보내게 하기 위해서 충분한 시간이 필요하다는 것을 잊지 말하야 한다. 그리고 기다리는 동안 아이를 도울 수 있는 다양한 시도들을 해 보는 것도 좋다. 예를 들어, 아이와 함께 여행을 가서 괴물이 여기에서 잠들 수 있게 도와주자고 말하면서 동화책을 산 속에 묻어 놓고 오는 것이다. 여행에서 돌아온 아이는 어느 순간 괴물 이야기를 하지 않고 편안히 잠들 수 있게 될 것이다.

화가 나는 감정에도 이를 적용할 수 있다. 아내가 화를 내면서 자기 감정을 억제하지 못하고 있는데 그런 아내에게 "뭘 그런 걸로 화를 내고 그래? 그 정도는 참고 견딜 줄 알아야 되는 거 아니야? 자꾸 화를 내면 남들이 뭐라고 그러겠어?"라며 비난을 퍼붓는 경우가 다반사이다. 이 경우도 '화라는 부정적 감정을 가져서는 안 된다'는 잘못된 신념이 작용된 사례이다.

아내가 화를 내고 있을 때 공감하기의 태도 첫번째 '지지하기'를 기억하면 남편은 이런 말로 공감을 시도할 것이다. "누구라도 그 상황이라면 화가 날 것 같아. 당신이 그렇게 화가 난 걸 보니 진짜 그럴 만한 것 같아. 나라도 그런 말을 들으면 화를 낼 수밖에 없었을 거야." 이렇게 아내가 느끼고 있는 화나는 감정을 '그럴 수 있겠다' 하며 무조건 인정해 주는 것이다.

그리고 아내가 스스로 감정을 컨트롤할 수 있도록 도와주면 된다. "화가 날만 한 상황이지만, 당신이 이렇게 화를 계속 내면 힘들 것 같아. 이 화가 잘 지나갈 수 있도록 나랑 같이 이야기를 나눠 보자." 이렇게 말해 보는 것이다. 화가 난 아내와 대화를 이어가는 것을 남편들이 가장 어려워한다. 무슨 말을 어떻게 해야 할지 모르겠다는 말을 많이 듣곤 하는데, 그런 자신의 마음을 그대로 표현하면 된다. "나는 당신을 위로하고 싶어. 화가 나는 당신의 감정이 잘 흘러가게끔 도와주고 싶은데 어떤 말을 어떻게 해야 할지 잘 모르겠어."

이렇게 솔직하게 말하면 아내는 단순하고 순수하게 반응한다. "당신이 그렇게 얘기해 줘서 고맙다."는 반응에서부터 "당신한테 내가 왜 화났는지 말하다 보니까 화가 좀 풀렸다."는 반응까지 구체적으로 자신의 느낌을 들려준다. 물론 훈련이 안 되어 있는 경우에는 '뭐 그런 질문을 해?'라며 저항할 수도 있다. 이 말에 당황해서 멈추지 말고 "불편했다면 미안해. 나는 당신의 마음을 알고 싶어서 물었던 거야."라고 남편의 마음도 구체적이고 솔직하게 표현하면 된다. 이런 대화가 몇 번 오가다 보면 서로에게 감정을 표현하는 데에 익숙해지고, 남편으로부터 자신의 감정을 존중받은 아내는 화가 나는 상황을 다시 겪게 되더라도 그 감정을 스스로 해소할 수 있는 힘을 기르게 되는 것이다.

기대하기(기다리기)

'기대하기'는 상대가 스스로 해낼 것을 기대하며 기다리는 것이다. 이때 내가 목표를 세워 놓고 상대가 그것에 도달하기를 기대하는 것이 아님에 주의해야 한다. 그리고 빨리 해내기를 바라는 것이 아니라 충분히 기다려야 한다는 것도 꼭 기억해야 한다. 우리가 상대를 공감하는 데 있어서 어려움을 겪는 것은 어떤 문제 상황에서 해결이라는 목표 지점에 빨리 도달하고자 하는 욕망 때문인 경우가 많다. "왜 별거 아닌 문제에 이렇게 걸려 넘어져 있는 거야? 얼른 털고 일어나서 우리가 원하는 그 방향으로 빨리 가야지!"라는 생각을 가지고 있기 때문에 기다릴 여유가 없는 것이다. 우리는 이렇게 상대가 설정해 놓은 목표 때문에 정말 많은 상처를 받는다.

예를 들어, 부모가 '가족들 체면이 있으니 최소한 어느 대학은 가야 한다, 어느 직업을 가져야 된다.'와 같은 목표를 설정해 놓고 있으니까 그 기대에 부응하기 어려운 아이들은 부모에게 끊임없이 죄책감을 갖고서 살아간다. 그래서 자녀가 부모와 함께 한 시간을 그리워 한다거나 삶의 동반자로서 어떤 철학과 가치를 배울 수 있어 좋았다는 감사 인사보다 기대에 미치지 못해 죄송하다는 말을 주로 하게 되는 것이다.

또한 미래의 목표를 향해 다그치는 부모로 인해 아이들은 현재를 살지 못한다. 유치원 때는 초등학교를 준비하고, 초등학생 때는 중학교를 준비하고…… 끊임없이 선행 학습을 하며 산다. 그래서 대학생이 되어서도 대학생이 아닌 취업 준비생으로서의 삶만 있는 것이다. 이렇게 현재를 사는 것이 무엇인지도 모른 채 살아온 아이들은 자신의 감정을 인식하는 것이 불가능하다. 감정은 현재 내 몸의 상태인데 내가 지금 현재가 아닌 미래를 살고 있으니 그 감정을 안다는 것은 불가능한 일이다. 게다가 목표를 달성하지 못하면 절망감과 원망감을 느끼게 되고, 목표를 달성한 순간에도 허탈감과 공허감을 느끼게 되는 불행한 삶을 살게 된다.

따라서 부모는 아이가 원하는 삶이 무엇인지 스스로 찾아갈 수 있도록 기다려야 한다. 좋은 목표가 무엇인지 해답을 이미 알고 있다고 해도 참아야 한다. 아이 자신이 설정한 목표가 아니라면 그게 아무리 좋은 목표일지라도, 그리고 아이가 그것을 달성해내더라도 그것은 아이의 기쁨이 되지 못한다. 부모에 대한 죄책감을 조금 덜 수는 있을지언정 그 죄의식의 굴레에서 벗어날 수 있는 것이 아니다. 조금 늦더라도 아이가 하고자 하는 것을 스스로 찾아내는 그 순간, 아이는 매우 빠른 속도로 그것도 아주 기쁘게 그 목표를 달성해 낼 것이다.

또한 목표에 도달하는 것이 최종 목적지가 아니고 그것을 향해 가고 있는 것 자체가 목표이고 궁극적 비전임을 알려줘야 한다. 삶을 살아가는 모든 과정이 소중하고, 지금 경험하고 있는 현재가 소중하며, 그 과정에서 느끼는 모든 감정들이 소중한 것임을 공감을 통해 알려줘야 한다. 아이가 자신이 경험한 것을 통해서 어떤 걸 알게 되었다고 부모에게 말할 때 그것을 공감해 주고 지지해 주면 아이는 최종 목적지까지 방향성을 잃지 않으면서 한 발짝 한 발짝 걸어갈 수 있을 것이다. 왜냐하면 그 과정에서 얻은 깨달음이 있으므로 새로운 상황을 대처해 나갈 힘이 생기기 때문이다. 그래서 아이는 현재를 사는 기쁨과 지혜, 자긍심을 얻을 수 있는 것이다.

가정에서 겪는 힘든 상황 중 하나가 바로 휴대 전화와의 전쟁이다. 많은 부모들이 하루 종일 휴대 전화를 보는 아이들을 걱정해서 휴대 전화를 빼앗아 본 적이 있을 것이다. 휴대 전화 사용을 금지당한 아이는 휴대 전화와 함께 했던 시간도 통째로 빼앗겨 버리게 된다. 이렇게 생긴 공백에는 부모의 사랑의 언어, 관심의 행동으로 채워져야 마땅하다. 그런데 현실은 휴대 전화를 뺏는 작용만 있지 그 반작용으로써의 사랑은 존재하지 않는 경우가 많다. 부모는 아이의 부정적인 면을 없애고 싶은 좋은 의도로 한 행동이겠지만 아이러니하게도 이 부정적인 면에 집중하게 되는 역효과만 낳은 것이다.

이런 상황에서 우리가 해야 하는 것은 '좋은 것을 더하기'이다. 유리잔에 깨끗한 물을 담은 후 흙을 한 숟가락 넣으면 물은 금세 뿌옇게 변한다. 흙으로 더러워진 물을 다시 깨끗하게 하기 위해 우리는 무엇을 해야 할까? 만약 숟가락으로 물잔 속 흙을 계속 퍼낸다면 어떻게 될까? 이렇게 하면 흙만 나오는 게 아니라 물도 같이 나오게 되어 결국 남는 게 없어질 것이다. 반면 물잔에 깨끗한 물을 계속 붓는다면 어떻게 될까? 그러면 흙은 빠져나오고 어느새 물만 가득 차 있게 될 것이다. 이와 같은 원리로 없애고 싶은 나쁜 점에 집중하는 것이 아니라 채우고 싶은 좋은 것에 초점을 맞추어야 한다.

아이들의 단점을 고쳐준다고 부모가 그 단점에만 집중해서 아이를 다그치다 보면 아이가 가지고 있는 강점도 약화시켜 버리게 되는 것이다. 휴대 전화를 무절제하게 사용하는 아이의 습관을 고치기 위해 휴대 전화를 강제로 뺏는 것에 몰두하는 것이 아니라, 아이가 휴대 전화 사용 시간을 스스로 정하고 강제성이 없어도 지켜 나갈 수 있도록 도와야 한다. 이를 위해 아이의 주체성과 책임감에 집중해서 아이에게 내재되어 있는 힘이 마치 넘치는 물잔처럼 발휘될 수 있도록 해야 한다. 공감의 태도 '기대하기(기다리기)'는 이처럼 아이의 장점에 초점을 맞추고 기다리는 것이 중요하다. 아이가 스스로 해낼 것을 기대하며 좋은 것을 더해 주다 보면 자연스레 아이 스스로 나쁜 습관을 버리게 되는 시너지 효과가 발생할 것이다.

신뢰하기

공감의 태도 중 '신뢰하기'는 상대가 스스로 해결할 능력이 있음을 알고 믿어주는 것으로, 상대가 해낼 때까지 신뢰의 태도를 느끼게 해 주는 것을 말한다.

다음 소개할 흥미로운 실험은 신뢰의 중요성을 알게 한다.

아직 서지 못하는 생후 4~6개월 정도 되는 아이들에게 반대편에 앉아 있는 엄마를 향해서 기어오게 했다. 아이가 기어 오는 바닥의 일부를 투명한 유리로 만들어 마치 아래가 뚫려 있는 것처럼 보이게 해 두었는데, 아이들이 기어가다가 이곳에 다다르면 갑자기 바닥이 없어진 것처럼 보이니까 깜짝 놀라게 된다. 이때 엄마가 한 번은 무표정하게 앉아 있고, 다른 한 번은 활짝 웃는 얼굴로 아이를 바라보며 앉아 있게 했다.

무표정하게 앉아 있는 엄마를 본 아이들은 낭떠러지가 있는 것처럼 보이는 곳을 통과하지 못한 채 다시 되돌아가 버렸고, 활짝 웃고 있는 엄마를 본 아이들은 엄마를 보면서 낭떠러지처럼 느껴졌던 그곳을 기어서 지나갔다. 현장에서 그것을 본 관객들은 눈물이 날 것 같다며 감동의 리액션을 보인다.[17]

기다림은 시간이 아니라 기다리는 태도가 중요하다는 것을 이 실험으로 충분히 증명할 수 있다. 아이가 무서움을 극복하고 엄마에게 갈 수 있었던 것은 바로 엄마가 아이에게 웃는 얼굴 즉, 신뢰의 태도를 보여 주었기 때문이다.

그런데 '신뢰하기'에서 주의할 점이 있다. 흔히 '난 널 믿는다'라고 할 때 자신의 믿음을 상대방에게 투사하는 경우가 많기 때문이다. '난 널 믿어. 그러니까 내 뜻대로 네가 이것을 해 주길 바라.' 이처럼 자신의 바람을 상대에게 투사함으로써, 신뢰의 의미를 왜곡하게 되는 것이다. 부모는 아이를 신뢰한다며 "엄마가 너 믿는 거 알지?"라는 말을 자주 하는데, 좋은 말의 의도와 달리 아이는 그 말에 압박을 느껴 오히려 더 엇나가는 행동을 하는 경우를 종종 보게 된다. 이런 사례가 바로 신뢰의 의미가 전도된 경우이다.

하나의 사례를 소개하고자 한다. 자사고에 입학해 기숙사 생활을 하던 아이는 힘들 때마다 엄마에게 전화를 걸어 힘겨운 마음속 이야기를 털어놓곤 했다. 그 당시 엄마는 교장 선생님으로 막 취임한 시점이라 하루하루가 정신없이 바빴고, 아이에게 따로 해줄 말도 떠오르지 않아 "엄마는 너 믿는 거 알지?"라는 말만 반복했던 것이다. 결국 아이는 학교 생활을 버티지 못하고 중퇴하게 되었고, 이후에는 정신과 치료까지 받으며 힘든 시간을 보내야 했다. 치료 과정에서 아이는 뜻밖의 고백을 털어놓았다. "제가 가장 힘들었던 건, 엄마가 반복하며 했던 그 말이었어요. '엄마는 널 믿어.' 그 말이 저를 참 많이 외롭게 했어요."

'신뢰하기'는 나의 바람을 투영하는 것이 아니라, 상대의 바람대로 믿어 주는 태도가 중요하다. 그래서 "엄마는 널 믿어.(엄마가 바라는 대로 공부도 잘 하고 학교 생활도 잘 할 거지?)" 이렇게 엄마의 바람대로 될 것을 믿는 것이 아니라, "엄마는 너가 스스로 그것을 해결할 수 있는 아이라는 것을 잘 알고 있어." 이렇게 아이의 주체성을 신뢰해야 하는 것이다. '널 믿어'라는 말 대신 '네가 그것을 할 수 있다는 걸 잘 알아'로 바꾸는 것이다.

아이를 인격체로 신뢰하지 않는 부모가 흔히 하는 착오는 마땅히 부모라면 아이에게 공부 습관만큼은 길러 줘야 한다는 과도한 책임감으로 자신의 방식을 강압적이고 폭력적으로 강요하는 것이다. 아이가 학습지 열 장을 풀 때까지 책상에서 일어나지 못하게 옆에서 지키고 있는다든가, 음악을 전공하는 아이들의 경우 연습실에 가둬 놓고 할당량을 채울 때까지 못 나오게 한다든가 하는 사례들을 접할 때면 안타까움이 크다.

과연 이렇게 공부 습관을 키우기 위해 부모가 강압적으로 통제하고 억압하는 방법이 효과적일까? 단기적으로는 부모가 원하는 성과를 낼 수 있다. 부모의 압박과 강요가 통할 테니까 말이다. 하지만 이 과정에서 아이는 자기주도성은 물론 자존감에 불균형을 초래하면서 마음의 상처까지 남게 된다. 보여지는 눈앞의 이익만 좇다 보면 잃어버리는 것도 있다는 걸 간과해서는 안된다. 작용과 반작용의 법칙'은 삶에서도 예외 없이 작동하기 때문이다.

공감 태도는 양육 태도와 같은 결을 가지고 있다. 양육의 태도가 통제적이거나 강압적인 경우를 보면 그 근원에는 이 아이가 나의 것이라는 소유 애착이 강하다는 것을 알 수 있다. 내 것이라고 생각하기 때문에 밀어붙이는 방식이 가능한 것이다. '데이트 폭력'에서도 어떻게 사랑하는 사람에게 폭력을 행할 수 있느냐고 하지만 그 근원에는 내 것이라고 생각하는 소유 심리가 깔려 있기 때문에 내 마음대로 할 수 있다는 생각이 가능해지는 것이다. 부모의 강압적 양육 방식도 이런 폭력과 다름없다. 나의 소유욕을 내려놓고 아이의 주체성을 믿어 주는 것, 이것이 바로 공감의 태도인 것이다.

Empathize(공감하기) 단계에서 사용할 수 있는 도구와 방법은 무엇이 있는가?

공감 지도(empathy map)

타인을 공감하려면 그의 경험 즉, 행동과 감정을 시뮬레이션(simulation: 모의 실험, 모의 경험) 하는 것이 가장 효과적이다. 타인의 관점으로 이해하기 위해서 그 사람이 경험하는 것을 내가 직접 비슷하게 경험하는 것보다 더 좋은 방법은 없으니까 말이다. 시뮬레이션을 위해 먼저 그 사람이 하고 있는 경험을 직접 들여다보아야 하는데, 이 과정에서 '관찰'은 필수적이다.

'관찰'은 내 시선을 그 대상에게 머무르게 하는 힘이다. 자신의 추측, 판단, 해석으로 인한 왜곡 없이 상대의 상황과 생각을 있는 그대로 보는 것이다. 즉, 초심자의 관점으로 섣부른 결론을 배제한 채 관찰하는 것이 중요하다. 그리고 말이 행동과 다른 점이 있는지 찾아봐야 한다. '분명히 저 사람이 괜찮다고 했는데 괜찮지 않은 행동과 표정을 하고 있구나.' 하는 것을 발견하는 것이다. 즉, 말하지 않았지만 그 사람의 비언어적인 반응을 보고 '저 반응이 지금 저 사람의 감정이겠구나.'를 발견해서 상대의 문제 상황을 알아내는 것이다. 객관적인 발견을 바탕으로 주관적인 해석의 과정을 거치는 것인데, 이 둘을 잘 구분할 수 있어야 한다.

관찰을 위한 도구로 '공감 지도(empathy map)'를 소개한다.

공감 지도는 상대가 하는 말(say), 그 문제를 겪으면서 하는 상대의 생각(think), 그 문제와 관련된 행동(doing), 그 상황에서 상대가 느끼는 감정(feeling)을 기록하는 것이다. 말과 행동은 객관적 사실로 표현될 수 있고, 생각과 감정은 주관적인 해석이 포함된다. '그의 입장에서는 이런 생각을 할 수 있겠구나, 저런 감정을 느낄 수 있겠구나.' 하는 추측이 가능하기 때문이다.

그리고 이 과정에서 상대가 경험하는 '페인 포인트(pain point: 고통스러운 부분)'를 발견하고 그 전에 미처 몰랐던 영역을 알아차리는 통찰력(insight)을 얻게 된다. 이 공감 지도는 대상자를 이해하는 도구이자 나 자신을 객관화하는 방법으로도 사용한다. 예를 들면, '남편을 보며 속상한 나'를 대상으로 공감 지도를 작성해 볼 수 있다.

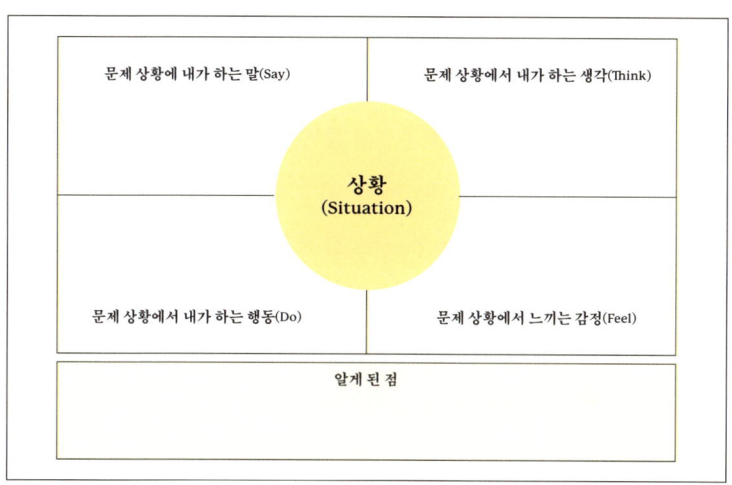

[그림] 공감 지도

① 구체적으로 자신이 어떤 상황(Situation)에 처해 있는지를 기록한다. 예를 들어, '말과 행동이 다른 남편을 보면서 미움의 감정을 갖고 있는 나' 이렇게 말이다.
② 그 문제 상황에서 내가 어떤 말(Say)을 하는지, 어떤 행동(Do)을 하는지 기록한다. 이 영역은 객관적 사실에 대한 내용이다.
③ 문제 상황에서 내가 하는 생각(Think)과 감정(Feel)을 기록한다. 이는 주관적 영역에 해당한다.
④ 마지막에는 이렇게 작성하면서 내가 알게 된 점(Insight)을 기록한다.

공감 지도와 비슷하게 활용해 볼 수 있는 다른 방법은 타인이

나 자신의 공감 행동을 찍은 영상을 보고 이야기를 해보는 '영상 자극 훈련(video stimulus training)', 자신이 아니라 타인의 관점이나 시각에서 글을 써보는 '성찰적 글쓰기(reflective writing)' 그리고 '역할극(role play)'을 통해 상대가 되어보는 경험이 가능하다. 이런 방법들은 모두 상대의 입장이 되어 보는 것에 핵심이 있는데, 상상이 아니라 실제 역할극을 하는 것은 큰 차이가 있다. 실제 그 입장이 되어 본 경험만으로도 상대를 이해하고 공감하게 됐다는 피드백을 듣게 된다.

'만약에 누가 내게 그렇게 질문하고 명령하는 어투로 말한다면 정말 싫겠다.' 돌이켜보니 나도 상대에게 그런 방식으로 질문하고 조언하고 있었다는 사실을 그제서야 깨닫게 된다. 그 입장에 되어 보니 '왜 그런 식으로 말하느냐'는 말조차도 하지 못했던 것이다.

단지 상대의 역할을 해 보는 가상의 상황임에도 불구하고 실제로 그 상대가 된 것과 같이 충분히 입장을 이해할 수 있었던 것이다. 누군가를 공감하기 어려울 때는 이와 같은 방법을 적극적으로 활용할 필요가 있다.

관찰을 잘하기 위해 선행되어야 하는 것은 '관심'이다. 관심이 있어야 관찰이 가능하고 관찰을 바탕으로 이해가 되어 마지막으로 깨달음을 얻게 된다. '아, 그래서 그런 감정과 행동을 한 것이었구나.' 하고 말이다. 이를 도식화하면 다음과 같다.

[표] 공감의 프로세스

우리는 가장 가까운 사람들에게 관심이 많을 것 같지만 이미 알고 있다는 착각에 관심은커녕 더 이상 궁금해 하지도 않는다는 사실을 발견한다. 부부들이 상대에 대해서 매우 잘 안다고 생각하고 있지만 그로 인한 생각에 상대를 대해 궁금해하거나 호기심 어린 눈빛으로 바라보지 않는 경향이 있다. 하물며 대화를 나누다 보면 배우자에 대해 잘 모르고 있는 경우를 종종 보게 된다. 아내들도 "내 남편은 나에게 별로 관심이 없어요."라고 불만을 토로하니 말이다.

'나는 그 사람에 대해 매우 잘 알고 있어.'라고 말하고 있다면 나는 그에 대해 무엇을 알고 있고 더 알고 싶은 게 무엇인지 자문해 볼 필요가 있다. 내가 상대에 대해 이미 다 알고 있다는 생각이 나의 편견, 고정관념이 되어서 상대가 어떤 행동을 하게 되면 선입견을 통한 주관적 해석과 판단으로 일축해 버린다. 그 결과 "역시 네가 그럴 줄 알았어. 그럼 그렇지, 역시 너답다."라고 하면서 상대를 내 생각 속에 가둬 버린다. 더 이상의 이해나 사고의 확장은 할 수 없게 되고 상대만 탓하는 비난만 커지는 것이다.

공감의 다른 언어, 질문

공감을 위해서는 먼저 '관심'의 문을 열어야 한다. '관심'이 있다면 자연스레 '질문'이 생길 것이다. '저 사람은 왜 저런 행동을 할까?' '그런 행동을 하는 데는 어떤 이유가 있을까?' '저 상황에서 어떤 감정을 느끼고 저런 행동을 하는 것일까?' 등과 같이 말이다. 이러한 질문들이 없다면 공감 프로세스가 제대로 작동하기는 어렵다.

어떤 말을 하려다 멈칫 하는 상대를 관찰했다면, 유난히 어떤 부분에서는 머뭇거리는 행동을 보았다면, 괜찮다고 말하면서 더 침울해지는 표정을 살폈다면 이런 질문이 가능하다.

"그 말을 하면서 멈칫하는 걸 보았는데, 그 이유가 혹시 뭐였나요?" "그 행동을 하면서 유독 머뭇거리던데 혹시 이유가 있다면 뭘까요?" "괜찮다면서도 침울해지는 모습을 보았는데 혹시 다른 감정이 있다면 무엇이 있을까요?"

예를 들어 아내와의 대화에서도 "여보, 내가 당신을 관찰하면서 ~한 것을 보게 됐어. 내가 며칠 당신을 살펴보면서 ~한 것을 알게 됐어."라고 관찰한 사실(fact)을 말한 후 "내가 그걸 보고 나니 ~한 생각이 들었는데, 당신은 어떻게 생각해? 당신이 왜 그렇게 했는지, 당신에게 어떤 이유가 있는지 궁금해졌는데 말해 줄 수 있어?"라고 물을 수 있다.

공감 질문

- 너의 ~한 행동이 ~로 보이던데, 맞아?
- 내가 ~이 궁금해서 좀 지켜봤어.
- ~한 상황에서 ~한 행동을 한 이유를 물어봐도 될까?
- 나는 ~를 발견할 수 있었어. 당신은 그것에 대해 어떻게 생각해?

부모 코칭 프로그램에서 자녀를 관찰하고 대화한 녹음 내용을 다음 회차 교육에서 발표하는 기회를 갖는다. 자신이 '관찰'이 아니라 '감시'를 했다는 걸 깨달으며 참여자들과 호탕하게 웃는 경우가 종종 있다.

"엄마가 너를 좀 봤는데, 너는 매일매일 그렇게 게으르게 너 할 일을 미루고 있더라." 이 말은 '내가 너를 감시해 봤더니, 내가 생각하고 내가 추측한 게 맞다는 것을 알게 됐다'. 라고 얘기하는 것과 다름없다. 그 엄마가 아이를 관찰한 목적은 아이를 위한 관심과 공감이 아니라 자신의 생각과 판단이 얼마나 옳은지를 증명해내고자 했던 것이다. 확증편향의 덫에 빠져 관찰을 하지 못하고 감시를 한 것이다.

'관찰'은 '관심'을 기반으로 아주 가까이서 그 사람의 행동, 생각, 감정, 의도까지 면밀히 지켜보고 살펴보는 것이며, 상대를 잘 이해하기 위한 행동이다. '당신이 그래서 이렇게 행동했구나.'라며 이해하기 위해서이다. 그리고는 '그럴 수 있겠구나.' 하고 깨닫게 된다. 그래서 공감이 하나의 행동인 아닌 과정이라 표현한 것이다. 그 과정에서 필수적으로 요구되는 것이 바로 질문이다.

"그럴 때 감정은 어땠어?" "그 느낌(생각)을 내가 이해할 수 있도록 조금만 더 말해 줄 수 있어?" "그걸 해결하고 싶구나, 어떤 방법이 있는지 필요하면 내가 같이 찾아볼까?"

공감을 위장하며 섣부르게 한 조언보다 이런 질문들로 인해 훨씬 더 상대에게 공감 받는다는 느낌을 가지면서 해결책을 궁리할 것이다.

공감 질문
- 너는 어떻게 생각해?
- 그럴 때 네 감정은 어때?
- 너의 생각(느낌)을 이해할 수 있도록 조금만 더 말해 줄 수 있어?
- 같이 알아볼까?

일상에서 흔히 겪는 다이어트나 운동의 사례로 살펴보면 더 이해가 될 것이다. 운동을 하고 싶은데 여건이 잘되지 않는다고 하소연하는 친구가 있다고 하자, 이 고민을 들은 사람들은 눈을 반짝거리면서 저마다 해결책을 단언하고서는 자신의 경험담으로 주제를 전환해 버리곤 한다. 예를 들면, 굶는 게 최고라든지, 헬스클럽을 다니면 최고라든지, 그 정도면 괜찮은데 뭘, 나는 너보다 훨씬 더 심하잖아, 라면서 말이다.

"왜 운동을 하려고 하는지 특별한 계기가 있나요?" "어떤 운동을 해 본 경험이 있는지요?" "운동을 하려는데 힘든 요인이 있다면 무엇일까요?" "지금 당신이 가장 하기 쉬운 운동이 있다면 무엇인가요"라며 질문해 보자. 물론 이 질문으로 충분하지 않다. 그러면 상대의 대답을 들으면서 '조금 더 자세히 구체적으로 말해 줄 수 있을까?'라고 다시 물으면 된다.

자신의 부하 직원 문제를 토로하며 해결책을 구하는 팀장들에게 궁극적으로 내가 던지는 핵심 질문은 "그 문제를 해결하기 위해 어떤 방법이 좋을까요?"이다. 내가 모든 걸 다 알고 있지 않다는 사실, 내가 더 알아야 할 것이 있다는 사실을 기억하면서 말이다.

조직 심리학의 대가 에드거 H. 샤인(Edgar H. Schein)은 이를 겸손한 질문(Humble Inquiry)이라 말하며 'Here and Now Humility'의 태도를 강조했다.[18]

'Here and Now Humility'는 지금 이 순간, 바로 여기에서 겸손한 자세를 갖는 것이다. 우리는 각자 다른 상황과 맥락 속에서 저마다의 문제를 경험하고 있다. 이 사실을 인식할 때, 우리는 상대방을 향한 순수한 호기심과 관심을 바탕으로, 그가 말하는 이야기가 아무리 내 경험과 비슷하게 들리더라도 지금 이 순간, 이 자리에서 전혀 다른 맥락일 수 있음을 받아들이게 된다. 그래서 우리는 타인의 이야기를 들을 때, 겸손해질 수밖에 없다.

받아들이기

그 감정을 허용하기 위해 무엇을 해야 하는가?

인간은 매 순간 감정을 느끼며 살아간다. 그리고 감정을 느낄 수 있음으로 인해 인간의 삶은 풍요로워지기도 한다. 이렇게 어떤 감정을 느꼈다는 것은 전혀 문제가 되지 않는다. 다만 감정을 부정하면서 고통이 시작된다. 마음이 힘들고 에너지를 빼앗기면서 해야 할 일을 못하거나 하지 말아야 할 일을 하고서 후회하게 된다.

베트남 출신의 불교 지도자이자 평화운동가인 틱 낫 한(Thich Nhat Hanh)은 이렇게 말했다. "우리가 겪는 모든 고통의 원인을 다른 사람의 탓으로 돌리고 그들을 비난하면서 고통 속에 살아가는 경우가 많다. 마음을 조금만 깊숙이 들여다보면 분노의 씨앗은 우리 안에 있으며 내가 나 스스로를 괴롭히고 있음을 알아차릴 수 있게 된다."[1] 그렇다면 나를 힘들게 하는 감정들을 내 삶에 도움이 될 수 있게 하는 방법은 무엇일까? 'Accept(받아들이기)'는 그 답을 찾기 위한 단계이다.

Accept 단계를 이해하기 위한 네 가지 질문은 다음과 같다.

1. 감정을 받아들인다는 것은 어떤 의미인가?
2. 감정을 받아들이는 것이 어려운 이유는 무엇인가?
3. 감정을 받아들이는 것이 왜 중요한가?
4. 감정 받아들이기 단계에서 사용할 수 있는 방법은 무엇인가?

감정을 받아들인다는 것은 어떤 의미인가?

얼핏 보기에 너무나 단순하고 어쩌면 당연한 얘기로 들릴 수 있는 '나의 감정을 받아들인다'는 것에는 두 가지 의미가 있다. 첫 번째는 "그럴 수도 있지 뭐."라고 생각하며 자기 감정을 인정하는 것이고, 두 번째는 "이것 때문에 내가 이런 감정을 느끼는 것이었구나."라고 여기며 표면적으로 드러나는 감정의 근원에 대해 인지하는 것이다.

그럴 수도 있지 뭐

먼저 "그럴 수도 있지 뭐."는 '자기자비(self-compassion)'과 '서렌더(surrender: 내맡김)' 이 두 개념으로 설명할 수 있다.

먼저, '자기자비'는 미국 텍사스대학교 심리학과 교수인 크리스틴 네프(Kristin Neff) 교수가 2003년에 소개한 개념이다. 그녀가 수년간의 연구를 통해 밝힌 '자기자비'란 '고통스러운 순간에 과도하게 자기 비난에 빠져드는 대신 너그럽게 자신을 이해하고 돌보는 태도'를 말한다. 네트 교수는 '자존감'의 대안적 개념으로 '자기자비' 개념을 제시했다.[2] 이것은 '자신의 감정과 생각을 판단하거나 평가하지 않고 있는 그대로 관찰하고 친절하고 수용적 태도로 자신을 대하는 것'을 의미한다.

같은 맥락에서 그녀는 동료 교수와 함께 쓴 다른 논문에서 '자기자비'란 '스스로를 돌보고 자신이 고통 속에 있음을 받아들이는 것'이라고 설명했다. 이 논문에서 제시한 '자기자비'는 다음의 세 가지 요소를 포함한다.[3]

- 보편적 인간성(Common Humanity): 자신의 경험을 혼자만이 아닌 모든 인간이 보편적으로 겪고 있는 경험으로 수용함.
- 자기 친절(Self-Kindness): 고통이 닥칠 때 자신을 비난하기보다 온화하게 돌보고 자신의 취약함과 미성숙함을 받아들임.
- 마음 챙김(Mindfulness): 고통스러운 생각과 감정을 억제하거나

과장하지 않고 자기 연민이나 자기 합리화로 이어지지 않도록 함.

Recognize에서 예로 들었던 '화'라는 감정을 느꼈을 때, '자기자비'를 통해 그 감정을 받아들인다는 것을 좀 더 자세하게 설명하면 다음과 같다. 먼저 '화'라는 감정을 느끼고 있는 나를 알아차린(Recognize) 다음에, 그런 자신의 감정을 받아들이는 과정에서 이런 생각을 하는 것이다.

- 보편적 인간성: "내가 화를 내고 있는 것은 나만 그런 게 아니라 모두들 그럴 수 있는 거야." 라는 생각으로 화가 나 있는 자신에 대한 비난을 멈춘다.
- 자기친절: "내가 화라는 감정에 좀 취약하구나. 아직 좀 덜 성숙해서 그러는 거지 뭐."라며 자신의 미숙함을 받아들인다.
- 마음챙김: 그 화를 억지로 참거나 필요 이상으로 과장하지는 말고, 화를 있는 그대로 받아들이되, 화를 내고 있는 자신을 지나치게 합리화하지 않는다.

다음으로, '서렌더'는 직역하면 '항복하다'는 뜻이지만 이것은 단순히 무력하게 받아들이는 것과는 완전히 다른 의미를 지니고 있다. 즉, '내가 이것을 받아들임으로 인해서 내가 예측할 수 없는 범위까지 확장된다'라는 개념이다. 이를 위해서는 '내가 그 시간을 견딜 수 있는 힘'이 필요한데 이게 바로 서렌더의 힘이다.

서렌더의 의미를 잘 담고 있는 라인홀트 니버(Karl Paul Reinhold Niebuhr)의 시 구절이 있다. '내가 바꿀 수 없는 일에 대해서는 인내를 주시고 바꿀 수 있는 일에 대해서는 용기를 주시기를'.[4]

내가 할 수 있는 것에 대해서 용기를 갖고, 할 수 없는 것에 대해서는 과감하게 지나칠 수 있는 힘이 있어야 되는데, 이것이 바로 '내맡김'의 의미이다. 즉, 내가 그것을 할 수 없는 것에 대해서 넋 놓고 무기력하게 포기하는 것이 아니라 '내가 이 순간에 할 수 있는 것이 무엇이 있는가'를 생각하는 것 이게 바로 '내맡김'인 것이다.

내가 생각하지 않았던 변화가 일어나더라도 그것에 저항하는 것을 멈추고 그 자체를 그대로 인정하고 그 삶에 나를 맡겨 보는 것이다. 그러기 위해서는 눈 앞에 있는 상황을 직시해야 한다. 부정적 감정을 없애려 하거나 그런 감정이 생겨난 상황을 외면하고 부정하려고 애쓰는 것이 아니라 그 상황과 감정을 마주하고 관찰함으로써 나의 감정을 명료하게 인지할 수 있게 되는 것이다. 이렇게 내 감정이 현재 어떤 상태인지를 안다면 이 감정이 나와 내 주변에 어떻게 영향을 미치는지를 알게 된다.

영성 과학자 그렉 브레이든(Gregg Braden)은 양자 물리학적 관점으로 '내맡김' 실험을 진행하였는데 우리의 삶과 세상에 존재하는 모든 것이 에너지망으로 연결되어 있다는 사실을 증명했다.[5] 감정은 에너지 전자기장을 형성하는 물리적 존재로서 우리가 의식하지 못하는 사이에 계속 현실 세계에서 동시에 작용한다는 것이며, 전자기장을 통해 무의식적으로 계속 느껴온 감정이 현실과 매치된다는 것이다. 따라서 나의 걱정과 우려가 현실이 되어 버리기도 하고 자신이 원하는 바를 감정적으로 명료하게 인식하면 그 원하는 바가 언젠가는 실현될 수도 있음을 의미한다.

명상가이자 영성 지도자인 마이클 싱어(Michael A. Singer)는 내맡기기 실험(surrender experiment)을 통해 애쓰지 않고 삶의 흐름을 신뢰할 때 어떤 놀라운 일들이 펼쳐지는지를 40년에 걸친 여정을 통해 증명해 보인다.[6]

이제 부정적 감정이 나의 삶이 되지 않도록 '나의 관점을 이동시켜 보는 것'을 실행해 보면 어떨까. 나의 부정적인 감정에 대해서 '내가 어떻게든 바꿔 보겠어.'라며 통제하려고 하는 태도에서 '가만, 지금 이건 어떤 일이지?' 하며 관찰하는 태도로 바꾸는 것이다. 자신의 감정을 변화시키려고 애쓰는 것은 오히려 역효과를 일으키므로 걱정하는 쪽을 바라보는 것이 아니라 내가 원하는 쪽을 바라보며, '나는 이것을 원하고 있는데 지금은 다른 방향으로 진행되고 있군.' 하면서 말이다.

이것 때문에 내가 이런 감정을 느끼는 것이었구나

감정을 받아들인다는 것의 두번째 의미는 "이것 때문에 내가 이런 감정을 느끼는 것이었구나."를 인지하는 것으로, '이것 때문에'를 정확하게 이해하는 것을 말한다.

이는 내 감정에 대한 객관화를 말하며, 내가 원하는 게 무엇이고 내가 어떤 가치를 느끼고 있는지를 아는 것이다. 사람은 감정의 동물인 동시에 이성적 판단력을 가지고 있다. 그래서 내가 짜증이 났던 객관적 이유를 알게 되면 내가 짜증나는 감정을 갖게 되었다는 사실을 보다 쉽게 받아들일 수 있다. 이렇게 나의 감정에 대해 이해함으로써 내가 원하는 것, 내가 중요하게 여기는 것, 숨겨진 나의 욕구, 삶에 대한 나의 가치 등을 깨닫게 된다.

사례

어린이집에 등원한 아이 선생님으로부터 전화를 받았다. 아이가 오전부터 기운이 없더니 점심도 먹지 않고 미열이 있어 병원에 데리고 가면 좋겠다는 말씀이었다. 하필 회사에 중요한 일이 생겨서 사정을 말하기가 곤란한 터라 남편에게 부탁을 했더니 자기도 회사 일이 있어 어렵다는 말만 되풀이했다. 회사 동료에게 부탁하여 겨우 일을 맡기고 아이를 병원으로 데려가 치료를 하고서 집에 돌아왔다. 심신이 지쳐 저녁도 먹지 못한 채 자다 깨다를 반복하며 아이를 돌봤는데, 새벽 늦게서야 술에 취해 집에 들어온 남편을 보니 분노가 치밀었다.

분노의 유익함은 무엇인가 잘못되고 있다는 '시그널'을 주고, 일어나지 않길 바라는 일에 대해 사전 준비를 하도록 돕는다는 점이다. 타인으로부터 위협을 받고 그들에게 상처받는 상황에서의 분노는 자신을 보호하는 매우 당연한 감정이다. 이렇듯 자신의 분노가 타당하고 유익하다는 사실을 알면 수용이 더 쉬울 것이다. 이때 자신의 분노가 하나의 감정이 아니라 다양한 감정이 섞여 있음을 알고 그 이면에 숨겨진 자신의 욕구를 알아가면서 내가 상대에게 전하고 싶은 메시지를 확인해야 한다.

위 사례에서 분노는 서러움, 슬픔, 원망 등의 감정이 복잡하게 얽혀 있다. '내 친구들은 양가 부모님들이 기꺼이 손주를 돌봐 주신다고 하는데, 나는 그럴 부모님도 안 계시니 너무 서럽다.', '무뚝뚝하고 배려심이 없는 남편을 만나 너무 슬프다.'와 같은 감정이 뒤섞여 있을 수 있다. 이런 복잡한 감정을 이해하지 못한다면 남편이 '다음에는 그러지 않을게', '내가 더 노력할게'라고 말한다 해도 오히려 분노의 감정은 더욱 치솟게 된다.

이 상황에서는 자신의 분노를 통해 '부모의 역할이 공평하길 바란다', '나의 커리어도 인정해 주었으면 좋겠다'는 숨겨진 욕구를 발견할 수 있다. 이러한 나의 욕구는 마땅히 존중받아야 하며, 육아에 대한 역할 분담 상황이 개선되어야 할 필요성을 알려줄 수 있는 기회이다. 이를 기회로 알아차리지 못한다면 타인을 비난하고 적대감을 갖는 분노로 드러나 스스로를 해롭게 한다.

분노를 다른 사람들의 탓으로 돌릴 때 가장 우려되는 점은 내가 변화할 수 있는 기회가 사라져 버린다는 것이다. 특히 분노로 인한 행동들이 반복되면서 악순환의 덫에 걸려 옴짝달싹도 할 수 없게 된다. '내가 분노하는 이유는 내 탓이 아니다.'라고 스스로를 정당화하고 있는 자신을 발견하는 일이 무엇보다 우선이다. 이렇게 '분노의 방향성'을 점검하고 분노 자체가 아닌 '어떻게 분노해야 하는가'에 집중해야만 분노로 자신을 해치지 않을 수 있다.

  이 사례에서 나의 분노의 원인을 남편 탓으로 돌리게 되면 '아이가 아프다는데 그렇게 무관심한 태도를 보이는 걸 보니 우리 가족보다 자신의 일이 더 중요하다고 여기는 이기적인 사람이야.'라고 생각할 수 있다. 그러나 나의 관점을 바꾸어 보면 남편에 대한 분노의 감정 이면에는 '우리 가족이 더 화목했으면 좋겠어, 아이도 나도 당신에게 더 소중한 사람이길 바라.'라는 나의 욕구를 발견하게 된다. 이렇게 분노의 진짜 이유를 깨닫게 된다면 부정적인 감정이라도 우리 삶을 건강하게 만드는 수단이 될 수 있다.

감정을 받아들이는 것이
어려운 이유는 무엇일까?

알아차리기에서 언급했듯이 감정은 나에게 '시그널'을 보내는 것으로 '통증'처럼 여겨도 좋다. 통증은 몸의 이상을 감지하고 나에게 신호를 보냄으로써 건강을 지킬 수 있게 돕는 역할을 한다. 부정적 감정이 생기는 것도 내가 알지 못하는 나의 내면의 욕구를 드러내기 위해 몸이 보내는 신호이며, 외면하고 있는 문제를 해결하기 위한 최적의 순간이 찾아온 것이다. 이것이 감정의 순기능이다.

따라서 부정적 감정을 억제하거나 제거하려 하지 말고 받아들이면 되는데 현실에서는 이것이 쉽지 않다. 이것이 어려운 이유는 부정적 감정을 불필요한 감정으로 인식하여 제거해야 한다는 신념과 태도가 깔려 있기 때문이다. 그러나 이런 감정을 외면하는 것은 귀한 차를 따라 주는데 이미 가득 찬 찻잔으로 그것을 담겠다고 내미는 것과 같다. 여기에서 가득 찬 찻잔은 나의 생각과 관념들이다. 또는 귀한 선물을 들고 찾아온 친구를 불편하다는 이유로 문전박대하는 것과도 같다.

예를 들어, 아내가 무섭다고 했을 때, 남편이 '바보처럼 굴지 마. 당신이 애야?' '그런 게 뭐가 무섭다고 난리야?' '무서워할 거 하나도 없어.' '그만 좀 해. 금방 지나갈 거야.'와 같은 말을 하는 경우가 있다. 이는 아내의 감정을 부정하거나 무시하는 말들로,

두려움은 연약하고 나쁜 감정이므로 가져서는 안 된다는 우리, 또는 남편의 고정관념에서 나온 것이다. 이렇게 내면에 이미 고착화되어 있는 생각들은 감정을 있는 그대로 바라보는 것을 어렵게 만든다.

그리고 사고를 억제하려고 하는 사람들은 억제해야 한다는 '책임감'의 무게에 짓눌려 오히려 더 그 사고를 하게 되는 경향이 있다고 심리학자들은 말하고 있다. 이를 '사고 억제의 역설적 효과(Ironic effect of thought suppression)'라고 한다. 그중 대표적 사례가 '백곰 효과(White Bear Effect, 1987)'인데, 하버드대 심리학과 교수이자 사회심리학자인 다니엘 웨그너(Daniel Wegner)의 실험으로 알려졌다.[7]

두 그룹의 실험 참가자들에게 흰곰을 보여 준 후 A그룹은 '흰곰을 떠올려도 된다.', B그룹은 '흰곰을 생각하지 말라.'라고 지시한 다음 머릿속에 떠오르는 단어를 자유롭게 말하도록 했다. 그런 다음 흰곰이 생각날 때마다 종을 치도록 했는데 흰곰을 생각하지 말라고 했던 B그룹이 A그룹보다 종을 더 많이 친 것이다. 즉 참가자들이 흰곰을 생각하지 않으려고 스스로 억압하는 과정에서 흰곰을 더 자주 생각한 것이다. 이로써 마음속으로 특정 사고를 하지 못하도록 억제하면 오히려 그 생각을 더 많이 하게 된다는 것을 알게 된 실험이다.

실험에서 보는 바와 같이, 도움이 되지 않는 생각의 사실 유무를 판단하면서 스스로를 자책하고 그 생각을 멈추려고 애써보지만 오히려 그 행동이 그 생각을 더 하게끔 만든다. 마찬가지로 부정적 감정을 해결하려는 책임감이 오히려 그 감정을 더욱 커지게 만드는 원인이 되는 것이다. 이 실험 결과가 우리에게 주는 시사점은 명확하다. 부정적 감정이 일어났을 때 사고 억제의 역설적 효과를 생각하면서 "맞다. 짜증났던 장면을 잊으려고 해도 소용이 없다고 했지. 차라리 지금 이 순간 내게 도움이 되는 다른 생각을 하자."라고 자신에게 말하는 것이다. 즉, 그 생각이 내게 도움이 되지 않은데 굳이 그 생각을 가질 필요가 있을까? 라는 질문이면 충분하다.

또한 '두려움'으로 인한 '내적 저항성' 때문에 감정을 받아들이는 데에 어려움을 겪는다. '나에게 이런 일이 일어나는 건 용납할 수 없어!' 하면서 발버둥치며 부정하는 것을 '내적 저항성'이라고 하는데, 이러한 저항은 '이러다 잘못되면 어떡하지? 이러다 내가 손해를 크게 입으면 어떡하지? 내가 알지 못하는 더 큰 재앙이 오면 어떡하지?'라는 걱정과 불안 때문에 생긴다. '내적 저항성'은 무의식적으로 일어나며 인간에게 굉장히 큰 영향력을 발휘하는 힘으로, 내 안에서 일어나는 감정을 강하게 거부하는 작용을 한다. 감정을 부정하게 되면 고통이 생겨난다는 점에서 문제가 크다.

이러한 내적 저항성을 없애기 위해 '내려놓음'을 연습하기도 하는데, 이 내려놓음을 잘못 이해하여 어려움이 생기기도 한다. 내려놓을 것과 내려놓지 말아야 할 것을 정확히 구분해야 하는

데 무조건 다 내려놓아 버려서 문제가 발생하는 것이다. 예를 들어, "제 남편에 대해서 다 내려놓았어요."라고 말하는 아내의 경우에, 내려놓을 것은 자신의 독단적 판단, 선입견 등이고, 내려놓지 말아야 할 것은 남편에 대한 사랑과 신뢰, 지지 등이다. 그런데 '니 인생 니가 알아서 살아라.'는 듯이 사랑과 신뢰를 더 먼저 내려놓는 경우를 종종 본다. 이것은 내려놓음이 아니다. 감정을 받아들인다는 것이 쉽지 않겠지만 이런 개념들을 이해하면서 조금씩 변화를 경험할 수 있을 것이다.

감정을 받아들이는 것이 왜 중요한가?

감정을 받아들이는 것의 중요성은 '텔로미어의 과학(The Science of Telomeres)' 또는 '텔로미어 효과(Telomere Effect)'로 설명할 수 있다. 텔로미어 효과는 한 마디로 '용서'가 나에게 얼마나 좋은 영향을 미치는지에 대한 과학적 증명이라고 말할 수 있다.[8] 즉, 나를 화나게 하는 사람을 용서하지 못해서 몸과 마음에 병이 난 사람과 용서를 통해 고통에서 벗어난 사람의 차이점을 과학적으로 연구하여, 감정이라는 것이 단순히 정서적인 반응만이 아니라 신체적 반응이며 특히 부정적 감정을 어떻게 다루어야 하는지에 대한 통찰력을 제공한다.

'텔로미어(Telomere)'는 그리스어로 '끝'을 뜻하는 '텔로스(telos)'와 '부위'를 뜻하는 '메로스(meros)'의 합성어로, 선형 염색체의 끝부분을 지칭하는 명칭이며, 염색체 끝부분에 있는 DNA 단백질 복합체를 의미한다. 이 부위에는 인간의 유전 정보가 담겨 있으며, 염색체의 끝부분을 구성하는 동시에 이 끝부분을 보호하는 구조를 가지고 있는 것이 특징이다. 그래서 세포 분열 시에 유전 정보가 사라지지 않고 안전하게 복제되도록 DNA를 보호하는 막의 역할을 한다. 이것은 신발 끈의 끝 부분을 플라스틱이나 금속으로 덧대어 놓는 에글릿(aglet)과 비슷한 역할을 하는데, 끈의 끝부분을 딱딱하게 만들어주어서 올이 풀어지는 것을 방지하고 운동화 구멍에 쉽게 넣고 뺄 수 있도록 도와준다. 이와 같이 텔로미어도 DNA 끝이 닳아서 해지는 것을 막아 준다.

그런데 세포 분열이 거듭되면서 텔로미어도 점점 닳아서 짧아진다. 그러다가 일정 수준 이하로 짧아지면 더 이상 염색체를 보호하지 못하게 되면서 세포는 노화하게 되는데, 노화된 세포는 죽거나 암세포로 변하기도 한다. 이렇게 텔로미어가 손상되면서 더 이상 분열이 일어나지 않는 세포를 '좀비 세포'라고 하며, 이름처럼 자신이 혼자 그대로 존재하다가 사라지는 게 아니라 다른 세포들에게도 영향을 미쳐서 노화가 가속되도록 하는 역할을 한다. 이 좀비 세포가 점점 증가하게 되면서 신체에 악영향을 주게 되는 것이다.

텔로미어의 길이는 나이가 들면서 자연스레 짧아지며, 그런 의미에서 텔로미어를 노화의 정도를 알려 주는 '노화 시계'라고 부르기도 한다. 이 텔로미어를 유지하기 위해 필요한 것이 '텔로머라이즈(Telomerase)'라는 효소인데, 캘리포니아 대학의 교수이자 생물학자인 엘리자베스 블랙번(Elizabeth Blackburn) 이라는 학자가 이 텔로미어와 텔로머라이즈의 원리를 밝혀낸 공로로 2009년 노벨 생리의학상을 수상했다. 그리고 같은 대학의 정신의학과 교수이자 심리학자인 엘리사 에펠(Elissa Epel) 과의 공동 연구를 통해 '텔로미어 효과'와 '만성 스트레스'와의 관련성도 과학적으로 증명하였는데, 스트레스가 텔로미어 길이에 영향을 미친다는 사실이다.[8]

이 연구는 만성 질환을 지닌 자녀를 둔 엄마를 대상으로 진행되었는데, 아픈 자녀를 지속적으로 돌봐야 하는 엄마가 건강한 자녀를 돌보는 엄마에 비해서 텔로미어의 길이가 훨씬 짧았다는 것에 주목했다. 이 연구를 통해 자녀를 돌보느라 스트레스에 더 많이 지속적으로 노출된 것과 텔로미어의 길이가 관련이 있음을 과학적으로 증명해 냈다. 즉, 만성 스트레스로 인해 텔로머라이즈 활성이 낮아지면서 텔로미어 길이가 짧아진 것을 확인한 것인데, 이를 통해 스트레스가 세포 노화를 가속화한다는 사실이 밝혀진 것이다.

또한 유년기부터 겪었던 억압이나 폭력, 집단 따돌림 등도 텔로미어에 영향을 미친다는 연구 결과도 보고되어 있다.[9] 텔로머라이즈가 외부 스트레스로 인한 심리적 반응에 의해 매우 예민하게 조절되고 또 손상되기도 한다는 것이다. 특히 분노, 공포, 불안 등과 같이 강렬한 부정적 감정을 느끼면서 감정 조절이 잘 되지 않는 상태에 빠지면 텔로미어 길이가 빨리 닳아서 짧아진다는 사실이 다양한 후속 연구들을 통해 속속 밝혀지고 있다.[10]

그럼에도 같은 상황에서 텔로미어 길이에 변동이 없었던 사람도 있었음에 주목해야 한다. 만성 질환을 앓고 있는 자녀를 돌보느라 지속적인 스트레스 상황에 노출되어 있는 엄마들 중에서 '나에게는 이게 스트레스가 아니야.'라고 하면서 스트레스를 잘 견디는 경우, 다시 말해 그 상황을 스트레스로 지각하지 않고 받아들이는 경우(surrender)에는 텔로미어 길이에 변동이 없었다는 것이다. 이것이 바로 '감정 받아들이기(Accept)'가 중요한 근거가 된다. 즉, 이들은 자신의 상황을 위협적이거나 위기로 받아들이는 게 아니라 새로운 도전 기회로 받아들였기 때문에 심리적 스트레스에 대응할 수 있었던 것이다.

이렇게 스트레스에 대한 인식 차이가 신체의 반응에도 영향이 있으며, 특히 노화를 막을 수 있는 키워드가 됨을 알 수 있다. 스트레스를 받는 상황은 우리가 선택할 수 없지만 스트레스에 대한 우리들의 태도와 생각은 선택할 수 있다. 그래서 '용서'가 분노나 좌절 등으로 인한 스트레스를 완화시켜 주어 텔로미어 길이를 유지하는 데에 도움이 된다라고 해서 '텔로미어의 과학'은 '용서의 과학'이라 불리기도 한다.

30여 년간 스트레스를 연구한 신경 내분비학자 로버트 새폴스키(Robert Morris Sapolsky) 박사도 이와 유사한 내용을 소개한 바 있다. 글루코코르티코이드(glucocorticoid, 당질 코르티코이드) 호르몬인 '코르티솔'은 일명 '스트레스 호르몬'으로 불리는데, 지속적인 스트레스 상황에 노출되거나 사회적으로 고립되어 스트레스에 대한 통제력을 상실했다고 자신이 느낄 경우, 해당 호르몬이 과도하게 분비되어 스트레스 관련 질환의 발병 위험이 높아질 수 있다. 하지만 명상이나 운동, 주변 사람들과의 소통 등과 같이 마음을 차분히 다스리는 훈련을 통해 스트레스의 영향을 줄일 수 있다고 말한다.[11]

스탠포드 대학교의 건강 심리학자인 켈리 맥고니걸(Kelly Mcgonigal)도 스트레스에 대한 인식의 중요성에 대해 연구했다.[12] 스트레스를 받고 있는 상황에서 그것을 스트레스로 인식하지 않고 '아, 이것은 나의 몸이 스트레스에 대해 적절히 반응하는 것이구나. 이 상황에 적응하기 위해서 일어나는 현상이지 나를 위협하는 게 아니야. 내가 어려운 상황을 잘 해결할 수 있도록 몸이 최적의 상태가 되는 중이야.'라고 인식하는 경우에 자신의 삶에 대한 만족도도 높아지고 건강 상태도 호전되는 긍정적인 결과가 나온다는 것이다.

예를 들어, 위협적인 상황에 처했을 경우에 공포의 감정을 느끼면서 심장이 빨리 뛰고 혈관이 수축되는 등 자율 신경계의 변화가 생긴다. 이러한 자신의 반응에 대해 스트레스 상황이라고 생각하며 억제하려 하는 것이 아니라, 자연스런 반응임을 인지하고 받아들여야 한다는 것이다. '내 몸이 이 스트레스에 제대로 반응해 주는구나. 이렇게 내 몸에 반응이 일어나는 것은 매우 긍정적인 일이야. 이렇게 놀라운 일이 일어나는데 심장이 빨리 뛰는 게 당연하지.' 이런 식으로 인식을 한 경우에 실제로 혈관조영술을 촬영해 봤더니 혈관이 수축되는 것이 아니라 오히려 이완되는 결과를 보이기도 했다.[12]

이처럼 스트레스 상황에서 단순히 고통에 머무르기보다는 그 상황을 받아들이고 긍정적으로 재해석하는 것이 중요하며, 회피의 대상이 아닌 성장의 기회로 삼아야 한다는 것을 알 수 있다. 이렇게 다양한 연구 결과들이 증명하듯이 감정을 받아들이는 것은 나에게 유용하고도 도움이 되는 일이다. 분노의 갑옷을 서서히 벗고 자신에 대한 연민으로 스스로를 수용하고 돌보는 것이 지금 우리가 할 일이다.

감정 받아들이기 단계에서
사용할 수 있는 방법은 무엇인가?

자기자비 연습

연구 결과에 의하면, 평소에 자기자비를 연습한 사람들이 그렇지 않은 사람보다 자기 감정을 잘 받아들이는 것으로 나타났다. 내 경험도 그 연구결과와 정확히 일치한다. 그런 의미에서 나는 감정을 받아들이는 첫 단계로서 '자기자비를 연습' 하는 방법을 제안하고자 한다. '자비'는 어려움에 처한 사람의 감정을 느끼며 연민의 감정으로 상대를 도우려는 마음을 갖는 것이다. 여기에는 어려움에 처한 사람을 보며 느끼는 슬픔, 분노, 염려, 우울 등 다양한 감정이 포함된다.

'자신을 향한 연민'의 과정도 이렇게 다양한 감정을 느끼게 되는데, 핵심은 '고통을 덜어 주려는 마음이다. 고통스러운 사람을 더 힘들게 할 사람이 어디 있겠는가? 그가 더 힘들어하지 않았으면 하는 마음, 고통 속에 더 이상 빠져들지 않길 바라는 마음 즉, 자애심과 너그러움으로 지켜봐 주는 것을 말한다. 실제 상대에게 연민을 가진 경험이 있다면 그 마음이 척박하거나 쓸쓸했다는 기억은 아닐 것이다. 오히려 그 연민의 마음이 나를 따뜻하게 감싸는 느낌이 더 크지 않았을까? 이처럼 자기연민은 자신을 따뜻하게 돌보고 자신이 고통 속에 있음을 받아들이는 것을 말한다.

누군가에게 친절을 베풀기 위해 우리가 가장 먼저 할 수 있는 일은 그의 말을 들어주는 것이다. 즉, 자기자비의 시작은 '나의 말을 들어주는 것'이다. 내가 나의 말을 들어줌으로써 나를 위한 제대로 된 휴식 공간을 만들어 주는 것이다. 자신을 괴롭히는 것, 저항심을 불러일으키는 것으로부터의 도피처인 것이다. 친절을 베풀어 준 자신에게 감사 인사를 전하는 것도 잊지 않기를. 그리고 고통으로 점철된 삶이라 여기는 자신을 어여삐 여기고 어루만져 준다. 이것을 다른 말로 '이완(relaxation)'이라 한다.

힘든 감정을 경험할 때마다 다음의 수칙대로 행동하면 도움이 될 것이다.[13]

- 나는 감정적으로 힘들어질 때 내 자신을 사랑하려고 애를 쓸 것이다.
- 나는 감정적으로 힘든 시기를 겪을 때 내게 필요한 돌봄과 부드러움으로 나를 대할 것이다.
- 나는 고통을 겪을 때 나 자신에게 친절하게 대할 것이다.
- 나는 기분이 축 처지고 마음이 갈팡질팡할 때 세상에는 나처럼 느끼는 사람들이 많다고 생각할 것이다.
- 나는 상황이 좋지 않게 돌아갈 때 그런 어려움은 누구나 겪을 수

있는 인생의 한 부분이라고 여길 것이다.
- 나는 나 자신에 대해 뭔가 부족하다는 느낌이 들면 대부분의 다른 사람들도 그런 부족함을 느낄 거라고 생각할 것이다.
- 나는 내가 겪은 실패들에 대해서 사람이라면 누구나 겪을 수 있는 일로 보려고 노력할 것이다.
- 나는 고통스러운 일이 생기면 그 일을 크게 부풀리거나 확대해서 생각하지 않을 것이다.

서렌더(내맡김)

'서렌더(surrender)'는 '나의 부정적 감정을 허용하며 껴안는 것'이다. '내 안에 저항이 있구나.' 하고 그 존재를 인정하는 것이다. 보통 시기심, 원망, 외로움, 상실감, 분노 등 부정적인 감정들에 대한 저항이 클 수밖에 없는데, 모든 것을 무조건 다 받아들이는 것이 아니라, 지금 이 순간 내가 받아들일 수 있는 감정에 자신을 내맡겨보면서 바꿀 수 없는 것을 조금씩 수용해 가면 된다.

예를 들어, 부정적 감정이 올라올 때 '아니야, 괜찮아.' 하면서 자신을 속이는 것이 아니라, 이렇게 말하는 거다.

- 내가 이런 부정적 감정으로 크게 저항하고 있구나.
- 내가 이 상황을 매우 고통스럽게 여기고 있구나. 그래서 빠져나

오고 싶어 하고 있구나.
- 내가 혼자 평화로울 수 있는데 이것을 거부하고 있는 건 아닐까?
- 나의 이런 감정을 받아들인다면 어떤 일이 일어날까?
- 그렇다면 내가 지금 할 수 있는 행동이 뭐지?
- 이것만큼은 놓칠 수 없다고 생각하는 그 한 가지는 뭐지?
- 나에게 가장 중요한 가치는 뭐지?
- 내 생각이 진실이 아닐 수 있는데 어떻게 그것을 더 깊이 관찰할 수 있을까?

마치 짙은 안개 속에서 손전등 하나만 있어도 내 앞을 비춰볼 수 있듯이 내가 중요하다고 생각하는 나의 가치들에 조금 더 전념하는 것이다. 이렇게 자신의 감정을 찬찬히 바라보며 인정하고 내가 중요하게 생각하는 것에 초점을 맞춘 채 그 감정에 나를 내맡기다 보면 내가 변화시킬 수 있는 범위가 어디까지인지도 발견할 수 있게 되고 그 범위도 점차 확장되어 감을 느낄 수 있을 것이다.

마치 스노우볼을 흔들면 하얀색 가루가 눈처럼 흩날려서 뿌옇게 보이다가 가루가 다 가라앉고 나면 볼 안에 있는 예쁜 풍경이 또렷이 보이듯이, 저항하는 감정으로 휘저어졌던 마음이 받아들이는 마음으로 차분히 가라앉으면 삶의 본질이 보이는 것과 같다.

특히, 용서하지 못한 분노와 미움의 감정에 휩싸일 때 분노의 대상에 집중하지 말고 나 자신이 슬픔 속에 빠지지 않도록 서렌더만 기억하자. 부정하려는 나의 감정을, 비판하는 나의 생각을, 옳고 그름과 싫고 좋음을 구분하려는 나를, 지금이 아니라 과거에 머물면서 그것에 가려진 채 현재의 나를 더 이상 밝게 비추지 않고 있는 나를 용서하고 서렌더하자. 용서해야 하는 이유는 충분하다. 상대를 향해 집어 던지기 위해 내 손에 움켜 쥔 뜨거운 석탄을 그만 버려야 하니까. 내 손이 더 이상 다치지 않도록 말이다.

이와 같은 방법을 활용해서 1차적으로 자신의 감정을 받아들이는 데 성공했다면 그다음 2단계로 나아가야 한다. 위에서 설명했던 것처럼 우리 인간은 감정의 동물이기도 하지만 이성적 판단과 분석의 능력을 가지고 있다. 들끓어 오르는 감정을 1단계에서 자기자비와 내맡김을 통해 가슴으로 받아들인 다음, 그 받아들임이 보다 안정적이 되기 위해서는 내가 그 감정을 느끼게 된 이유와 원인에 대해 머리로 이해하는 단계가 필요하다.

감정의 원인 분석

감정을 받아들이기 위해 그 감정이 생기게 된 원인을 잘 분석하는 방법에는 다음이 두 가지가 있다. 첫째, 내 감정을 들끓게 한 원인을 '사실'과 '그 사실에 대한 나의 해석과 추론'으로 구분하는 것이다. 예를 들어 친구가 약속 시간에 20분 늦게 나타나서도 별로 미안한 기색이 없었고, 그래서 내가 짜증이 났다고 하자. 이때 '사실'과 '사실에 대한 해석 및 추론'을 다음 표로 정리할 수 있을 것이다.

사실	사실
친구가 약속 시간에 20분 늦게 나타났음	미안하다는 이야기를 한 번, 짧게 했음
사실에 대한 해석과 추론	**사실에 대한 해석과 추론**
- 이 친구는 나와의 약속을 중요하게 생각하지 않아. - 이게 벌써 몇 번째인지 셀 수도 없어.	- 이 친구는 예의가 없어. - 이 친구는 가정 교육이 틀려 먹었어. - 이 친구는 과연 회사 생활은 잘하는 건지? 나 원 참.

[표] 사실과 사실에 대한 해석 및 추론

심리학자들은 이런 경우가 반복되면 내 머릿속에 이 친구에 대한 '스키마'가 형성된다고 한다. '스키마'란 나의 경험, 가치관, 양육 방식과 학습 등을 토대로 형성되어 사건이나 상황을 해석하는 인지적 틀이며, 이는 경험과 지식, 정보를 체계적으로 구조화한 것으로 '핵심 믿음(core belief)'이라고도 불린다. 따라서 스키마로 인해 세상과 자신, 그리고 미래를 바라보는 방식이 달라진다. 즉, 이 친구가 하는 행동 또는 그와 연관된 사건이 생길 때마다 내 머릿속에 형성된 스키마에 따라 거의 자동적으로 나의 사고가 움직이게 된다는 것이다. 따라서 올바른 받아들이기를 위해서는 '사실'과 '추론'을 분리한 후, 짜증의 원인을 '사실'에서

만 찾아야 한다.

 둘째, 그 감정을 느끼게 된 원인을 스티븐 코비 박사가 제안한 '관심의 원'과 '영향력의 원'이라는 개념을 사용해서 잘 분리해 내는 것이다. 스티븐 코비 박사에 의할 때 우리는 자신의 가치관이나 취미, 종교 등에 따라 어떤 사안에 대해서는 관심을 갖고, 어떤 사안에 대해서는 무관심하다. 예를 들어 기후변화, 러시아의 우크라이나 침략 전쟁, 이스라엘과 팔레스타인 또는 하마스 간의 전쟁, 물가 인상, 여야 간 갈등에 대해 관심을 가질 수도 있고 무관심할 수도 있다. 스티븐 코비는 1차적으로 자신이 관심을 가지고 있는 문제 또는 이슈들과 무관심한 영역을 구분할 수 있다고 했다. 예를 들어 나의 관심의 원과 무관심의 영역을 다음의 그림처럼 나누어 볼 수 있을 것이다.[14]

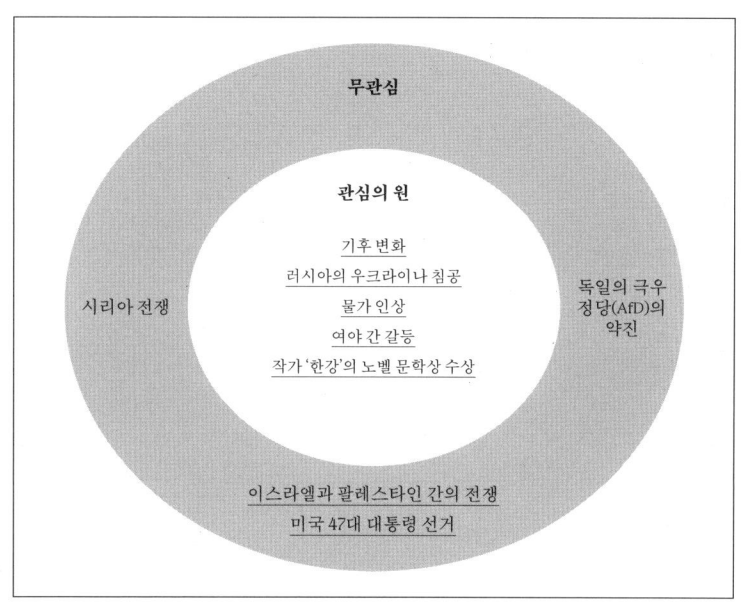

[그림] '관심의 원'과 '무관심의 원'

다음으로 우리는 자신의 '관심의 원' 안에서 내가 주도적으로 나의 영향력을 행사해서 뭔가를 바꿀 수 있는 일과 내가 관심을 갖고 있긴 하지만 내가 아무리 노력한다 해도 어찌 할 수 없는 사안으로 구분할 수 있다. 예를 들어, 지구 전체의 온난화를 내가 온몸으로 막을 수는 없지만 내가 쓰는 플라스틱의 사용량을 줄이는 것은 내가 주도적으로 할 수 있다. 물가 인상을 막을 수는 없지만 내 지출을 줄일 수 있다. 이처럼 자신이 영향력을 행사해서 뭔가 상황을 바꿀 수 있는 부분이 바로 스티븐 코비가 얘기하는 '영향력의 원' 안에 들어가는 사안인 것이다. 이를 그림으로 표현하면 다음과 같다.

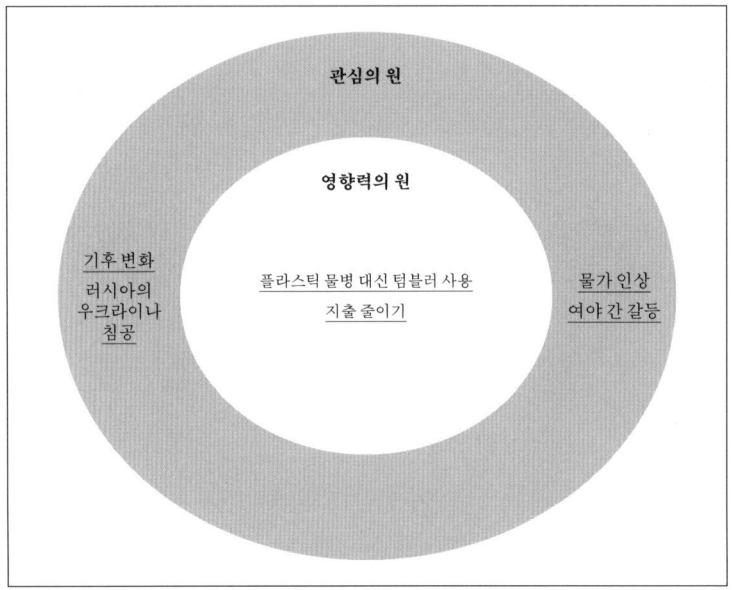

[그림] '관심의 원' 속의 '영향력의 원'

 그렇다면 이 '관심의 원'과 '영향력의 원'이라는 개념을 감정을 느끼게 된 원인을 분석하는 데 응용한다는 것은 무슨 뜻인가? 앞에서 예를 들었던 친구의 약속 시간 위반으로 인해 내가 짜증이 났던 사건의 원인을 관심의 원과 영향력의 원이라는 두 가지 측면으로 분류해 보면 다음과 같다.

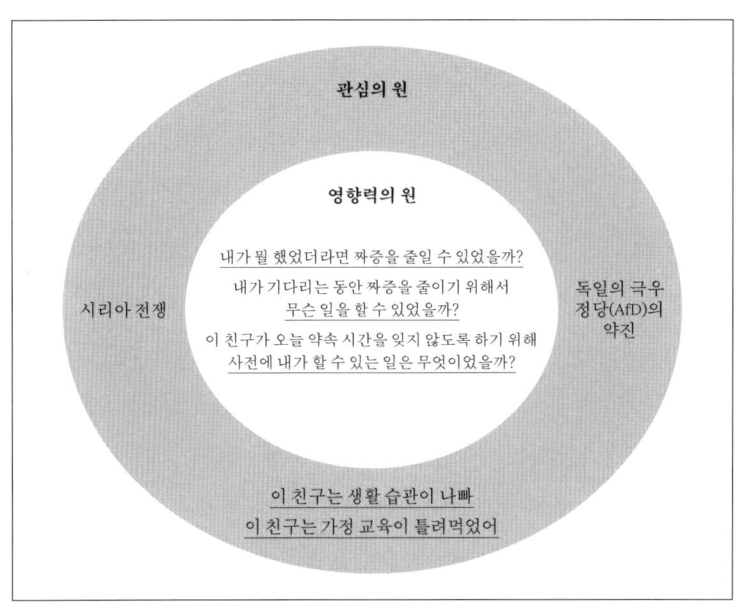

[그림] '관심의 원' 속의 '영향력의 원'

이렇게 '관심의 원'과 '영향력의 원'을 구분해 보면, 친구가 약속 시간에 늦어서 화가 나는 감정의 진짜 이유를 알게 된다. 나를 화가 나게 한 친구의 생활 습관이나 가정 교육을 탓하는 것이 관심의 원에 있는 것들인데, 이것은 내가 어찌할 수 없는 영역이므로 이것에 몰두하게 되면 화나는 감정에 매몰되어 친구와의 관계도 악화되는 결과만 낳을 뿐이다. 하지만 영향력의 원에 있는 것들 즉, 내가 변화시킬 수 있는 것들에 초점을 맞춘다면 화나는 감정의 이면에 숨어 있는 나의 진짜 의도를 깨닫게 된다. 즉, '친구가 나와의 약속을 좀더 소중하게 생각해 줬으면 좋겠다. 친구와 즐거운 마음으로 만나고 앞으로도 좋은 관계로 지내면 좋겠다.'는 마음이 화나는 감정의 진짜 이유임을 알게 된다는 것이다.

　이렇게 내가 느끼는 감정의 진짜 원인을 아는 것은 친구와의 갈등 상황에서 매우 중요하다. 친구로 인해 분노나 서운한 감정이 올라올 때, 그 감정의 진짜 이유가 '그 친구와 깊은 신뢰와 우정을 나누고 싶었던 마음'에 있었음을 인식하는 것, 이것이 바로 Accept이다.

　감정을 받아들인다는 것은 "넌 왜 항상 그렇게 늦어?", "너는 왜 내 입장은 전혀 생각하지 않아?"라고 비난하는 것이 아니라, "나는 네가 나와의 약속을 좀 더 소중히 여겨줬으면 좋겠어. 우리는 좋은 관계로 지내고 싶어."라고 표현하는 것이다.

　'내 안에 그런 바람이 있었구나. 그래서 내가 이렇게 서운하고 화가 났구나. 그래서 관계가 멀어지는 것이 두려웠구나.'라고 스스로의 감정을 알아차리고 받아들이게 되면, 감정을 다루는 주도권이 내게로 돌아오고, 관계 회복의 실마리도 찾게 된다.

나의 왜곡된 생각을 점검하는 일곱 가지 질문

　'이것 때문에 내가 이런 감정적 어려움 또는 고통을 느끼고 있구나.'를 인지하는 단계에서는 '나의 왜곡된 생각을 점검하는 질문' 일곱 가지를 제안한다.

첫 번째 질문은 '내가 성급하게 내 생각을 일반화함으로써 그저 우연히 일어난 일을 과잉 확대 해석하고 모든 상황에 적용하고 있는 것은 아닐까?"이다. 이는 '일반화의 오류'라고 하는데, 예를 들어, 시험 준비를 열심히 했는데도 불구하고 원하는 성적을 이루지 못했을 경우에 '이번 시험에 준비가 좀 부족했구나.' 이렇게 생각하는 게 아니라 '역시 나는 뭘 해도 안 되는 사람이야. 나는 시험에서 항상 실패할 수밖에 없는 사람이야.'라고 여기는 것이 일반화의 오류에 해당한다. 비슷한 사례로 어떤 사람에게 사랑 고백을 해서 그게 이루어지지 않았을 때 '역시 나는 어느 누구에게도 사랑받지 못하는 사람이야.'라고 해석하는 것이다. 이런 왜곡된 생각들을 점검하여 지금 겪은 일들은 일부의 상황일 뿐임을 인지해야 한다.

두 번째 질문은 '사건의 결과에 대해 지레 짐작하면서 독심술을 발휘하는 것은 아닐까?'이다. 이를 '사후 확신 편향'이라고 하며, 이미 일어난 사건을 그 일이 일어나기 전에 예측 가능한 것으로 생각해서 '내가 그럴 줄 알았어.'라며 편향적 사고를 하는 경향이다.

편향적 사고는 부모가 아이에게 하는 경우가 많다. "너가 그렇게 될 줄 알았어. 그렇게 넘어질 줄 알았어."라고 사건의 결과에 대해 미리 알고 있었다는 듯이 말하는 것이다. 사실은 엄마가 아이에게 빨리 이것을 이루어 내라고 다그쳤던 것인데, 아이가 서두르다가 실패한 것처럼 여기는 것이다. 그런데 이런 말을 하는 부모의 심리는 '엄마 말이 맞지? 그러니까 엄마 말을 들어.'와 같이 아이를 통제하고 억압하는 권력을 휘두르기 위한 것임을 알아야 한다.

이처럼 부모가 자기 생각이 맞았다는 것을 입증하려는 것은 자녀와의 관계에 아무런 도움이 되지 않다. 오히려 이런 말을 들은 아이들은 세상에서 나를 가장 지지해 줄 줄 알았던 부모로부터 상처를 받은 채 외로움에 고통받게 된다. 따라서 우리는 사후 확신이 아니라 어떤 일도 일어날 수 있다는 오픈 마인드로 아이들을 지켜봐 주어야 한다.

세 번째는 '감정적 추론'에 대한 것으로 '나의 느낌이나 직감에 따라서 아무런 근거 없이 부정적 해석을 하고 있닐까?'라고 질문하는 것이다. '내 감으로는 이럴 것 같아.'라며 감정적으로 추론하는 것인데, 이로 인해 근거 없이 부정적 감정에 빠져드는 것이 문제이다. 성적이 낮게 나왔을 때 감정적 추론에 의해서 '나는 쓸모없는 사람이야. 아무런 희망도 없고 사태는 더 나빠질 거야.'와 같이 부정적 해석을 하게 되는 것이다.

네 번째는 '내가 아무런 관련도 없는 문제들을 엮어서 부정적 해석을 하고 있는 것은 아닐까?'라고 질문해 보는 것이다. 연인에게 보낸 문자에 답변이 없으면 다른 이유 때문임에도 불구하고 자신을 의도적으로 회피한다고 부정적으로 생각하는 상황에 적용해 볼 수 있다. 이를 '부정적 추론'이라 부른다.

다섯 번째는 '그것을 해내지 못하면 당연히 실패한 인간이라고 생각하는 것과 같이 인지적 편견을 가지고 이분법적 관점에서 생각하고 있는 것은 아닐까?'라는 질문이다. 예를 들어, "나는 더 완벽해야 되는데 이걸 실패했으니 나는 쓸모 없는 인간이야. 이것을 성공해야만 내가 나를 인정해 줄 수 있어."와 같이 당위적 사고를 하게 되는 경우이다. 이때 당연한 것이 아닌 것을 당연하다고 생각하고 있는 것은 아닌지 성찰해 봄으로써 인지의 오류를 바로잡을 수 있다. 이를 '당위적 사고'라 한다.
　여섯 번째는 '선택적 추상화'로, "내가 전체를 보지 않고 중요한 것은 무시하면서 부분적인 것을 전체로 확대하고 있는 것은 아닐까?" 질문하는 것이다. "내가 이런 실수를 한 것은 내가 무능력하다는 증거야."라고 확신하는 경우에 적용해 볼 수 있다. 실수를 한 부분만 보고 성공했던 부분마저 무시한 채 자신에 대해 실수만 하는 사람으로 확대하고 있지는 않은지 질문해 볼 필요가 있다.
　마지막으로 일곱 번째는 '과잉 해석'으로, "내가 그 사람의 어떤 행동을 하는 것을 보고 그가 어떤 특징을 가진 사람이라고 과잉 해석해서 이름을 붙이고 있는 것은 아닐까?" 질문해 보는 것이다. 예를 들어, 친구가 약속 시간에 늦게 나온 것을 보고 "너는 무책임한 사람이야."라고 이름을 짓는 경우를 생각해 볼 수 있다. 비슷한 사례로 한 달에 한 번 정도 술을 마시는 남편에게 "당신은 술고래야."라고 이름을 붙여 버리면 당사자는 굉장히 부당하고 억울하다고 느낄 것이다. 이런 경우에도 나의 생각이 왜곡되어 있지는 않은지 성찰해 보아야 한다.

　이런 방법으로 나의 생각을 점검하면서 '내가 이것 때문에 이런 감정을 느끼고 있구나. 이렇게 나의 생각이 왜곡되어서 감정적 고통을 느끼고 있구나.' 하는 것을 이해해 나간다면 감정 받아들이기를 더욱 편안하게 할 수 있게 될 것이다. 나아가 감정으로 인해 겪는 고통과 불행에서 벗어나 어떤 부정적 감정이 찾아온다 할지라도 나에게 좋은 것으로 소화할 수 있을 것이다.

바꾸기

그 감정을 바꾸기 위해 내가 선택한 행동은 무엇인가?

'감정을 바꾼다'는 것은 '감정의 주파수를 바꾼다'는 말로 표현할 수 있다.

수십 개의 라디오 채널이 동시간대에 방송을 하지만 내가 어느 주파수에 맞추느냐에 따라서 하나의 방송 프로그램만 청취할 수 있다. 또 어떤 방송을 듣다가 주파수를 바꾸면 다른 방송을 청취할 수 있게 된다. 그리고 그 방송을 듣겠다는 나의 선택이 있어야 주파수 바꾸기가 가능하다.

이처럼 내가 처한 상황에서 부정적 감정이 생겨났을 때 라디오의 주파수를 바꾸듯이 감정을 바꾸겠다는 의지를 가지고 나의 감정을 긍정적 감정으로 바꾸는 것이 바로 'Change(바꾸기)'이다.

분노, 원망, 슬픔 등과 같은 부정적 감정으로 인해 우리는 많은 에너지를 소모한다. 그리고 나 뿐만 아니라 내 주변의 소중한 사람들에게도 상처를 내곤 한다. 이렇게 부정적 감정이 일으키는 이런 고통 속에서 벗어나기 위해 'Change(바꾸기)'가 필요하다. 한번 빠져들면 우리 삶을 계속 부정적 상태로 몰고가는 감정의 굴레에서 벗어나 더 큰 상처를 만들지 않고 긍정적 상태로 회복하기 위해 '감정 바꾸기'는 중요한 전환점이라 할 수 있다.

파도가 하나의 물결만 가지고 있지 않고 여러 겹의 물결을 이끌고 와서 큰 힘을 발휘하듯이, 감정도 비슷한 성격의 감정들이 같은 파동을 일으키며 동시에 몰려 와서 우리 삶에 영향을 미친다. 예를 들어, 분노의 감정이 일어나면 원망, 좌절, 우울, 두려움 등의 감정이 연이어 생기면서 부정적 감정 상태가 되어 몸과 마음이 우울하고 아프게 되는 것이다.

이렇게 큰 힘을 가진 파도와 싸우는 건 역부족이다. 파도 안에서 어떻게든 헤쳐 나가야겠다고 애쓰는 것보다는 그 파도를 올라타서 그 물결을 느끼는 것이 현명하다. 내 안에 슬픔이 몰려올 때에 거부하고 부정하는 것이 아니라 슬픔의 감정을 올라타는 훈련을 하는 것이다.

파도 위에서 또 다른 파도로 옮겨 타듯, 슬픔의 감정 역시 하나의 흐름에서 다른 감정으로 바꾸면 된다. 이러한 과정을 트랙 시프트(track shift)라고 표현할 수 있으며, 이는 의도적인 사고를 통해 감정의 방향을 바꾸는 것을 의미한다. 내게 몰려 오는 파도는 막을 수 없지만 어떤 파도에 올라타느냐는 나의 선택이 될 수 있듯이 내가 어떤 감정을 갖느냐는 나의 온전한 선택임을 기억하자.

이번에는 다음의 세 가지 질문에 대해 집중적으로 설명한다.

1. '내 감정을 바꾼다'는 것은 구체적으로 무엇을 의미하는 것인가?
2. 감정을 바꾼다는 것은 어떻게, 어떤 원리 때문에 가능한 것인가?
3. 내 감정을 바꾸기 위해 나는 무엇을 어떻게 해야 하는가?

'내 감정을 바꾼다'는 것은 구체적으로 무엇을 의미하는 것인가?

'내 감정을 바꾼다'는 말은 다음의 세 가지 의미를 포함하고 있다.

- 익숙한 생각 패턴 바꾸기
- 부정적 감정 회로 끊기
- 감정 기억 정화하기

익숙한 생각 패턴 바꾸기

우리가 어떤 감정을 느낄 때 특정 상황이나 사건 때문에 감정이 생겨난다고 여기지만 상황이나 사건 때문이 아니라 그것에 대한 나의 생각이 나의 감정을 만드는 것이다. 같은 상황에 처했을 때라도 사람에 따라 서로 다른 반응을 일으키는 것처럼 그 상황에 대한 나의 생각이 변화하면 감정은 다르게 반응한다.

예를 들어, 길을 가다가 누군가 내 어깨를 툭 하고 건드렸을 경우에 불쾌한 감정을 느낀다. 그런데 돌아보니 시각 장애인이거나 또는 칭얼대는 어린 아이를 안아 올리느라고 미처 나를 보지 못한 아기 엄마라는 것을 알게 되면 불쾌한 감정이 아니라 오히려 미안하고 안쓰러운 감정이 들기 마련이다.

이처럼 상황은 똑같은데 내가 어떤 생각을 하느냐에 따라서 우리의 감정은 달라진다. 이를 심리학자 에런 벡(Aaron Temkin Beck)은 '자동적 사고'라는 인지 모델로 설명하는데, 인간의 사고로 인해서 감정과 행동이 결정된다는 것이다.[1] 우리 마음속에는 자신의 경험이나 가치관 또는 부모의 양육 방식 등에 의해 세상을 바라보는 틀인 '스키마(schema)'가 형성된다. 이 '스키마'에 의해서 사회적 현상을 해석하기 때문에 어떤 특정 상황을 경험할 때 우리의 마음속에 자동적으로 일어나는 사고가 있다. 이것이 바로 '자동적 사고'이며 이러한 인지적 특성 때문에 우리는 특정 상황에서 반복적으로 같은 감정을 느끼게 되는 것이다.

예를 들어, 가끔 인사를 나누는 옆집 언니를 엘리베이터에서 우연히 마주쳤는데 인사도 없이 그냥 휙 가버리는 상황에서 스키마에 따라 서로 다른 감정 반응을 일으킬 수 있다. 보통은 '바쁜 일이 있나 보네.'라고 생각하며 대수롭지 않게 반응하겠지만, 인지 시스템이 왜곡되어 있거나 비합리적인 생각을 거듭하는 스키마를 가지고 있는 사람이라면 '뭐야? 왜 날 무시하지?'라고 생각하며 분노를 일으킬 수도 있고, '내가 뒷담화 했던 걸 알게 됐나? 나를 미워하면 어떡하지?'라고 생각하며 두려움을 가질 수도 있고, '왜 사람들이 자꾸 나를 무시하는 거지?'라고 생각하며 우울감에 빠질 수도 있다.

이런 자동적 사고로 인해 비합리적인 감정이 생겨날 뿐만 아니라 이렇게 생겨난 부정적 감정은 점점 더 커지게 된다. 이렇듯 객관적 사건이나 상황이 아니라 그 사람의 생각 때문에 감정이 드러나는 것인데, 겉으로 드러나는 감정 표현으로 인해 갈등이 생겨나기 때문에 문제 해결이 어려워진다. 특히 우울증을 겪는 사람들은 자기가 지금 경험하고 있는 이 감정이 영원할 것이라고 생각하는 고정된 생각 즉, 자동적 사고 작용을 겪는 경우가 많다. 이런 생각들이 반복되면서 우울증이 깊어지는 것이다.

이렇게 누구에게나 스키마가 형성되어 반복적인 사고를 하게 되는데 이렇게 반복적인 사고작용에 의해 생겨나는 감정들은 자신에게 매우 익숙한 감정이 된다. 문제는 이러한 익숙한 감정이 부정적 감정일지라도 그 감정을 일으키는 패턴 대로 생각하게 된다는 것에 있다. 즉, 부정적 감정이 습관화되는 것이다.

하지만 습관은 들이기 나름이다. 익숙한 사고의 패턴이 있다는 것을 인지하고 의지적으로 나의 생각을 바꾼다면 감정의 패턴도 달라질 수 있다. 물론 스키마에 의한 사고의 틀을 가진 사람에게 '왜 그런 생각을 해? 그런 생각하지 마.'라고 얘기한다고 해서 단번에 달라지는 것은 아니다. 그 사람이 가지고 있는 생각들 중 일부만을 교정한다는 시각으로 접근하는 것이 좋다. Change는 나의 감정과 생각이 스키마로 인해 왜곡되어 있음을 알고 그렇게 형성된 익숙한 생각의 패턴을 바꿈으로써 사고 작용으로 인해 일어나는 감정에 변화를 주는 것이다.

부정적 감정 회로 끊기

부정적 감정이 생겨나면 순환 고리가 자동적으로 발현되어 우리는 습관적으로 그 감정의 패턴에 빠져들게 된다. 우리의 뇌가 이 감정의 사이클을 기억하고 행동으로 이어지게 만드는 것이다. 이렇게 뇌의 구조에서 일어나는 부정적 감정의 회로를 '파페츠 회로(papez circuit)'라고 하는데, 이것은 변연계에 있는 회로로서 감정과 기억을 만드는 신경 회로이기 때문에 감정의 컨트롤 타워라고 할 수 있다.[2] 이 회로는 해마-유도체-시상전핵

(Anterior thalamic nuclei)-대상회로(Cingulate gyrus)-해마체(hippocampal formation)로 이어지는데 이 과정에서 해마에는 핵심 기억들이 저장되면서 장기 기억이 되기도 한다.[3]

그런데 이 폐회로(Closed Loop)의 특성상 한 번 부정적 감정이 입력되면 그곳에서 벗어나기가 쉽지 않다. 늪과 같은 특성이 있어서 빠져나오려고 할수록 이 부정적 에너지에 더 휩싸이게 된다. 특히 과거에 사로잡혀서 현재를 바라보지 못한다. 우리의 관념이 현재 문제를 직관하면서 따라가야 행복해지는데 과거에 억눌려서 과거의 경험에 의해 해석을 하기 때문에 지금 행복하다는 느낌을 받지 못하는 경우가 많다.

예를 들어, 부모로부터 사랑받지 못하고 자란 경우에 '어떻게 나에게 그럴 수 있지? 나는 너무나 사랑받아 마땅한 존재인데 어떻게 부모가 나에게 그럴 수 있지?'라고 생각하면서 과거의 기억과 싸우게 된다. 그렇게 괴로운 기억인데도 '나는 이렇게 괴로워할 수밖에 없어. 내 과거가 그랬기 때문에 나는 불행할 수밖에 없어.'라고 생각하면서 자신이 현재 괴로운 이유를 합리화하면서 과거의 불행 쪽으로 자신을 몰고 가게 되는 것이다. 이렇게 과거에 대한 기억으로 현재를 바라보기 때문에 현재에 대한 판단과 해석이 흐려질 수밖에 없다.

부정적 감정의 순환 고리에 빠지게 되는 순간은 '나는 아픔을 겪지 말아야 될 사람인데 아픔을 겪었다.'라고 생각할 때이다. 이런 생각으로 인해 나에게 아픔을 준 대상을 원망하면서 분노에 빠지게 되고 분노가 익숙한 감정이 되어 현재 다른 사람들과의 관계에도 부정적인 영향을 끼치게 되는 것이다. 자신은 이런 상실감을 겪으면 안 되는 사람이라는 생각 때문에 끊임없이 정서적 결핍감을 가지게 되고 이 결핍을 채우기 위해 다른 사람들에게 친밀감을 얻으려 노력하지만 과거의 결핍된 정서로 왜곡된 현재의 세계는 나에게 만족감을 줄 수 없게 된다.

이때 중요한 것이 바로 '부정적 감정 회로 끊기'이다. 과거의 감정이 현재의 감정이 되지 않도록 하기 위해 과거를 기반으로 한 나의 감정의 순환을 멈춰야 한다는 것이다. 그러기 위해서는 자신의 부정적 감정을 인정하고 받아들여야 한다. '내가 왜 이런 상실을 겪어야 하는 거지?'라고 생각하면서 거부하는 것이 아니라 '인간의 삶에서 상실을 겪는 것은 당연한 것이구나.'라고 생각하면서 자연의 순리를 받아들이는 것이다. 상실을 경험하지 않고 사는 것이 오히려 부자연스러운 현상이며, 불행한 유년 시절을 경험한 사람이라도 결핍의 정서로 연결되지 않는 사람도 많다.

물론 이러한 결핍감이나 상실과 같은 감정을 받아들이면 다른 감정들이 쓰나미처럼 몰려오기 때문에 이 감정들을 불편하게 여길 수 있다. 부정적 감정 회로가 돌아가면서 공허하고 우울하고 무기력한 이런 감정들이 마치 늪처럼 벗어나려고 발버둥 칠수록 더 깊이 빠지게 되는 것이 두려울 수밖에 없으리라. 그러나 아이러니하게도 그러한 불편한 감정을 허락해야만 이런 상실감의 고통에서 벗어날 수 있다. 그것을 매우 자연스러운 감정으로 수용하는 것이 첫번째로 우리가 해야 할 일다.

이때 감정을 허용하면서 '내가 왜 이런 상실감으로 힘들지? 내가 이 정서적 결핍감으로 힘들어하는 이유는 뭐지?'라고 질문해 보는 것이다.

이 질문은 답을 얻기 위해서 하는 질문이라기 보다는 그 답을 찾으면서 나의 욕구, 나의 존재 자체로 깊이 들어가는 데에 의미가 있다. 그렇게 끊임없이 생각하고 상상해 보며 나의 내면 깊숙한 곳을 파고들다 보면 그 감정을 허락하게 된다. 그것에 대한 답을 찾지 못해서 조급해하고 힘들어 하지만, 정말 좋은 답은 그렇게 빨리 올 리가 없다. 그저 답을 찾으려고 하는 그 과정 안에서 내 감정을 마주하면서 나의 감정 근육을 키우는 것이다.

감정의 근육을 키운다는 것은 내가 삶을 스스로 지탱할 수 있는 힘을 갖는다는 말과 같다. 감정을 바라보기 위해서는 적당한 거리가 필요한데 적당한 거리를 유지하는 것이 밀착되어 있는 것보다 더 힘든 일이다. 힘이 들더라도 꾸준히 운동을 하다 보면 근육이 생기듯이 부정적 감정 회로를 끊어내고 감정과 거리두기를 하는 과정을 훈련해 나가다 보면 감정의 근육이 생겨서 우리의 삶을 감정의 소용돌이에서 건져낼 수 있는 힘을 갖게 될 것이다.

부정적 감정은 몸으로도 반응을 느낄 수 있다. 그래서 감정에 따라 내 몸이 어떻게 반응하는지를 감각적으로 인식해 보는 것도 필요하다.

'내가 이런 생각을 할 때마다 호흡이 가빠지는구나.', '내가 이런 생각을 할 때마다 두통이 일어나는구나.', '내가 이런 감정을 느끼면 어깨가 무거워지는구나.', '내가 이런 느낌일 때 허리가 뻐근해지는구나.' 등과 같이 신체 감각에 집중해 보는 것이다.

이를 통해 자신이 부정적 감정에 빠져드는 출발선에 들어왔다는 것을 알게 된다. 이 알아차림을 통해 나의 감정의 회로를 새롭게 열어주어야겠다고 스스로에게 말할 수 있을 것이다.

'부정적 감정 회로 끊기'는 떠오르는 생각을 믿지 않고 흘러가게 하는 것이다. 그 생각이 사실이 아니고 그렇게 생각하는 대상이 자신이 아니라는 것을 알게 되면 그 생각을 놓아줌으로써 부정적 생각의 고리를 끊어낼 수 있다. 한 마디로 내 생각을 길들이는 것이다. 그러면 긍정적 트랙(positive feedback loop)으로 갈아탈 수 있다. 우리 뇌는 한 순간도 멈춰 있지 않다. 어느 방향이든 플러스와 마이너스 상태 중 어떤 방식으로든 이동하게 되어 있다. 우린 선택해야 한다. 긍정적 트랙으로 말이다.

감정 기억 정화하기

'감정 기억 정화하기'는 '부정적 감정 회로 끊기'의 방법론적인 내용이기도 하다. 즉, 부정적 감정의 회로는 나의 감정 기억에 의해서 시작되기 때문에 이 감정 기억을 정화한다면 감정 회로 작용도 멈출 수 있다. 그리고 이런 감정은 나의 익숙한 생각 패턴으로부터 나오기 때문에 익숙한 생각 패턴 바꾸기, 부정적 감정 회로 끊기, 감정 기억 정화하기는 연결되어 있는 개념이다.

나에게 익숙한 생각은 보통 부정적인 감정일 경우가 많다. 이것이 다른 감정을 끌어오면서 회로를 통해서 순환하는데 예를 들면, 미래에 대한 걱정은 불안과 두려움의 감정을 불러일으키고 이러한 감정은 우울한 상태에 빠져들게 만든다. 그래서 미래에 대한 걱정을 계속 에너지화하면 원래는 일어나지 않을 현상을 발현시킨다는 점에서 문제가 된다. 즉, 현실은 걱정한 대로 이루어진다.

예를 들어, 내가 어떤 유리 조각상을 침실에서 거실로 옮기는 상황을 생각해 보자. 이때 '내가 들고 가다가 떨어뜨리면 어떡하지? 떨어뜨리면 큰일인데……'라고 생각하면서 이것을 보자기에 싸보거나 또 다른 상자에 넣어보거나 이러면서 안절부절 못하는 과정에서 이 유리 조각상은 오히려 더 안전하지 못하고 깨질 가능성이 높아진다. 지나치게 중요성을 부여하면 우리의 두려움이 커지기 때문에 그것이 나의 걱정대로 되어버린다는 사실, 그것만 기억하자.

비슷한 일례로 부모들은 아이가 정말 잘 컸으면 좋겠다는 생각이 크기 때문에 여기에 중요성을 지나치게 부여해서 아이에 대한 걱정이 큰 경우가 많다. 그래서 아이에 대한 사랑이 클수록 걱정이 늘어나면서 내면의 불안과 두려움이 커진다. 이때 걱정한 대로 아이가 성장하게 된다는 말은 우리의 양육 태도를 돌아보게 만든다. 내 아이의 긍정적인 성장에 대한 희망만 해도 부족할 시간에 끊임없이 아이가 잘못될까 걱정만 하고 있었다는 자각을 해야 한다. 그러면 그 걱정대로 아이가 사는 것은 내가 원하는 것이 아니라는 전환점을 맞이하게 된다.

나의 감정은 내가 가지고 있는 스키마 즉, 자동적 사고의 틀의 영향을 받는데, 이것을 달리 표현하면 '감정의 기본값'이라고 말할 수 있다. 기본값이 얼마로 설정되어 있느냐에 따라서 감정 회로의 방향성도 달라지기 때문에 이 값은 매우 중요하다.

즉, 걱정과 불안의 스키마를 지니고 있는 사람은 기본값이 '마이너스'에서 시작하고, 감사와 기쁨의 스키마를 지니고 있는 사람은 기본값이 '플러스'에서 시작하는 것이다. 그래서 이 기본값이 어디에 있는지를 알아차리는 것이 중요하다. 기본값을 마이너스로 설정할 이유가 없기 때문이다. 다행히 감정의 기본값은 우리의 의지에 의한 선택이므로 얼마든지 변화시킬 가능성이 열려 있다.

감정은 뇌에 기억되는 특성을 지닌다. 특히 해마와 편도체가 해부학적으로 밀접한 위치에 존재하기 때문에, 정서적 경험은 일반적인 정보보다 더 쉽게 기억된다.

기억이 형성되는 과정에서는 특정 단백질이 합성되며, 이 단백질이 시냅스 부위의 구조를 구성함으로써 기억은 해당 시냅스에 저장되고 장기 기억으로 고착된다.

이때 기억은 단순히 저장되는 데 그치지 않고, 다시 떠올려질 때 재고착(reconsolidation)이라는 과정을 통해 새롭게 안정화되며 강화되기도 한다.[4] 어떤 기억을 떠올린다는 것은 우리에게 그만큼 특별하게 더 기억해야 할 이유가 있는 것들이 장기 기억 속에 재강화되어 있다는 뜻이기도 하다.

장기 기억은 나쁜 기억을 포함하고 있기 때문에 기억 속에 있는 것들이 다시 떠오르게 되면 위태로워질 것이라고도 말한다. 이렇게 다시는 떠올리고 싶지 않은 특정 기억을 '트라우마(trauma)'라고 하는데, 이것은 상처의 흔적과 같아서 쉽게 사라지지 않는다. 그리고 트라우마의 기억을 저장하는 과정에서 기억 시스템에 의해 다양한 방식으로 왜곡이 일어난다. 그 상황이 일어난 당시의 충격에 압도되어 기억들이 조각화되면서 특별한 하나의 현상만을 기억하게 되는 것이다. 즉, 전체 상황이 통합되어 자연스럽게 기억으로 저장되는 것이 아니라 일부 기억만 특별하게 저장되어 버린다.[5]

극한 상황을 경험한 생존자들의 뇌 영상 fMRI 자료를 보면 인슐라 즉 섬엽의 활성화가 일반적인 사람들하고 다르다는 것을 확인할 수 있다.[6] 또한 외상후 스트레스장애(posttraumatic stress disorder, PTSD)를 지닌 사람들은 뇌섬엽과 편도체의 연결이 일반인보다 훨씬 더 강하게 나타난다는 연구결과는 꾸준히 보고되고 있다.[7] 이들은 기억 시스템이 제대로 기능하지 못해서 당시의 기억을 있는 그대로 떠올리는 게 아니라 자신이 왜곡해서 만들어낸 기억으로 떠올린다. 이렇게 왜곡된 기억의 파편들이 자신을 압도해 버리면서 그 기억이 떠오르는 순간 무너져 버리는 것이다.

물론 그 상황에서는 적절하게 대응하고 제대로 처리했을 수 있지만 그렇게 하기 위해서 애쓰는 과정에서 특별한 감정 기억이 만들어져 버리는 것이다. 즉, 수치스럽다거나, 아무것도 아닌 보잘것없는 사람이라는 느낌을 갖는다거나, 모욕감을 느낀다거나, 아주 극도의 불안함을 느낀다거나 하는 그런 감정들이 남는 것이다. 그래서 트라우마는 정서적 상처로 남아서 그 기억이 떠오르게 되면 다양한 양상의 부작용을 일으킨다. 하지만 또 한편으로는 그 기억을 전환해 볼 수 있는 기회이기도 하다.

주로 유년 시절에 겪은 끔찍한 일들이 트라우마가 되곤 한다. 예상치 못하게 폭력, 성폭행, 재난 등을 경험했을 경우 그 현장에서 벗어나기 위해서 애쓰면서 일어났던 감정들이 기억으로 저장된다. 그래서 그 기억은 스토리가 아니고, 그 사건에서 내 온몸으로 느꼈던 감각들인 것이다. 특히 유년기는 자기 중심적 세계관을 지니고 있을 때라서 유년 시절에는 세상이 자신을 중심으로 돌아간다고 여긴다. 그래서 부모가 불화를 일으킬 때 '나 때문에 우리 엄마 아빠가 다투나?' '나 때문에 엄마 아빠가 저렇게 힘드나?'라고 생각한다.

그만큼 아이들의 시선은 입체적이지 않다. 전체적인 상황에 대한 인지가 부족하기 때문에 모든 것은 다 자기 때문에 일어난 것이라고 생각하게 되는 것이다. 그래서 그 유년 시절의 나를 떠올리면서 반드시 해결해 줘야 하는 것이 있다.

"그건 너의 잘못이 아니야."라는 말이다. "너는 아무런 잘못도 없어. 너의 잘못으로 그런 일이 일어난 게 아니야. 그 당시 너는 너무 어렸기 때문에 입체적이지 못한 사고를 했을 뿐이지 결코 너의 잘못이 아니야."라는 이야기를 꼭 해 주어야 한다.

물론 한 번으로 되지 않기 때문에 여러 번 그 이야기를 해 주어야 한다. 트라우마를 보내주기 위해서 해야 할 작업이 바로 이것이다.

과거 힘들었던 그 사건을 떠올리면서 그리고 그렇게 힘들어하고 있는 유년 시절의 나를 바라보면서 그 사건에 힘들어하는 나의 감정, 그로 인한 현재의 내 상처에 내가 반응해줘야 한다. 이를 위해서 '나의 상처는 뭘까?'를 생각해 보고, 수치스러움, 모멸감, 취약함 등과 같이 자신의 감정들을 자신의 언어로 적어보는 것이 필요하다.

'나의 상처는 무엇이었을까? 나의 결핍감은 무엇 때문이었을까? 이로 인해서 충족되지 못한 나의 욕구는 무엇이었을까?'를 끊임없이 질문하고 알아차려야 한다. 이렇게 나의 감정 기억을 바라보면서 '내가 과거를 보면서 이렇게 해석하고 평가하고 있구나. 그렇다면 이 과거의 해석이 지금의 나를 가두어선 안 되겠구나.' 하는 것도 알아차리게 된다.

트라우마 치유가 가치 있는 이유는 자신의 상처를 치유하기 위해서이기도 하지만 타인에게 입히는 상처를 없애기 때문이기도 하다. 인간은 상처받은 기억을 상쇄하기 위해 본능적으로 남에게 상처를 입히려 한다. 예를 들어, 내가 모멸감을 받았던 상처가 있을 때 다른 사람에게 모멸적 언어를 쓰면서 상쇄하려고 한다. 자신이 모멸감을 받았던 기억을 떠올리면서 '나만 이렇게 모멸감을 받는다는 것은 용납할 수 없어. 모든 사람들도 다 그렇게 느껴야 하는 거 아니야?'라고 생각하고는 다른 사람에게 그대로 모멸적 언어를 사용하면서 상처를 입히려고 하는 것이다. 이것은 개인의 도덕성 문제가 아니라 인간의 본능이기 때문에 트라우마의 치유는 매우 중요한 화두일 수밖에 없다.

치유되지 않은 트라우마는 두려움을 계속 증폭시키면서 나의 흑백 논리를 동시에 같이 확장시키게 된다. 그래서 '이것은 좋은 것이고 저것은 나쁜 것이다, 이런 사람은 좋은 사람이고 저런 사람은 나쁜 사람이다.' 이런 식의 흑백 논리를 확장하면서 실패를 두려워하게 된다. '또다시 내가 그 상황에 처하면 어떡하지?'라는 두려움과 상실에 대한 공허감이 해결되지 않기 때문에 끊임없이 다른 것에 대해서 집착이 더 심해진다.

이 트라우마는 암묵적 기억이기 때문에 더더욱 위험하다. 어떤 기억을 가지고 있다는 것을 인식하는 것이 아니라 자신도 모르게 무의식적으로 존재하는 기억이라는 것이다. 이러한 기억을 '비서술적 기억'이라고 하는데, 무의식적이기 때문에 어떤 특정 상황에서 나도 모르게 그 기억이 떠오르게 되는 것이다. 그러니까 어린 시절에 겪었던 특정 상황과 비슷한 상황에서 떠오르는 게 아니라 갑자기 예기치 못한 상황에서도 그 기억이 떠오르게 된다.

가장 쉬운 예로 '프루스트 현상(The Proust Effect)'을 들 수 있다. 프루스트 현상은 과거에 맡았던 특정 냄새와 비슷한 향을 지금 현재의 시점에서 다시 맡았을 때 어렸을 때의 기억이 떠오르는 현상을 말한다.[8] 프루스트 현상은 마르셀 프루스트(Marcel Proust)가 쓴 소설 《잃어버린 시간을 찾아서》의 한 장면에서 유래된 말이다. 주인공이 어린 시절 주말이면 고모네 집에 가서 마들렌 과자와 홍차를 먹곤 했는데, 성인이 되어 우연히 들른 찻집에서 홍차에 마들렌을 찍어 먹다가 어린 시절에 느낀 그 맛과 향을 그대로 떠올린 일화 때문에 붙은 명칭이다. 이렇게 기억은 암묵적으로 내재되어 있다가 특정 순간에 무의식적으로 발현되는 것이다.

하지만 기억해야 할 것은 '상처는 치유된다'는 사실이다. 우리 몸은 '호메오스타시스(homeostasis)', 즉 항상성이라는 놀라운 회복 메커니즘을 갖고 있다. 겉으로 보기에 상처가 아무리 크고 깊더라도, 몸은 끊임없이 균형을 되찾고자 스스로 치유하려는 힘을 발휘한다. 몸의 상처는 의료진의 도움으로 치료해야 하지만, 마음의 상처는 스스로 돌보려는 의지만으로도 변화의 문이 열리기 시작한다는 점에서 더욱 희망적이다. 잘 아시다시피,

희망은 누군가가 건네는 선물이 아니라, 내가 품고 지켜 내는 것이다. 트라우마도 이러한 관점에서 바라보자. 과거 그 상황에서는 모멸감이나 수치심 등의 감정을 그대로 수용할 수 없었지만, 지금에 와서라도 그때의 감정에 대해 인정해 주는 것이다. 여기서부터 트라우마 치유는 시작된다. 떠오르는 기억은 아무런 잘못이 없다. 그건 단지 나를 지키기 위해 작동했던 생존의 방식이었을 뿐이다. 이제 그 기억을 향해, 용서와 고마움을 건네 보자.

감정을 바꾼다는 것은 어떻게, 어떤 원리 때문에 가능한 것인가?

우리는 다양한 감정을 경험하지만 익숙한 감정을 선호하는 뇌의 특성 때문에 가장 강한 기억으로 남아 있는 감정 상태로 복귀하게 된다. 그래서 부정적 감정이 힘들다고 호소하면서 고통스러워 하지만 그 익숙함 때문에 그것을 안전하다고 여겨 다시 그 부정적 감정으로 회귀하고 마는 것이다. 이런 감정 기억은 습관이 되고 자동화되어 발현된다. 이 신경회로가 반복되면서 강화되고 자극에 반응하는 시간 또한 짧아진다.

그럼에도 우리 뇌는 '뇌 가소성의 원리'를 통해 이런 순환고리를 재구조화할 수 있다. 익숙한 길에서 벗어나 새로운 길을 만드는 것이다. '뇌 가소성(신경 가소성, neuroplasticity)'은 환경 자극이나 변화에 대응해서 성장과 재조직을 하면서 뇌가 스스로 신경 회로를 바꾸는 능력을 말한다. 이것은 중추 신경계가 손상된 후에 뇌가 병변에 맞게 대뇌피질의 기능과 형태가 변하는 신경계의 적응 과정을 통해 발견된 특성으로서, 신호 전달의 흐름이 반복되는 과정에서 신경 회로가 활성화되면서 자극을 처리하는 신경 시스템이 만들어지는 것이다.

우리 뇌는 약 860억 개의 뉴런(신경 세포)과 100조 개의 시냅스(뉴런 연결 부위)로 구성돼 있는 것으로 추정되며, 하나의 뉴런은 주머니 모양의 시냅스를 통해 수백~수천 개의 다른 뉴런과 정보를 주고받는다. 동일 자극의 반복적 처리는 뇌세포 뉴런을 감싸고 있는 '미엘린'을 두껍게 하여 정보의 흐름을 가속화한다. 그래서 일부 뇌 조직이 손상되더라도 주변 뉴런들이 새로운 신경 세포와 연결하면서 손상된 뇌 조직의 역할을 대신하는 것이다. 다음 그림을 보면 신경 정보가 수상돌기 → 세포체 → 축삭 → 축삭 말단 순으로 전달되는 흐름을 볼 수 있다.

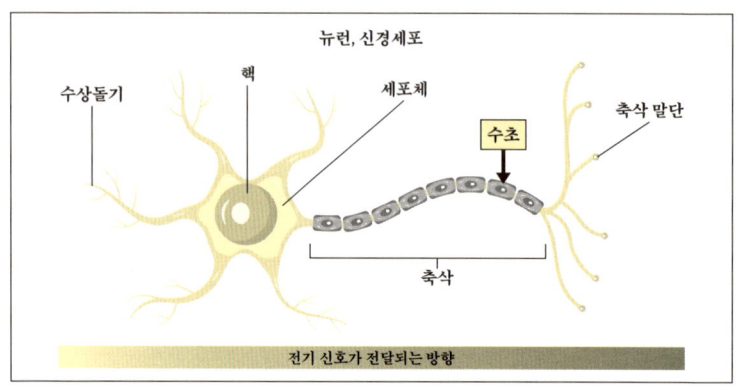

[그림] 뉴런의 구조

  신경 가소성의 핵심 원리 중 하나가 심리학자 도날드 헵(Donald Hebb)에 의해 알려진 '헵의 법칙(Hebb's Rule)'이다. '시냅스로 연결된 두 개의 뉴런이 동시에 또는 반복적으로 활성화되면 이 두 뉴런 사이의 연결 강도는 강화되는데, 신경 세포(뉴런) 사이의 연결 강도(Weight)를 조정하는 헵의 학습 규칙(Hebbian Learning Rule)을 제시했다. 헵의 학습 규칙에 의하면, 생물학적인 신경 시스템은 그들이 가져야 할 지식이나 능력들이 모두 사전에 프로그램된 것이 아니라 계속적인 학습을 통하여 이루어지며, 일정한 기간 동안의 학습 과정을 통해 새로운 지식이 들어왔을 때 네트워크를 수정한다.[10]

  뇌의 수백만 개 세포(neuron)는 다른 수백만 개 세포(neuron)와 연결하면서 정보가 전달하는 길을 만들어 시냅스를 형성한다. 이처럼 neuron과 neuron을 이어 주는 시냅스에서 신호 전달 강도가 변하는 현상을 시냅스 가소성(synaptic plasticity)이라 한다. 시냅스의 전달 강도의 강화가 지속되는 장기 강화 (LTP, long-term plasticity), 반대로 전달 강도가 약화되는 장기 약화 (LTD, long-term depression) 등이 포함된다. 장기 강화(LTP)는 시냅스에서 기억을 저장하는 메커니즘으로 작동한다.[11]

이러한 연구 결과는 고통스러운 연결이 새로운 경로의 시냅스로 연결되면서 부정적 감정이 긍정적 감정으로 전환될 수 있음을 알게 한다.

끊임없이 변화하는 것이 뇌의 기본 속성이라는 사실은 이미 오랫동안 연구되어 대중들에게도 많이 알려져 있었다. 사람의 뇌는 태어날 때부터 죽을 때까지 끊임없이 변화하는 성질을 가지고 있다는 것인데, 뇌가소성을 연구하는 초기 과학자들은 해마나 치상돌기와 같은 기억 형성에 관련된 부분에서만 일어나는 현상이며, 주로 학습과 관련된 상황으로만 해석하였다.

하지만 뇌신경과학자인 마이클 마티아스 머제니치(Michael Matthias Merzenich)는 신경 활동 및 경험이 뇌 기능을 개선한다는 메커니즘을 발견하여 2016년 제2의 노벨상으로 불리는 카블리 상을 받았다. 이 연구에서 뇌 가소성은 태어나서 죽을 때까지 작동하며, 기억뿐 아니라 뇌의 모든 영역에 작용한다는 사실을 입증한 것이다.[12]

이런 연구 결과를 통해 내가 처해 있는 환경이나 함께 하는 사람들의 생각과 감정이 나에게 얼마나 큰 영향을 미치는지 알 수 있다. 우리가 상호작용하는 사람들이 특정 상황에 어떻게 반응하는지, 어떤 감정적 패턴으로 대응하는지에 따라 그것을 무의식적으로 학습하며 우리는 성장하고 변화한다는 것이다. 그 대상이 부모인 경우 더 많은 영향력을 미치게 될 것임은 더욱 자명하다.

극작가인 조지 버나드 쇼(George Bernard Shaw)의 희곡 《피그말리온(Pygmalion)》에서는 음성학자 히긴스가 하급계층 여인 일라이자를 귀족으로 만드는 실험을 한다.[13] 화려한 드레스, 값비싼 향수, 걷는 모양새 등을 바꾸는 것이 아니라, 말투와 억양을 바꾸는 '언어'를 교육하는 것으로 그 실험은 성공하게 되는데, 일라이자는 말을 바꾸면서 생각이 변하고 행동이 바뀌는 모습을 보여 준다. 이처럼 말에는 생각과 감정이 고스란히 녹아 있기 때문에 사람을 변화시킬 힘이 있다. 그리고 새로운 경험과 생각이 새로운 신경 회로를 탄생하게 한다. 이렇듯 뇌 회로를 어떻게 가동하느냐는 나의 또 다른 선택이다.

'어쩔 수 없다' '해도 되지 않는다'며 지금껏 자신의 의지 부족을 탓하며 스스로를 자학하고 좌절했다면 나의 '뇌 가소성'을 알지 못했기 때문인 것이다. '뇌 가소성의 원리를 알았으니 이제 다시 한 걸음 내디뎌 보자'라고 자신에게 말해야 한다. 그래서 나의 감정의 회로를 새로운 길로 열어 주는 것이다. 나 자신을 어느 곳에 어떤 모습으로 두느냐는 오롯이 나의 선택이고 결과라 할 수 있다.

내 감정을 바꾸기 위해 나는 무엇을 어떻게 해야 하는가?

첫째, 익숙한 생각 패턴을 바꾸기 위한 '인지적 탈융합 기법'

익숙한 생각 패턴을 바꾸기 위해서는 심리학에서 사용하는 '인지적 탈융합 기법'을 활용해 볼 수 있다. '인지적 탈융합 기법'은 자신의 생각과 자신을 분리하여 그것이 사실이 아닐 수 있다는 것을 받아들이도록 돕는 치료 기법이다. 이는 심리적 유연성을 갖는 것을 의미하는데, 보려고 하는 것을 너무 가까이 마주하면 아무것도 볼 수 없고 간격을 두고 떨어져서 보면 잘 보이는 것과 같은 원리를 지니고 있다.

먼저, 나의 어떤 왜곡된 사고를 바꿀 것인지, 어떤 것에서 벗어나고 싶은지, 무엇을 나로부터 떼어 내고 싶은지 구체적으로 목표를 세운다.

예를 들어, 김○○님은 상대가 나에게 틱틱 대며 친절하게 대하지 않으면 괜히 눈치가 보이고 서운하고 우울해진다. 내가 그에게 어떤 도움도 되지 않는 것 같고 혹시나 거슬리는 행동이나 말을 했을까 봐 불안하기까지 하다. 그런 상황이 너무 힘들어서 그냥 아무도 없는 곳에 가고 싶고 무기력한 마음만 들 정도이다.

이 상황에서 나의 왜곡된 사고가 무엇인지 점검해 본다. 어릴 적 아버지로부터 인정받고 싶어 늘 눈치 보고 아버지 기분을 살피던 유년 시절이 떠올라 더 불안하고 우울하다는 사실을 알게 된다. 그래서 상대방의 기분이나 감정에 늘 휘말리고 나의 감정은 외면하게 되었던 것이다. 김○○님의 왜곡된 사고는 내가 만나는 모든 사람을 아버지와 동일시하는 것이다.

그의 구체적 목표는 늘 아버지의 기분을 살피고 눈치보는 유년 시절 자신을 지금의 나로부터 떼어내는 것이다.

이런 목표를 세우기 위해서는 내가 어떤 상황에서 스키마가 작동하는지 관찰자 모드로 기록하고 확인해 보는 것이 필요하다. 내가 나의 관찰자가 되어 어떤 상황에서 어떻게 사고하는지를 구체적으로 매우 상세하게 기록해야 한다. 언제 어디서 무엇을 어떻게 했는지에 대한 상황을 자세하게 적고 거기에서 내가 어떤 감정을 느끼고 무슨 생각을 했는지 기록한다. 이때 활용할 스키마 시트는 다음과 같다.

감정적으로 힘들었던 구체적 상황	예: 감정을 제대로 표현하지 못해 오해가 있었다
그 감정의 강도(0-10)는?	감정의 최대 점수?
그 힘든 상황에서 떠올랐던 모든 생각을 있는 그대로 기록	자신감 없는 나를 보고 형편없다고 하겠지 말을 더듬으면 어찌지 나보다 더 잘난 사람들이 많을 텐데
생각을 한 문장으로 정리한다면	준비한 것을 제대로 하지 못해 면접에 제대로 대응하지 못할 것이다

[표] 스키마 시트

스키마 시트 작성 방법이 어렵다면 다음 단계를 천천히 따라 해 보자.

① 감정적으로 힘들었던 구체적인 상황 즉, 분노했는지 슬펐는지 우울했는지 불안했는지 실망했는지 등의 감정들을 구체적으로 적는다.
② 정량적 점수를 1점에서 10점의 범위 내에서 적어 본다.
③ 그 상황에 대해서 내가 어떤 생각을 했는지를 적는다. '사람들이 나를 우습게 생각할 것 같다, 그래서 나를 형편없는 사람으로 평가할 것 같다.' 등의 생각을 디테일하게 적고 한 문장으로 정리해 본다.
④ 모든 생각을 다 쏟아 내어 언어로 기록했다면 이를 한 문장으로 정리해 본다. '내가 이 상황에 대해서 나도 모르게 이런 생각을 하고 있구나'라고 말이다. '사람들이 실수하는 나를 보고 형편없는 인간이라고 여길 거야.'라고도 적을 수 있다.
⑤ 이 생각이 내가 하고 있는 자동적 사고임을 알게 된다.

이처럼 인식된 자동적 사고는 행동의 자동화'를 통해 변화시킬 수 있다. 즉, 특정 자동적 사고가 떠오를 때마다, 미리 설정된 행동이 반사적으로 실행되도록 훈련함으로써 사고의 흐름을 전환하는 것이다. 이는 마치 내비게이션에 목적지를 입력하면 경로를 자동으로 안내하듯, 정신적 습관을 행동을 통해 자동화하는 과정이라 할 수 있다.

결국 이는 부정적 자동 사고가 작동할 때, 그 사고를 멈추거나 바꾸는 상징적이고 암시적인 행동을 사전에 세팅(setting)해 두는 전략이라고 볼 수 있다.

내가 어떤 특정 생각을 할 때마다 이를 멈추는 나만의 기법을 가지는 것이 좋은데, 단순한 행동이나 동작으로도 충분하다. 예를 들어, 깊게 숨을 내쉬며 손등을 한번 쓸어내리거나, "내 감정은 내가 조절할 수 있어"라고 조용히 되뇌인다. 또는 이마, 볼, 턱 등 얼굴 부위를 손가락으로 가볍게 두드리거나 시선을 정면에서 반대방향으로 천천히 이동시키는 등의 방법을 활용할 수 있다. Recognize의 감정 알아차리기에서도 언급했던 방법 중 하나로 예를 들어, 자해에 대한 생각이 떠오를 때마다 팔목에 고무줄을 채워서 그 고무줄을 튕기는 것으로 그 생각을 멈추게 하는 것이다. 이밖에도 어깨를 양손으로 살포시 누른다든지, 엄지와 검지 사이를 꾹 누른다든지 하는 나만이 알 수 있는 행동으로 세팅하는 것이다. 또는 기분 좋아지는 물건 하나를 소지하면서 그 감정이 들 때마다 꺼내 보는 것도 좋다. 즉, 조건화를 형성해서 생각을 멈추게 하는 것이다.

내가 그렇게 생각한 이유, 근거	내 스펙으로는 어림도 없는 면접이다.
그 감정을 대처하는 나만의 방법	그런 생각이 들 때 왼 손에 있는 팔찌를 오른손으로 이동

[표] 자동적 사고를 막는 행동의 자동화

이러한 행동화는 처음부터 잘되지는 않는다. 그래서 나의 생각과 행동을 기록해 보면서 모니터링을 하는 것이 좋다.

'내가 이렇게 했더니 생각의 전환이 잘 됐다.' 혹은 '내가 이런 행동을 세팅했는데도 그 순간 잘되지 않았다.'와 같이 기록을 해보면 어떤 상황에서 더 어려웠는지 아니면 나의 암시적 행동이 너무 약했는지 등 잘되지 않았던 원인을 분석해 볼 수 있다. 이 기록의 효과는 나의 왜곡된 자동적 사고가 무엇인지를 분류할 수 있다는 점이다. 이런 과정을 거치면서 '내가 이 사고 회로만큼은 꼭 바꿔야겠다.'라고 목표를 세우면 좋다. 그렇게 목표를 세우고 나서 '시각화'나 '시뮬레이션'을 활용하여 그 생각을 떠나보내는 의식을 행한다. 왜곡된 사고를 흘려보내는 시각적 상상을 하는 것이다.

흐르는 물에 그 사고를 담은 봉지를 흘려보낸다든지, 풍선에 그 생각을 싸서 날려 보내는 등의 상상을 하면 된다. 또는 자신의 부정적 생각을 특정 물건에 담아 버리는 상상도 좋다. 이러한 특별한 상상의 의식은 사고를 전환할 수 있는 중요한 계기가 되며, 익숙한 사고에서 벗어날 수 있는 매우 구체적인 행동이라고 할 수 있다.

또한 익숙한 생각 패턴을 바꾸기 위해서는 왜곡된 생각으로 인한 부정적 경험과 자극을 중화할 수 있는 '긍정적 경험과 활동'이 필요하다. 지금까지 하지 않았던 새로운 경험, 낯선 자극이면 더 좋다. 우리 뇌는 황당한 상황에서 더 많이 활성화되는 경향이 있기 때문에 새로운 패턴을 학습하는 것으로 뇌를 자극하게 만든다. 예를 들어, 그동안 접하지 않았던 책(너무 어렵지 않은, 동화책도 좋다)이나 음악을 듣는 것도 좋다.

긍정 심리학의 창시자 마틴 셀리그만(Martin E. P. Seligman)은 긍정회로로 접근하는 방법을 'ABCDE 모델'로 제시한 바 있다.[14]

A: Adversity(역경), Accident(사건)
- 우리가 겪는 실패, 불쾌한 일, 기운 빠지게 하는 상황 모두가 해당함.

B: Belief(믿음)
- 이런 상황에 처했을 때 우리 뇌리를 스치는 모든 부정적 사고를 말함.
- 이 믿음으로 A의 상황을 해석하고 프레임이 형성되었음.
- 이 믿음은 사실과 무관하게 결론에 영향을 미침.

C: Consequence(결과)
- B로 인한 감정의 요동으로 부정적 감정이 야기되었다면 B의 부정적 사고가 영향을 미친 것임.

D: Disputation(반박)
- 거리 두고 반박하기
- 이 과정을 자각하고 자신의 믿음을 반박해 봄.
- 유용성을 따지고 그 생각을 뒷받침할 근거를 찾으며 다른 대안이 정말 없는지를 생각해 봄.

- 그래서 어떻게 하겠다는건지 상황을 함축

E: Energization, Exit(활력)
- 반박 후 어떤 감정인지 집중, 다른 생각이 요동치지 않는 것만으로도 의욕이 생김

많은 사람이 ABC까지 진행하고서 멈추는 경향이 있다. 이를 'ABC 연결 고리'라 부르기도 하는데, 믿음에 따른 결과를 말한다. 어떤 '사건 A'가 감정이나 행동을 야기하는 'C(결과)'를 초래한다고 여기지만 사실 그 사이에는 반드시 'B(믿음)'이 존재한다는 것이다. 자신의 믿음이 곧 스스로의 삶을 결정한다는 말이 이를 의미한다. 결국 'B(믿음)'에서 어떤 프레임을 장착하느냐가 관건인데, 부정적 사고는 지속적 추론을 이어 가며 부정적 감정에 이르게 하고 긍정적 사고는 이와 정확히 반대가 되는 셈이다.

그렇다면 어떻게 이 믿음의 과정을 자각할 것인가의 질문이 남는다. 먼저, 일어나는 모든 생각을 적어 본다. 내가 왜 화가 나는지, 왜 이렇게 슬픈지, 무엇이 이토록 우울한 감정으로 이끄는지 등을 적어 보는 것이다. 이렇게 기록한 것을 읽고 또 읽다 보면 거리두고 반박하는 자각이 더 쉬워진다. 오늘 적었다면 내일, 또 그 다음날 읽어 보는 것도 좋다. 내가 적은 기록을 보면서 틀린 말은 아니지만 과장되거나 과격하게 적었다는 생각이 든다면 자각의 좁은 문을 통과한 것으로 여겨도 좋다.

둘째, 긍정 확언 및 자기 확언

조금 더 쉽고 간단한 방법을 소개하자면 '긍정 확언' 또는 '자기 확언(Self-affirmation)'이 있다. 자기 확언은 말 그대로 자기 스스로에게 이야기를 하는 것인데, 내가 무의식적으로 스스로에게 던지는 부정적 메시지 습관을 바꾸는 것이다. '실패하면 어쩌지'라는 생각을 '모든 사람은 완벽하지 않아, 나 역시 마찬가지야. 일어나는 모든 일에는 이유가 있기에 결과에 감사하고 만족하자.'로 바꾸어 말하는 것이다.

또 다른 긍정 확언 메시지의 예시는 '내가 알고 있는 것이 전부가 아니다. 내가 더 알아야 할 것이 있는지도 모른다'이다. 일반적으로 분노는 내가 옳고, 내가 잘 알고 있다는 생각과 관념에 의해 일어나는 감정이기 때문에 이와 같은 메시지가 도움이 된다. 이렇게 하면 자신의 관점을 넓히고 부정적 감정을 감소하여 긍정적 자존감에 집중할 수 있게 되는 것이다.

긍정 확언 또는 자기 확언은 많은 문헌에서 스트레스 감소, 학업 성취도 향상 그리고 사람들의 행동 변화에 영향을 준다고 알려져 있다.[15] 이는 뇌과학적으로도 증명되었는데, 긍정 확언을 통해 긍정성의 신경 메커니즘을 활성화하는 뇌 영역 즉, 배측 편도체(VS)와 배측 내측 전두엽 피질(VMPFC) 및 후두대상피질(PCC)의 활동이 증가된 것을 확인한 것이다.[16]

무엇보다 중요한 것은 자신의 가치와 삶의 방향성이 담긴 긍정적 메시지를 스스로 만드는 것이다. 아무리 좋은 메시지도 내가 왜 이것을 말하는지 스스로 납득하지 못한다면 무슨 의미가 있겠는가?

셀프 케어에 도움이 되는 긍정 확언 문장들을 소개하면 다음과 같다.

나는 조건없이 나 자신을 사랑하기로 선택한다.
내 안에는 어려움을 극복할 수 있는 힘이 이미 존재한다.
내가 필요한 모든 것은 이미 내 안에 있다.
나는 사랑과 행복을 누릴 자격이 있다.
오늘도 내 안의 평온함을 선택한다.
내 마음은 고요하고 평화롭다.
나 자신에게 친절한 나를 사랑한다.
더 이상 내게 도움이 되지 않는 것을 놓아 보낸다
나는 지금 이 순간에 감사한다

'나는 내 존재로 충분하다' '나는 평온한 일상을 보낸다', '나는 오늘도 성장하고 발전한다' 등의 간단한 메시지부터 자신에게 의미 있는 문구를 만들고, 매일 한 번씩 또는 몇 번이고 이 메시지를 스스로에게 건네는 것이다. 큰 소리로 현재 시제를 사용하면서 긍정적 메시지를 담아서 말이다.

셋째, 명상으로 부정적 감정 회로 끊기

명상은 자동화된 부정적 감정과 생각을 수동 모드로 전환하도록 세팅하는 작업이다. 명상이라고 하면 종교적 색체로 거부감을 갖거나 쉽지 않다고 여길 수 있지만 명상의 유일한 목적은 지금 이 순간에 내 몸 안에서 어떤 감각이 일어나는지 어떤 생각, 감정이 일어나는지를 알아차리는 것 그 이상도 이하도 아니라는 사실만 명심하자.

'난 생각이 많아서 명상이 힘들어요' '명상하는 내내 딴 생각을 했어요'라고 하면서 어떤 기술이 필요하다고 여길 수 있지만 명상가들이 말하는 공통점은 바로, 그 생각을 알아차린 게 명상이라고 말한다. 왜냐면 평상시에는 그것마저도 알아차리지 못하고 살고 있기 때문이다. 즉, 잡념을 몰아 내는 게 명상의 목적이 아니라 지금 이 순간에 집중하는 것이 명상의 시작이고 끝이다.

감정 조절은 물론 정신과에서 임상적 치료목적으로 가장 활발하게 사용하고 있는 기법이 바로 '마음챙김 명상(mindfulness meditation)'이다. 마음챙김의 알아차림을 의미하는 싸티(Sati: 고대 인도어인 팔리어)는 영어 mindfulness로 번역할 수 있다. 순수한 주의를 기울이는 것, 있는 그대로 관찰하는 것, 이 순간 깨어 있는 것의 의미가 내포되어 있다. 즉, 지금 이 순간에 내 몸 안에서 어떤 감각이 일어나는지 어떤 생각, 감정이 일어나는지 알아차리는 것을 말한다.

1979년 존 카밧진(Jon Kabat-Zinn)교수는 메사추세츠 대학

메디컬 센터에서 '마음챙김에 기반한 스트레스 완화(mindfulness-based stress reduction, 이하 MBSR)'라는 프로그램을 통해 만성 통증이나 스트레스로 고통 받는 환자들에서 큰 효과를 입증했다. 카밧진 교수는 우리나라 숭산 스님에게 배운 불교 명상을 토대로 MBSR을 창안했는데, 이 프로그램에 참여한 환자들에게서 우울증 치료제인 에스시탈로프람(escitalopram) 복용량이 감소하여 불안이 줄어든 것을 입증하면서 치유 프로그램의 대중화에 성공하였다. 명상이 우울증 치료의 대체가 되고 부정적 생각을 끊을 수 있다는 사실을 밝힌 것이다.[17]

교육현장에서 자주 사용한 '감정을 바꾸는 호흡 명상'도 소개하고자 한다. Recognize에서 감정 알아차리기 방법으로도 소개하였지만 좀 더 구체적으로 설명하면 다음과 같다.

'호흡'은 뇌의 감정 조절 회로와 깊이 관련되어 있으며, 몸에서 유일하게 우리 의지로 조절할 수 있는 것이다. 그래서 통증도 호흡을 어떻게 하느냐에 따라 감당할 수 있는 수준이 된다. 잡념으로 꽉 찬 상태이거나 불안이나 분노의 감정에 사로잡힐 때 천천히 이 방법을 사용하면 신기할 정도로 감정이 바뀌어 있을 것이다. Empathize 단계에서 언급한 DMN 활성화가 시작되는 것이다.

쉽게 따라할 수 있도록 구체적으로 제시하면 다음과 같다.

① 가장 편안한 자세로 앉는다. 상체가 굽으면 긴장도가 높아지니

가슴을 편다.

② 편안하게 바라봤던 산, 바다를 상상해도 좋다.

③ 엉덩이를 바닥에 닿는 느낌, 어깨를 펴는 느낌으로 자세를 고친다.

④ 들숨일 때 내 몸의 변화를 느껴본다. (가슴이 팽창된다거나 시원한 바람이 들어온다거나 하는 등의 변화)

⑤ 날숨일 때 내 몸의 변화를 느껴본다. (따뜻한 바람 온도를 느낀다거나 하는 변화)

⑥ 날숨을 최대한 길게 한다는 느낌으로 내쉰다.

⑦ 스며드는 온갖 생각을 흘려보낸다. 모닥불 타오르는 모습을 상상하면서 그 속에 나의 잡념과 걱정거리를 함께 태워 먼지처럼 날려 보낸다.

⑧ 손바닥이 바깥쪽을 향하게 깍지를 끼고 가슴 앞으로 쭉 민다.

⑨ 머리 위까지 쭉 올린다. 시선은 손을 따라간다.

⑩ 머리 위에서 깍지를 풀고 크게 원을 그리며 양 옆으로 팔을 내리며 숨을 내쉰다.

점진적 근육이완법

점진적 근육 이완법(Progressive Muscle Relaxation, PMR)'은 미국의 의사 에드먼드 제이콥슨(Edmund Jacobson) 박사가 처음 고안한 이완 기법으로, 그의 이름을 따서 '제이콥슨 이완법'이라고도 불린다. PMR은 근육을 번갈아 가며 긴장과 이완을 순환하는 작업으로, 신체적 이완을 통해 정서적 불편감이나 고통을 해소하는 데 유용하다. 그래서 임상에서 공황 장애나 불안 장애 환자들에게 적용하고 있다.[18]

PMR은 신체가 가속 페달에서 발을 떼고 중립으로 전환할 수 있게 한다. 발가락 끝에서 시작해서 상부로 올라가는 것으로 머리 끝, 배 근육, 발가락처럼 작고 구체적인 부위 하나를 타겟으로 한다. 이것은 교감 신경계에서 부교감 신경계 모드로 전환하는 데 도움이 된다. 교감 신경계는 심박수를 증가시키고 근육을 수축시키고, 부교감 신경계는 근육 이완을 통해 교감 신경 출력을 진정시킨다. PMR을 통해 교감 신경계와 부교감 신경계를 전환시킴으로써 심박수와 혈압에 변화를 가져온다.

PMR은 누워서 하는 것이 가장 효과적이지만, 장소에 무관하게 방해받지 않을 조용한 공간이면 된다. 다만 눈을 감으면 불필요한 자극을 차단하고 마음과 근육 사이에 연결이 좋아진다. 시간은 보통 10~20분 소요되며 숙면을 위해 취침 전에 PMR을 하면 도움이 된다. 그리고 근육 수축이 너무 과해서 불편감을 느끼면 안 된다. 무엇보다 주기적으로 실천하는 것이 중요하다.

① 앉은 자세라면 발은 바닥에 평평하게 내려놓는다.
② 교감 신경계를 늦추기 위해 코로 숨을 들이마시고 입으로 내쉰다. (숨을 들이마실 때 배가 풍선처럼 공기로 가득 차는 것을 상상하기)

날숨 시 자신에게 'relax'라고 말할 수도 있다. 천천히 부드럽게 호흡하는 것이 중요하다.

③ 타겟 근육을 수축하고 5초간 유지한다. 예를 들어 발가락이면, 말아서 굽히고 잠시 그대로 있는다.

④ 그 긴장감을 지켜보며 긴장된 근육을 시각화 한다.

⑤ 숨을 내쉬며 5~10초 동안 근육을 이완한다.

⑥ 이완된 근육을 시각화하고 어떤 느낌인지 느껴본다.

⑦ 다음 근육으로 반복한다.

다음 부위를 다루며 신체 위쪽으로 올라간다.

- 발가락, 발, 종아리, 허벅지, 엉덩이를 포함한 **하체**
- 복부, 손가락, 손, 팔, 어깨를 포함한 **상체**
- 목, 턱, 이마를 포함한 **머리**

'운동'을 통한 부정적 감정 회로 끊기

마지막으로 부정적 감정 회로 끊기에는 '운동'만큼 효과적인 방법은 없다. 최근 정신의학에서는 운동이 불안을 완화하는 데 매우 효과적인 치료법임을 강조하고 있으며, 실제로 다양한 연구에서 그 효능이 반복적으로 입증되고 있다. 운동은 단순히 기분을 전환시키는 수준을 넘어, 뇌에서 세로토닌과 도파민 같은 기분 조절 신경전달물질의 분비를 촉진하고, 자율신경계를 안정시켜 스트레스 반응을 완화하는 생리학적 변화를 일으킨다. 운동은 감정 치유에 가장 적합한 셀프 케어 도구 중 하나다. 불안이나 공황 증세로 심장이 빨라지고 호흡이 가빠지는 경험을 한 사람들에게 운동 후 같은 증상이 나타나는 것을 경험하게 하면 신체가 흥분하는 현상이 불안뿐 아니라 운동시에도 발생한다는 사실을 인지하게 되어 우리의 몸이 이런 반응에 과도하게 대응하지 않도록 적응하게 된다.

심장 박동이 빨라지면 'ANP(심방 나트륨이뇨 펩타이드)' 호르몬이 심방에서 분비되는데, 혈관을 확장시키고 나트륨 배출(이뇨)을 촉진하며, 레닌과 알도스테론 같은 호르몬의 분비를 억제하고, 심장 근육의 섬유화를 막아 심장의 과도한 흥분을 진정시키는 역할을 한다. 실제로 불안 장애가 있는 사람들이 유산소 운동을 한 후 심박이 안정되는 현상을 보이는데 이는 ANP의 작용과 관련이 있다.[20]

뇌의 인지 기능 유지에 긍정적 영향을 미치는 유산소 운동은 뇌의 해마 영역에서 신경성장인자 또는 뇌 유래 신경 영양 인자인 'brain-derived neurotrophic factor(BDNF)'의 발현을 증가시켜 뇌 신경 세포의 생성을 촉진시킨다. BDNF는 티로신 키나제 수용체(TrkB)와 신경 영양 인자 수용체(p75NTR)의 두 가지 하위 수용체에 확실히 작용하여 관련 신호 경로에 영향을 미쳐 우울증의 발생에 영향을 미친다.[21] 1989년에 처음 확인된 BDNF는 중추 신경계(CNS)에서 고도로 발현되는 단백질로, 시냅스 조절에 중추적인 역할을 한다.[22] 자세히 말하면, 우울증 환자의 뇌와 혈액 BDNF 수치는 건강한 사람보다 낮다.

걷기나 달리기로 우울감의 신경 회로를 바꿀 수 있다니 더 이상 망설일 이유는 없다. 운동이 좋다는 뻔한 이야기라고 여기겠지만 여기에서 핵심은 '작은 실천(small action)'이다. 운동을 해야 한다는 생각이 또다른 스트레스로 작용하지 않도록 매우 간단하고 부담없는 수준에서 시작하면 된다. 예를 들어, 하루 5분, 집 안에서, 고정된 시간 등의 작은 규칙만 준비하자.

물론 5분이 15분으로, 15분이 30분으로 늘어나는 시점에는 개인차가 있으나, 대체로 3주에서 3개월 정도면 안정적인 실천 단계에 도달하여 습관으로 정착시키는 것이 가능하다.

Heal
보다 강해지기

그것으로 내게 주어진 감사한 일은 무엇인가?

지금까지 R-E-A-C 단계를 통해 내 감정을 알아차리는 것에서부터 같이 느끼고 받아들이고 바꾸는 방법까지 알아보았다. 하지만 안다는 것과 실행하는 것의 간극을 줄여야 하는 과제가 남아 있다. 감정 치유에 필요한 방법들을 내 삶 속에 적용하고 나만의 치유법으로 완성하는 셀프 케어의 마지막 단계가 바로 Heal이다.

Heal 단계에 관련된 질문은 다음과 같다.

1. 감정 치유에서 Heal이란 어떤 상태를 말하는 걸까?
2. 보다 강해지지(감정 치유를 지속하지) 못하는 이유는 무엇일까?
3. 보다 강해지기 위해(감정 치유를 지속하기 위해) 어떻게 해야 할까?

감정 치유에서 Heal이란
어떤 상태를 말하는 걸까?

감정 교육을 마친 참가자들은, 배운 내용을 삶 속에서 꾸준히 실천하며 작은 변화라도 반드시 만들어가겠다는 다짐을 품고 돌아간다. 반면에, "말은 쉽죠. 정말 그게 될까요?" "과연 내 삶에서도 가능할까요?"라며 의구심을 거두지 못하는 경우도 있다. 무언가를 지속하는 사람과 지속하지 못하는 사람의 차이는 어디에서 비롯될까? 지속하지 못하는 이유나 걸림돌은 무엇일까? 이 질문이 Heal 단계의 본질이다.

무엇을 실행하겠다고 말은 수없이 반복하면서 그것을 하지 못하는 이유는 간절함의 정도나 의도보다는 과정에 집중하고 몰입하는 수준의 차이가 더 크기 때문이다. 집중과 몰입은 어떤 하나를 선택하는 것과 동시에 나머지를 버리는 결단의 행위를 포함한다. 그러나 우리 삶에서 습관처럼 해 오던 것을 멈추는 일은 그리 쉬운 일이 아니다.

'정리정돈 전문가'가 말하는 정리 습관의 꿀팁은 '잘 버리기'인데, 정리를 못하는 사람들에게서 나타나는 특징이 바로 '버리지 못함'이다. 그런데 그들에게는 버리지 못하는 이유가 너무나 많아서 '무조건 버려라'는 전문가의 충고는 성공하지 못한다. 오히려 '버릴 것을 생각하지 말고 남겨 둘 것에 집중하라'는 조언이 그들을 움직이게 했다.

그것을 남겨 둘 수밖에 없는 이유가 이들을 움직였듯이, 그것을 할 수밖에 없는 나만의 이유나 서사가 있어야 한다. '무엇을 할 것인가?'보다 '그것을 왜 하려 하는가?'에 대해 지속적으로 물어야 한다. '왜' 그것을 해야 하는가에 대한 명백한 사실은 우리는 누구나 건강하고 평온한 삶을 살고 싶어 한다는 것이다. 그리고 우리는 모두 스스로 치유할 능력이 있다. 코칭을 하는 나에게 최고의 코칭 도구가 무엇이냐고 묻는다면 지체 없이 나는 '코치 자신'이라 말한다. 감정치유도 마찬가지이다. 치유 도구로 가장 훌륭한 것은 바로 '자기 자신'이다. 내 안의 힘을 믿고, 주저하지 말고 첫 발을 내디디면 된다.

우리에게 익숙한 세계적인 첼리스트 요요마(Yo-Yo Ma)는 누적 음반 판매량 1,000만 장에 달하는 클래식계의 거장이다. 그가 2년간 36개 도시를 순회하며 무반주 첼로 모음곡을 연주하는 '더 바흐 프로젝트(The Bach Project)'를 진행한 계기는 '슬럼프'였다. 바이올리니스트 아버지와 성악가 어머니 사이에 태어난 요요마는 6세에 데뷔 리사이틀을 할 정도로 천재성 재능을 지녔는데, 음악을 하게 된 계기에 대해 '음악가가 되겠다는 자발적 선택이 없이 주어진 환경에서 그냥 하게 되었다'고 고백한다.

어느 날 요요마는 자신의 소리를 찾고 자신이 음악을 해야 하는 이유를 발견하기 위해 잠시 음악을 멈추고 인류학을 공부한다. 전쟁, 난민, 인권에 관심을 갖고 수많은 사회 현상을 마주하는 과정에서 그는 깨닫게 된다. 이들과 어떻게 연결되어야 할 것인지, 이들의 아픔을 어떻게 보듬을 것인지, 음악으로 하나가 될 수 있는 방법은 무엇인지 묻고 다시 묻게 된다. 음악가 이전에 인간으로서 자신의 역할과 인류의 현재 그리고 미래를 고민하면서 시작한 프로젝트가 바로 바흐의 곡을 연주하며 평화와 화합이 메시지를 전하는 '바흐 프로젝트'였던 것이다.

"전 항상 알아 내려고 노력해요. '나는 누구인가. 세상을 어떻게 살아갈 것인가, 70억 세계인과 무엇을 나눌 것인가.'를 말이죠. 가장 중요한 것은 뭔가 목적이 생기면 연주할 이유가 생긴다는 것입니다. 음악에 대해 내 안에서 이유를 찾으면 뭐든 할 수 있습니다."
― 영화《요요마와 실크로드 앙상블》(2015) (주)영화사 진진

요요마의 사례에서도 알 수 있듯이 자신에게 던지는 근원적 질문이 매우 중요하다. 예를 들면 다음과 같은 질문을 할 수 있다.

- 나는 왜 이것을 실행하려 하는가?
- 성공할 수 있는 모든 조건이 주어진다면 나는 무엇을 어떻게 하겠는가?
- 그것을 달성하는데 있어 내가 두려워하고 있는 것은 무엇인가?
- 실행하면서 장애요인이 발생한다면 어떻게 해결하겠는가?
- 친구가 당신과 같은 목표를 달성하려고 노력하고 있다면 어떤

조언을 해 주고 싶은가?

'왜, 어떻게, 무엇을'에 대한 질문을 포함하여 그것을 실행하는 과정에서 겪는 '장애 요인'이 무엇인지 묻는다. '모든 조건이 주어진다면'이라는 전제는 실행을 미루며 합리화하는 우리의 사고를 열어주는 매우 매력적인 질문의 시작이다. 또한 실행을 어렵게 하는 '두려움'이라는 대상을 끄집어 내어 직면하는 질문도 도움이 된다. 마지막 '친구가 당신과 같은'의 질문은 나의 상황 속에 매몰되어 있는 나에게서 벗어나 거리를 두고서 현상을 객관적으로 바라볼 수 있는 매우 효과적인 질문이다.

무언가를 지속하지 못하는 이유는 너무나 많은 저마다의 사연이 있다. 이 사연은 자제력이 부족해서 첫 술에 배부르기를 꿈꾸는 자들이 흔히 하는 말이다. 하지만 매일 자신만의 루틴을 실천하는 사람들에게 '어떻게 그렇게 할 수 있는가?'라고 물으면 '저는 그냥 해요. 그냥 하는 거예요.'라고 말한다. 이미 루틴으로 습관화되면 그냥 하게 되는 상태가 된다. Heal에서 보다 강해지기는 지속가능한 셀프 케어 로드맵를 완성하는 과정이다.

보다 강해지지(감정 치유를 지속하지) 못하는 이유는 무엇일까?

고정 마인드셋(Fixed Mindset)

가장 중요한 이유로 나는 '고정 마인드셋'을 이야기하고 싶다.

'마인드셋'은 '출발점'을 의미한다. 우리가 달리기를 할 때 반드시 출발 라인에 서야 한다. 출발 라인에 서야 달리기를 시작할 수 있는 것이다. 이와 같이 마인드셋은 '내가 이것을 출발한다'라는 '마음의 시작점'을 의미한다. 이 마인드셋을 장착하지 않았다면 나는 출발선에 서지도 않은 것이다. 그러면 당연히 결과는 없다. 출발을 해야 목표점에 골인을 하니까 말이다.

마인드셋은 '세상을 바라보는 프레임, 방식'으로도 설명할 수 있다. 마인드셋이 우리의 삶의 방향을 결정해 주는 역할을 하기 때문이다. 스탠퍼드 대학교 심리학과의 캐롤 드웩(Carol S. Dweck)이 '성장 마인드셋'과 '고정 마인드셋'을 구분한 이유도 문제를 바라보는 관점과 시선에서부터 차이가 있으며 당연히 문제 해결 방법과 결과가 다르다는 점을 말하는 것이다.[1]

'고정 마인드셋'을 지닌 사람은 변화와 도전을 싫어하고 잘하는 것에만 집중하며 불완전한 것을 창피한 것으로 여겨 자신의 성과를 과장되게 부풀리는 경향이 있다. 그렇기 때문에 실패를 두려워하고 조금만 어려워 보여도 하지 않으려 한다. 자신이 못하는 것에 대해 '나는 패배한 사람이구나.', '이걸 못하는 건 창피한 것이야.'라고 여겨서 자기 결과를 자꾸만 숨기려 하고 있는 그대로 보여 주지 못하고 결과나 성과를 부풀리게 된다.

마인드셋은 성장 과정에서 부모의 양육 태도와 당연히 깊은 관련성을 지니는데 자신의 마인드셋이 작동하는 기전으로 세상을 바라보고, 타인을 대하며 관계를 맺기 때문이다. 고정 마인드셋을 지닌 부모는 아이가 잘하는 것만 인정해 주고 잘하지 못하는 것에 대해서는 모멸감을 주면서 늘 부족하다는 평가를 한다. 그러면 아이는 자신을 그렇게 규정하면서 끊임없이 자기 자신을 증명해야 한다라는 압박감 속에 살게 된다.

자신의 경험이나 노력을 통해 변할 수 있다는 생각을 못하기 때문에 나는 '어떤 사람이어야 해!'라는 고정 값을 갖게 되는 것이다. 지능이나 개성은 이미 정해져 있는 상황에서 '나는 대단한 사람이야.', '나는 어느 수준은 돼야 해.'라고 계속 생각하면서 자신을 부풀리고 또 그런 사람인 척 증명해 내려고 거짓으로 스스로를 꾸미게 된다. 즉, 지속적으로 완벽해 보이는 가면을 쓰고 자기 삶을 연출하며 사는 것이다.

우리는 환경이나 여건이 부족한 사람이 그럴 거라고 생각할 수 있지만 전혀 그렇지 않다. 사회적으로 이미 큰 성공을 이루었거나 많은 재력을 가진 사람들에게도 그런 경우가 많다. 끊임없이 자기가 얼마나 대단한 사람인지 사람들에게 보여줘야 되기 때문에 계속 압박을 받는 것이다. 그러면서 자기의 본 모습이 드러나 들춰질까 봐 늘 두려움 속에 살게 된다.

우리가 무엇인가를 지속하지 못하는 이유 중 하나가 완벽하게 그것을 해내야 한다는 압박감, 그래야만 의미가 있다고 판단하면서 미리 결과를 예측하고 포기해 버리는 '고정 마인드셋'의 영향이라 할 수 있다. 완벽한 결과보다 나의 도전을 스스로 북돋워 주면서 또 한 발 나아간 자신을 인정해 주는 작은 출발이 얼마나 큰 의미인지 알아야 한다. 그래야 과정 속에서 일어나는 배움 자체를 결과로 연결하면서 몰입할 수 있게 된다. '성장 마인드셋'은 자기 자신에게 가능성의 문을 열어주는 열쇠와 같다.

실패의 두려움

초등학생 대상으로 '연애' 코칭을 한 경험이 있다. 초등 6학년 학생들의 화두가 '연애'일 거라고 상상하지 못했지만 그들이 내게 한 연애와 관련된 질문을 보고서 흔쾌히 수락을 했었다. 그들의 질문은 다음과 같다.

'상대가 좋은 사람인지 어떻게 알까요?'
'내 운명의 상대가 과연 있을까요?'
'어떻게 해야 내가 매력 있는 사람으로 상대에게 어필할 수 있을까요?'
'연애 기술을 알면 연애가 잘 될까요?'
'우리가 연애를 해도 되나요?'
'왜 사랑이 변할까요?'
'남자 친구가 바람을 피우면 어떻게 하나요?'
'이별은 어떻게 해야 하나요?'
'고백했을 때 차이지 않는 방법은 무엇인가요?'
'남자 친구가 연락을 안 할 때 어떻게 해야 하나요?'

나는 이 질문들을 읽으면서 그들의 '두려움'을 느꼈다. '실패하면 어쩌나' '실패하고 싶지 않다'는 두려움은 가정이나 학교에서 실패에 대해 어떻게 학습하였는지 고스란히 알게 해 주었다. 즉, 고정 마인드셋에 기반한 사고 방식의 결과인 것이다.

'왜 연애를 하고 싶은가?'에 대한 나의 물음에 '외로워서'라고 답을 하는 그들을 위해 내가 선정한 코칭 주제는 '사랑은 나를 알아 가는 과정'이었고, 세부 내용을 성인 독자에게 익숙한 표현으로 풀어보고, 핵심을 정리하면 다음과 같다. '좋은 사람은 내가 좋은 사람이 되기 위해 노력하는 과정에서 만날 수 있고, 그 과정에서 드러나는 있는 그대로의 나라는 존재 자체가 매력이 있다. 봄, 여름, 가을, 겨울의 각 계절마다의 아름다움이 있듯 사랑도 시간의 흐름에 따라 다양한 경험을 한다. 이것을 알면 사랑은 더 이상 상처로 남지 않고 그 경험으로 인해 내가 어떤 사람인지 발견하게 된다.'

교육을 마친 한 학생이 '내가 앞으로 커서 연애를 하면 사랑의 실패는 상처가 아닌 새로운 시작이라는 것을 기억해야 되겠다.'라는 성찰을 남겼다. 그들이 선택한 그 모든 것이 상처가 아니라 경험의 궤적으로 남는다는 사실을 알게 된 것이다. 실패에 대한 두려움 때문에 새로운 것을 시작하지 못하는 사람이 있다면 이 친구의 이야기를 기억하면 좋겠다. 실패를 포함한 그 모든 과정이 다 우리의 삶을 풍요롭게 만드는 의미 있는 시간이라는 것을.

지속성 유지에 필요한 마인드셋을 구축하기 위해서는 실패에 대한 재정의가 이루어져야 한다. 실패가 좌절로 이어지지 않아야 하기 때문이다. 재정의에 필요한 질문은 '실패의 기준은 어디에서 왔는가?'이다. 보통은 사회적으로 설정된 기준, 다시 말하면 외부에서 부여된 기준으로 실패를 정한다. '적어도 남들 보기에 어디까지 가야 돼.', '적어도 남에게 부끄럽지 않으려면 어떻게 해야 돼.' 또는 '부모가 원하는 기준에 부합해야 해.'라고 여기는 것이다.

내가 스스로 정한 기준이 아니라 외적으로 설정된 기준에 나를 증명해 내려고 애쓴다. 그래서 해당 기준에 도달하지 못하면 실패한 인간이 되는 완벽주의적 강박성을 갖게 된다. 부모의 기대나 기준에 부합하지 못해 죄책감에 힘들어하는 경우가 바로 이러한 경우이다. 우리 부모들은 자녀가 학교에서 돌아오면 "오늘 잘 했어?", "선생님께 칭찬받았어?"를 묻는다면, 외국의 경우에는 '오늘 실패한 경험이 있는지'를 묻는다.

한 아이가 게임을 하다가 환호성을 지르는 걸 본 부모가 "이겼구나!" 하고 반응한다. 하지만 아이는 "졌어요."라고 답한다. "그런데 왜 그렇게 신이 난 거지?"라고 물으니 "아~ 졌으니까 다시 할 수 있잖아요."라고 답한다. 이 아이에게 실패는 다시 할 수 있는 기회로 인식되어 있는 것이다.

우리가 실패를 대하는 방식은 실패를 인정하지 않으려는 것으로부터 시작해서 실패를 합리화하는 단계로 넘어간다. 이건 내 잘못이 아니라 누군가가 도와주지 않아서 또는 시스템이 제대로 돌아가지 않아서 실패한 거라고 합리화를 하다가 절망하고 좌절한다. 그러다 실패하지 않으려고 애쓰는 단계가 된다.

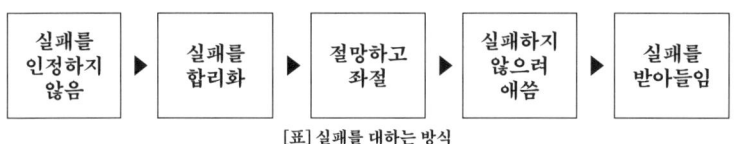

[표] 실패를 대하는 방식

실패의 경험이 나의 자산으로 남기 위해서는 다음 세 가지 질문을 할 수 있다.

- Why: 이 문제가 왜 일어났는가?
- What: 그 문제의 본질(근본 원인)은 무엇인가?
- How: 그 문제의 경험으로 나는 무엇을 배울 수 있는가?

이 질문에 답을 하는 과정에서 자신이 경험한 과정이 자신을 변화하고 성장하게 한다는 믿음으로 결과보다 과정에 집중하면서 이전과 달라진 자신의 모습에 더 관심을 갖게 된다. '실패를 받아들임'의 최종 단계를 '부정적 수용능력(Negative Capability)'으로 표현할 수 있다. 이는 '삶의 부정성, 비극적 진실과 부딪힐 때, 사실과 이성을 좇느라 안달하는 일 없이, 마음을 열어 모든 생각을 수용하는 능력'을 말한다.[2]

즉, 자신의 상황이나 자신의 경험을 매우 겸허하고 또 진실하게 수용하는 것을 의미하며, 어떤 상황에 처하든 자신의 존재 자체를 상실하거나 자기 존재를 혐오하는 게 아니라 자기 자신을 사랑하면서 그 힘든 상황에서 벗어나는 과정을 지켜볼 수 있는 힘을 말한다. 자신에게 실패할 기회를 허락하는 것, 그래서 모든 사람이 다 완벽할 수 없다는 것을 받아들이고 나를 포함해서 타인의 실패도 허용해 줄 수 있게 되는 것 그것이 바로 실패의 온전한 정의이다.

Heal은 어떻게 지속될 수 있을까?

고정 마인드셋의 반대 개념에 있는 '성장 마인드셋(Growth Mindset)'은 재능과 기질에 상관없이 자기의 경험을 통해서 내가 변화하고 성장할 수 있다는 믿음으로, 결과보다는 변화 과정에 집중하는 것이다. 즉, 이전의 나와 지금의 나는 어떻게 달라졌는지, 무엇으로 내가 달라질 수 있었는지, 문제 해결 접근 방법의 차이는 무엇이었는지에 대해 관심을 갖는 것이다.

성장 마인드셋의 사고를 지닌 사람들은 자신을 속이지 않으며, 가면을 쓰고 위선을 보이면서 자신을 꾸미려 하지 않는다. 자신이 언제든지 변화하고 달라질 수 있다고 여기기 때문에 현재의 자기 모습을 있는 그대로 드러내는 데 두려움이 없다. 이를 자기 신뢰라 할 수 있고 회복력과도 연결된다.

'회복력(resilience)'은 '회복 탄력성'이라는 개념으로 우리에게 익히 알려져 있다. 회복 탄력성이란 바닥에 떨어뜨리면 깨지는 계란이 아니라 통통 튀어 오르는 탁구공처럼 어떤 시련이나 역경에 부딪혔을 때 그 역경을 딛고 오히려 그것을 도약의 발판으로 삼아 다시 튀어 오르는 상태를 말한다. 제자리로 돌아오는 힘으로 정의하기도 하지만 오히려 이전의 상태의 복귀를 넘어선 창발성(emergence)의 특성을 포함한다. 이전보다 훨씬 더 크고 생동감 있고 더 진정성 있는 상태에 도달하는 것이다.

회복 탄력성이 높은 사람은 자신의 실패에 대한 긍정적 태도를 갖고서 어떤 경험을 할지라도 자신에게 배움으로 남는다는 인식을 가지고 있기 때문에 실패에 대한 두려움이 없다. 자신의 실수에 대해서 민감하게 바라보면서 모니터링하는 태도를 습관적으로 가지고 있다. 그 결과 자기 조율이나 자기 통제가 가능하고 삶에 대한 유연한 관점과 낙관적 태도를 갖게 된다. 반면에 회복 탄력성이 낮은 사람은 완벽주의 성향을 갖고서 실수를 두려워하며 역경과 실수를 회피하려고 한다.

회복 탄력성 향상을 위해서는 어떤 현상을 구조적인 문제로 보면서 비난하고 무기력에 빠지는 것이 아니라 관점을 전환하여 '성찰적 사고'를 하는 것이 필요하다. 성찰적 사고는 '그럼에도 불구하고' 내가 선택할 수 있는 것이 무엇인지를 찾는 것을 말한다. 내가 실패할 수밖에 없는 환경이었다며 자신에게 주어진 외부 환경을 탓하는 것이 아니라, 그 어려운 환경에서 내가 할 수 있는 최선의 한 가지에 집중하는 것이 바로 성찰적 사고라 할 수 있다.

그렇다면 회복탄력성 향상을 돕는 최적화된 방법은 무엇일까? 바로 Change단계에서도 언급한 '명상'이다. 리처드 데이비슨(Richard J. Davidson)은 위스콘신 대학교 심리학 교수로 명상과 고통의 관계를 입증한 바 있다. 만 시간 명상한 수행자들의 뇌를 촬영하여 우리가 경험하는 통증이 명상을 통해 바뀔 수 있다는 결과를 발표했다.[3] 명상 숙련가와 초보자의 뇌가 달랐는데 통증을 유발하기 전 신호음을 제시하면 그 신호음만으로도 초보자들은 이미 통증을 느낀 것과 동일하게 뇌가 반응했다면 숙련가들의 뇌는 실제 통증을 가했을 때에만 뇌의 활성화가 일어난 것이다. 또한 통증이 사라지면 숙련가의 뇌는 바로 원래 상태로 돌아오는 반면 초보자의 뇌는 통증이 사라지더라도 통증을 경험했을 때의 뇌 활성화가 유지되었다. 이를 통해 명상 숙련가들은 미리 불안해하지 않고 고통이 오면 충분히 느끼고 고통이 끝나면 빠르게 회복하는 회복 탄력성이 높은 것을 확인한 것이다.

리처드 데이비슨 박사에 의하면 사람들의 정서 유형에 따라 뇌의 패턴이 달리 활성화되는데, 이것이 각자 고유의 감정적 지문을 형성한다고 한다. '편도핵의 갈고리 다발(Uncinate fasciculus)' 섬유가 편도와 전전두엽을 연결하는 역할을 하는데, 편도 주위의 연결 회로를 탄탄하게 잡아 주면서 감정이 안정되는 것이다. 결과적으로 회복 탄력성이 좋은 사람들은 뇌 섬엽의 뇌주름이 증가되어 동일한 통증이어도 섬엽이 약한 사람보다 불안 민감성이 낮은 것으로 나타났다. 명상을 통해 뇌 섬엽의 모양을 만들어 갈 수 있다는 연구 결과를 통해 회복 탄력성도 훈련을 통해 우리가 향상시킬 수 있는 대상임을 알 수 있다.

지속성을 유지하기 위해 어떤 감정이 중요한지 지금부터 하나씩 살펴보자.

그 첫 번째는 자존감이다. '저 사람은 어떻게 저렇게 자존감이 높지?' 또는 '난 왜 이렇게 자존감이 낮을까?' 하면서 누군가를 부러워하거나 스스로를 자책해 본 경험이 있을 것이다. 이는 자존감을 평가의 도구로 알았기 때문이다. 우리는 이미 감정이 고정되어 있지 않고 흐르는 것이라는 것을 Recognize(알아차림) 단계에서 알았다. 구름처럼 흐르면서 결국 멈춘다는 것을 말이다. 감정이 고정된 것이 아니라 단지 나의 현재 상태를 알려주는 신호라는 점을 기억한다면 자존감 또한 감정임을 알고 평가 대상으로 취급하지 않게 된다.

자존감은 '수치심'이라는 감정에 기반한다. 즉, 자존감이 불안정할수록 취약성과 수치심을 고통스럽게 경험하는 것인데, 때로는 '도덕적 수치심(moral shame)'과도 관련이 있다. '수치심'은 '벌거벗다'라는 의미를 포함하고 있다. 남들이 나를 봤을 때 적절하지 못하고 부족한 게 많아서 나 자신을 근본적으로 문제가 있는 존재라고 느끼는 것을 말한다. 그래서 자신을 아주 무력하고 하찮은 존재라고 느끼는 고통스러운 정서를 지니고 있다. 이는 자기 자신에게 문제가 있어서 타인에게 거부당하고 어디에도 속하지 못할 거라는 두려움의 고통을 동반한다.

이 수치심은 외부 자극 즉, 바깥의 환경에 의해서 만들어지면서 우리의 자존감에 영향을 미친다. 혼자 그냥 동굴에 있는데 느껴지는 감정이 아니라, 사회적 시선이나 타인의 기대 또는 사회 문화나 매스미디어의 영향을 많이 받는다. 사회적 시선이라는 것은 예를 들면 '남자다워야 된다.' '여성스러워야 된다.' '대학 졸업을 했으면 이 정도는 돼야 된다.' 등 남들과 끊임없이 비교하며 그 사람을 통제하고 조정하려는 의도를 갖고서 수치심을 주게 된다. 통제형이나 권위형 부모의 양육 태도에 영향을 받은 아이들이 주로 수치심과 죄책감을 갖게 되는 것도 여기에 기인한다.

수치심은 죄책감과는 다르다. 죄책감은 내 행동에 잘못이 있기 때문에 그 행동을 교정하면서 감정이 해소되기도 하지만, 수치심은 행동이 아니라 자기 존재 자체에 문제가 있다고 여겨 자신을 부정하는 것으로, 자기 비난이나 자기 혐오의 감정을 갖고서 우울감에 빠지기 쉽다. 수치심은 쉽게 드러내지 못하는 성향이 있어서 숨기려 하기 때문에 억압하고 무시하면서 자기 혐오와 우울감으로 연결된다. 또는 남탓을 하면서 상대에게 공격적으로 분노를 표출한다. 욕구 결핍이나 상실에 대한 공허감으로 우울감이 더 깊어지는데, 이렇게 평가절하된 자신을 타인에게 잘못을 투사하고 비난하면서 모욕감이나 노여움 등의 고통스러운 감정에서 벗어나려 하는 것이다. 그래서 상처받은 기억으로 타인에게 상처를 주면서 아픔을 상쇄하려 한다.

자존감은 자신을 좋아하는 정도, 자신에 대한 호의적인 태도를 포함하는 자신의 가치에 대한 느낌이다. 또한 자신의 가치가 실현될 수 있다는 확고한 신념과 자신의 의도를 성취하는 능력에 대한 자신감을 말한다. 즉, 자신의 성과나 실패 여부 등 어떤 외적 조건과 무관하게 나의 존재 자체를 인정하고 자신의 가치를 스스로 입증하면서 나의 가능성이 완벽하다는 것을 아는 것이다. 진정성 있게 자신의 욕구나 가치를 토대로 선택한 결정들이 자존감으로 완성된다. 자신에 대한 진정성 있는 존중이 선행되어야 타인도 자신과 동일한 존재 가치로 여길 수 있는 바탕이 되며 상호 존중하는 관계로 발전할 수 있다.

따라서 다른 사람들에게 자신의 욕구를 존중해 줄 것을 순수하게 요청할 수 있다. 예를 들면, 타인에게 당황스럽거나 예상치 못한 질문을 받았다면 무조건 반응하기보다 이렇게 묻는 것이다. 일명 내 자존감을 지키는 질문이다.

- 그 질문이 좀 당황스러운데 저에게 잠시 생각할 기회를 주시겠어요?

- 그렇게 질문한 이유를 제가 물어봐도 될까요?
- 그 질문에 대해서 좀 더 알고 싶은데 조금 더 구체적으로 설명해 줄 수 있나요?
- 그 질문에 대한 답을 할 것인지 말 것인지에 대해서는 제가 좀 더 생각을 하고 싶은데 그래도 될까요?

윌리엄 제임스(William James)는 자존감을 '내가 가진 열망의 수준에 따른 성공의 비율(successes / aspirations)'이라고 정의하면서 내가 원하는 것과 성취 결과물 간에 차이가 발생한다면 열망의 수준을 조절할 것인지 또는 더 나은 성과를 창출하기 위해 노력을 할 것인지를 선택하면 된다고 설명한다.[5] 나의 성취가 낮아지고 나의 열망이 더 컸다면 '자존감에 타격을 입었다', 또는 '밸런스가 무너졌다'라고 표현하면 된다. 반대로 나의 성취가 나의 열망보다 더 높아졌다면 자존감이 회복되는 상태가 되는 것이다. 감정이 현재 나의 상태를 알려 주는 신호라는 점에서 현재 나의 자존감 수준을 확인하면 된다.

따라서 나에게 자존감의 불균형 상태에 이르는 상황은 무엇인지, 그럴 경우 나는 어떻게 반응하고 대응하는지 알아야 한다. 예를 들어, 나의 자존감을 무너뜨리는 타인에게 과잉 친절을 베풀거나 폭력적 언행을 하지는 않는지, 타인의 기대에 미치지 못해 심하게 자신을 자책하는 일은 없는지 살펴야 한다. '내가 자존감 불균형에 빠지니 이런 행동과 감정을 갖는구나'라고 알아차리는 것이다. 마치 '내가 배가 고플 땐 화가 나는구나.'를 아는 것처럼 말이다.

두 번째는 '감사'이다. '감사'는 우리가 살아가는 데 있어서 기본적으로 가져야 되는 도덕적인 덕목이자 사회적 관계에서 꼭 필요한 개념이다. 나에게 일어난 모든 일들이 그냥 일어난 게 아니라는 인식으로 감사를 표하는 것이다. 감사를 표현하는 'thank'와 생각하다의 'think'가 같은 어원이라는 점에서 'thank'는 당신이 나에게 한 것을 생각하고 긍정적 기억으로 간직한다는 의미를 담고 있다. 마르틴 하이데거(Martin Heidegger) 또한 '생각하기'와 '감사하기'가 어원적 연관성이 있음을 'thinking is thanking'로 설명한다.[6]

순수한 감사는 어떤 특별함이 아니라 오로지 주어진 것으로 이미 모든 것을 이룬 마음 상태에서 감사를 표하는 것이다. 내게 주어진 그 자체로 감사함이 가득차야 한다는 말이다. 식사를 하면서 내가 먹는 재료가 어디에서 왔는지, 누구에 의해 만들어지고 유통되었는지 등을 생각하면서 그 모든 대상에게 감사를 표현한다. 즉, 이런 풍족한 식사를 하고 있는 나의 환경에 감사를 전하는 것이다. 로젠버그(Rosenberg)는 '감사'를 '공감적 정서'라고 설명한다. 누군가한테 받은 호의적인 마음에 대해 공감할 수 있어야 감사가 가능하다는 것이다.

긍정 심리학의 창시자인 마틴 셀리그만(Martin E. P. Seligman) 교수가 감사의 효과를 발표한 이후 지금까지 감사가 우리에게 주는 유익한 효과에 대한 연구 결과는 수없이 발표되고 있다. 마틴 셀리그만 교수 연구에 의하면 우울증 환자에게 6개월 동안 감사 일기를 쓰게 했을 때 극단적 우울에서 경미한 우울로 전환되었다. 6개월 후에 실시한 검사에서도 동일한 결과를 보여 감사가 우울증에 효과가 있음이 증명되었다.[7]

이로 인해 임상 환자를 대상으로 실시한 정서 회복 프로그램에서 감사에 대한 내용이 포함되었는데, 질병 치료 후 회복 과정에서 감사 성향을 가진 사람이 식이요법이나 운동요법에 훨씬 더 충실한 경향을 보인 것이다. 많은 의학적 연구 결과에서도 병원 지시를 이행하는 순응도가 감사 성향이 높은 사람들에게서 더 상승했다는 결과도 확인할 수 있다.[8]

UCLA 정신의학과 교수인 앨릭스 코브(Alex Korb)는 우리 뇌의 전대상 피질에서 감사의 감정을 표현하면 뇌가 이를 중요한 정보로 인식해 긍정적 변화를 가져온다는 결과를 발표하기도 했다.[9]

세계적 인지 신경 과학자인 안토니오 다마지오(Antonio Damasio)의 연구도 매우 흥미롭다.[10] 실험 참가자들에게 한 인터뷰를 시청하게 하는데, 유태인 수용소인 홀로코스트에서 생존한 사람들이 낯선 사람에게 받은 도움 즉, 병에 걸렸을 때 돌봐준 사람, 안전을 지켜 준 사람, 음식이나 옷을 제공한 사람 등을 떠올리며 그들이 있었기에 내가 살아 남을 수 있었다는 감사의 인터뷰 영상이다. 참가자들에게 자신이 그 상황이었다면 어떤 감정을 느꼈을지 상상해 보라는 요청도 하였다. 결과는 참가자들의 전대상피질과 내측 전전두엽 피질이 활성화되었는데, 다른 사람이 감사를 표현한 것을 보고 마치 자신의 경험으로 동일시하는 것만으로도, 긍정적 보상회로가 작동한 것이다.

이렇게 뇌 과학 분야에서 감사의 효과를 증명하고 있는데 여기에 관여하는 주요 영역과 의미를 구체적으로 설명하자면, 뇌의 전대상피질(ACC, anterior cingulate cortex)과 내측전전두피질(mPFC, medial prefrontal cortex)의 연결이 활성화되어 긍정적 보상 회로가 작동한다는 사실을 확인한 것이다.

긍정 회로가 작동한다는 의미는 '이런 걸 더 경험하고 싶다' 또는 '너무 좋다'는 느낌이 강화되는 것을 말하는데, 내측전전두피질(mPFC, medial prefrontal cortex)은 우리가 깊은 사고를 하고 계획하며, 평가하는 영역이기 때문이다. mPFC는 우리가 경험한 사건들을 해석하고 정의하는 영역으로 긍정성으로 회로를 돌리는 스위치의 역할을 하는 아주 중요한 부위이다. 즉, 감사는 전전두피질을 활성화하는 사고방식이라 할 수 있다.

정리하면, 감사의 효과는 면역력 증가, 도파민과 옥시토신 증가로 행복감 상승, 코티솔 억제, 세로토닌 분비, 통증 완화, 우울감과 불안장애 증상 완화, 수면의 질 상승 등으로 대체로 편안하고 안정된 감정을 느낀다는 것이다.

우리가 원하는 것을 얻었을 때 당연히 감사의 감정을 갖게 되지만, 무언가를 간절히 원하는 경우에도 마찬가지이다. 두려움

없이 자신이 바라는 생각과 감정을 일치시키는 것이다. 이미 그 것을 다 이룬 것처럼 느끼고 충만함으로 감사를 표현하는 것이다. 그것을 이루었다는 사실을 당연하게 받아들이는 것, 못 갖는다는 생각이 전혀 없을 때 바라던 것이 현실로 이루어진다. 그것을 원하면서 가져야 할 감정은 설렘과 감사 외엔 없다.

이를 위해서는 자신이 무언가를 성취한 기쁨을 느꼈던 순간 또는 강렬하면서도 기분 좋았던 사건들을 떠올리는 훈련이 도움이 된다. 자신에 대한 긍정적 기억이 많을수록 미래 자신의 모습을 역경을 헤쳐 나가는 모습으로 자연스럽게 상상할 수 있게 될 것이다. 이렇게 상상하는 것만으로도 충분히 실제와 같은 효과를 낼 수 있다. 그리고 내가 감사함을 표현할 때와 마찬가지로 상대에게 감사의 인사를 받을 때도 동일하게 뇌 활성화가 일어난다는 학자들의 주장도 있다.

'그렇다면 감사 일기는 어떻게 작성해야 할까요? 여기에도 방법이 있을까요?'라는 질문을 많이 받곤 한다. 이에 대한 대답의 핵심 포인트는 다음과 같다.

언제	- 매일 정해진 시간에 기록한다.
무엇을	- 내가 가진 것, 나의 장점 그리고 나 자신에게 감사한 것을 적는다. - 다른 사람과의 관계 즉, 친구나 가족에게 감사할 수 있는 일들을 적는다. - 일상에서 발견한 사소하고 구체적인 것을 적는다.
어떻게	- 당연한 것을 당연하지 않게 바라보는 관점과 태도 - '~때문에'를 '~덕분에'로 바꾸어 생각한다. 예: 편두통 때문에 약 없이 버티기 힘들고, 약속을 자주 취소하게 돼서 속상해. → 편두통 덕분에 과로와 스트레스를 관리하는 법을 배우게 되었어. 예: 반려견 때문에 아무것도 할 수가 없어, 그 친구 때문에 내 시간이 없어. → 반려견 덕분에 산책을 하며 운동을 하게 됐어, 그 친구 덕분에 혼자 있는 시간이 덜 외로워.

교육 참가자들이 직접 작성한 감사 일기를 다음과 같이 보내 주었다. 우리의 소소한 일상을 감사로 표현한 사례들이다.

- 오늘 저녁, 육수도 없이 물에 김치만 넣고 끓인 김치찌개였는데도 가족들이 "진짜 맛있다"며 한 그릇 뚝딱 비워 줘서 감사했다. 맛보다도 내가 해 준 음식에 만족하는 그 마음이 고마웠다.
- 퇴근 후 정말 피곤했지만, 약속처럼 나선 동네 공원 달리기를 끝까지 완주했다. 가벼운 땀방울 속에 '그래도 나 잘하고 있어' 하는 마음이 생겨 감사했다.
- 하루 종일 지치고 가라앉은 기분이었는데, 버스 안에서 들은 익숙한 노래 한 곡, 점심에 먹은 따뜻한 국밥 한 그릇, 퇴근길에 걷던 조용한 골목이 내 마음을 조금씩 달래 주었다. 그렇게 날 붙잡아주는 일상들에 감사하다.

- 요즘 갱년기로 예민한 남편, 사춘기로 감정 기복이 심한 딸 사이에서 눈치를 보며 하루하루를 보내는 게 쉽지 않다. 그래도 오늘은 딸 아이의 이야기를 끝까지 들어주며 마음을 다독일 수 있어서 감사하다.
- 동네 마트에 들렀더니 사장님이 "따님이 언제나 참 예의 바르고 싹싹하네요. 이렇게 예쁜 따님을 두신 부모님은 얼마나 좋을까요."라고 말씀해 주셨다. 현재를 잘 살고 있다는 기분에 뿌듯하고 감사하다.
- 서점에 갔는데 오래 전부터 읽고 싶었던 책을 발견했다. 책을 읽고 음악을 듣는 것 하나로 내 감성과 지성이 촉촉해질 수 있음에 감사하다.
- 요즘 물가가 올라 뭐 하나 살 때마다 고민되지만, 그래도 오늘은 내가 먹고 싶었던 붕어빵을 고민 없이 살 수 있어서 감사했다. 이런 소소한 여유도 참 소중하다.
- 오랜만에 펼친 에세이 한 페이지에서, 딱 지금 내 마음을 대변하는 문장을 만났다. '나만 그런 게 아니구나' 싶은 그 공감 하나로 큰 위로가 되었다. 그래서 감사했다.
- 오늘도 무탈하게 하루를 마쳤다. 특별한 일 없이 하루를 보내는 것도 사실은 가장 큰 감사라는 걸 느꼈다.
- 오늘 치과 치료를 받았다. 치과 침대에 눕는 일은 언제나 두렵고 싫다. 집 가까운 곳에 새롭게 개원한 치과는 통증이 심한 진료를 받는 동안 인형을 가슴에 안겨 주고 잔잔한 음악도 들려 주었다.

무심코 간 병원이었는데 큰 선물을 받은 느낌이어서 감사했다.
- 회의 중에, 나보다 어린 후배가 낸 의견에 다들 고개를 끄덕였다. 나도 말하려고 했던 건데, 왜 그 타이밍엔 입이 떨어지지 않았을까. 괜히 뒤처지는 느낌이 들었다. 괜찮은 척, 능력 있는 척, 여유로운 척……그 '척'들 사이에서 진짜 나는 자꾸 작아진다. 오늘은 '왜 나만 이렇게 못하나' 하는 생각이 머릿속을 떠나질 않았다. 그런데 집에 와서 문득 이런 마음이 들었다. '내가 오늘도 아무 일 없이 퇴근해서, 밥 먹고, 샤워하고, 이렇게 하루를 쓰고 있다는 게 얼마나 대단한 일일까.' 끝까지 무너지지 않은 내가 참 고맙다.
- 아침에 알람을 두 번이나 미뤘지만, 늦지 않게 출근 준비를 끝냈다. 정신없이 바쁜 아침인데도, 커피 포트에 물 올리고 좋아하는 드립백 커피를 내렸다. 새로 산 커피 향이 너무 좋아 그 향에 취해 잠깐 숨을 고를 수 있었던 3분이 너무 좋았다. 그 짧은 시간 동안이라도 나를 위한 루틴을 지켜 낸 내가 참 고맙다.
- 책을 꺼내 읽으며 창밖을 슬쩍 봤는데, 흐린 하늘 아래 고층 빌딩 사이로 잠깐 햇살이 스며드는 걸 봤다. 그 장면이 오늘 기분처럼 어중간했는데도 괜히 위로가 됐다. 도시도 사람도, 구름도 햇살도 다 함께 일하는 느낌이었다. 그런 풍경이 감사했다.
- 별말 없이 밥 먹었지만, 그녀가 "요즘 얼굴이 좋아 보여요"라고 해 줬다. 그 말이 전부였지만 평소에 별생각 없이 지내던 동료에게서 예상치 못한 다정함을 받은 게 감사했다.

- 오후엔 집중력이 뚝 떨어졌지만, 물 한 잔 마시고 자리에서 살짝 일어나 스트레칭을 했다. 몸이 굳어 가는 걸 느꼈는데, 이렇게 짧게라도 내 몸을 신경 쓴 순간이 있었다는 게 좋았다. 바쁜 와중에도 나를 챙길 수 있었다는 게 감사했다.

마지막으로 습관의 알고리즘을 설계해야 한다. 습관 설계는 '지속성을 방해하는 요인을 어떻게 제거할 것인가?', '그럼에도 지속할 수 있는 방법을 어떻게 설계할 것인가?'에 대한 이야기이다.

무엇인가를 지속할 수 있는 습관은 우리 뇌의 신경 회로를 중심으로 만들어진 신호 전달 흐름이 반복적으로 이루어지면서 만들어지게 된다. 우리 뇌는 어떤 경험을 반복하려고 하는 의식적 경향이 있으며 이는 긍정적인 것도 부정적인 것도 모두 마찬가지이다. 우리가 정말 고통스러워하는 행위들도 반복하는 경우가 있는데, 저렇게 고통스러운 일인데도 저 사람은 왜 저렇게 힘든 것에서 빠져나오지 못할까 싶지만 반복하려고 하는 의식적 경향이 자신도 모르는 사이에 습관으로 남기 때문에 그렇다. 프로이드는 이것을 '반복 강박의 기재'로 설명하기도 한다.

습관의 알고리즘 설계는 '할까 말까'를 고민하는 불필요한 선택권을 두지 않는 상황을 만드는 것으로, 고민 없이 무조건 하는 습관을 정착시키는 것이다. 알고리즘 설계를 위해서는 관찰, 구체성, 감정의 3가지 요소가 필요하다.

먼저 내가 어떤 상황에서 지속하기를 멈추는지 관찰한다.

어떤 장애나 유혹에 그 행동을 멈추고 미루는지 면밀히 관찰하면 특정 패턴과 유형을 발견할 수 있다. 날씨나 기온, 주변 사람들의 말, 또는 대중 매체에 영향을 받을 수 있는데, 그럴 때마다 기록을 남기는 것이다.

그리고 그것을 하기 위한 구체적 행동을 기술한다. 혼자일 때는 문제가 되지 않는데, 모임이나 친구와 함께 있을 때 내가 하려던 행동을 못하는 경우가 있을 것이다. 예를 들어, 매일 저녁 운동을 하려는 나의 습관을 지키기 위해서는 친구와의 저녁 약속이나 모임이 방해 요인이 되기도 한다. 그럴 경우 '힘들지만 이겨 낼 거야.'라는 막연한 말보다는 '친구에게 나의 운동 목적을 설명하고 도움을 요청해 본다.'는 구체적인 행동을 적고서 실행하는 것이다.

"지영아, 내가 체중이 갑자기 늘어서 이번 여름 두 달 동안 5Kg감량을 목표로 매일 운동을 하고 있어. 내 일정상 늦은 오후밖에 시간이 나지 않아서 격주로 하는 우리 모임에 참석이 어렵게 되었어. 내 목표를 이루기 위해서는 팀원들의 양해가 필요한데, 지영이 너의 도움이 필요해."

그것을 행하는 과정에서 일어나는 감정을 알아차리고 다른 감정으로 전환한다. 습관으로 가는 과정에서 가장 많이 경험하는 감정이 바로 절망과 포기이다. 이것은 다시 시작하는 힘을 빼앗는 근원이다. 우리는 새로운 습관을 설계하면서 향후 펼쳐지는 길이 평탄할 거라 여기지만 금세 큰 착각이었음을 알게 된다. 지금까지의 경험으로도 알 수 있듯이 갖가지 장애 요인과 예상하지 못한 걸림돌이 존재하니까 말이다.

깊은 수렁에 빠지다가 다시 평탄해지는 길이 반복되면서 감정의 파고를 경험한다. 성취감을 느끼다 좌절하고 기쁨과 희열을 맛보다 다시 절망하는 과정을 거치는 것이다. 이를 그림으로 표현하면 아래와 같다.

[그림] 감정의 파고

이 그림에서 핵심은 좌절감이 드는 낮은 감정으로 자신을 탓하고 자책하면서 행동할 결심을 포기하는 경우에도 그것을 하도록 만드는 습관의 알고리즘을 설계해야 한다는 점이다.

설계의 출발은 행동을 가능하게 하는 특정 자극을 찾는 것이다. 그 자극이 행동으로 이어지게 함으로써 더 쉽게 습관을 유지하도록 돕는 방법이다. 이러한 자극을 '트리거(trigger: 방아쇠)'라 칭하기도 하는데, 트리거는 어떤 특정한 상황이 될 수도 있고 자신만이 하는 아주 작은 행동 중 하나여도 된다.

해지는 저녁노을을 보면 시원한 맥주 한 잔이 떠오르던 때가 있었다. 그러다 3년 전부터는 해가 지면 운동화를 신고 걷기 시작했다. 이 경우에 '해지는 저녁'이라는 트리거가 다른 행동으로 이어진 것이다. '해가 지면 시원한 맥주를 떠올린다'에서 '해가 지면 운동화를 신는다'로 말이다.

습관의 알고리즘 설계의 키워드가 바로 '트리거'이다. 예를 들면, 매일 일상에서 우리가 하는 활동 패턴들 중 하나와 엮어서 나의 습관으로 설계한다. '양치를 한다.' '모닝커피를 마신다.' '컴퓨터 전원을 켠다.' 등과 같은 일상 패턴 중 하나와 내가 만들고 싶은 습관을 연결해 놓는 것이다. '아침에 커피를 마시면서 또는 컴퓨터 전원을 켜면서 감사 일기를 적겠다.'라고 연결을 하면 된다.

습관 설계를 위해 특정 시간에 하는 행동은 자연스럽게 자동화로 이루어지는데, 우리 뇌에서 일종의 '실행 프로그램'이 작동하여 특정 행동을 실행하도록 신호를 보내기 때문이다. 특정 행동을 반복하면 뇌 내부의 신경 회로가 변경되어 해당 습관을 자동화하는 연결망이 생긴다. 대뇌 심부의 기저핵을 이루는 뇌선조체에서 보상, 인지, 강화, 동기부여, 운동의 기능을 매개하여, 감각운동 피질과 협력하는 과정에서 자동화가 이루어지는 것이다. 습관이 지속되는 데 있어 도파민이나 세로토닌과 같은 신경전달물질 또한 습관화된 행동과 관련된 뇌 활동에서 중요한 역할을 하는데, 습관화된 행동의 보상으로 도파민 수치가 상승하여 기쁨과 성취감을 맛보며 해당 행동을 강화하고 자동화하게 된다.

습관의 알고리즘 설계 역시 감정을 활용할 수 있다. 두려움과 좌절, 절망의 감정을 당연함과 설렘으로 전환하는 것이다. '내가 과연 이것을 할 수 있을까?'라는 불안, 두려움이 생길 때마다 '이런 감정을 갖는 것은 너무나 당연한 현상이야. 오히려 기분 좋은 긴장감 덕분에 더 잘 할 수 있겠어!'와 같이 설렘의 감정으로 전환해 본다.

하버드대학교의 브룩스(Alison Wood Brooks) 교수는 다음과 같은 실험을 한다. 무대 오르기 전 성악가 그룹을 2개로 나누어 한 그룹에게는 "떨린다."라고 말하게 하고 다른 그룹에게는 "설렌다."라고 말하게 한다. 실험 결과 음정 정확도가 "설렌다."로 표현한 그룹에서 30% 정도 높았다. 이를 전전두엽 활성화로 편도체가 진정되어 부정적 순환의 신경회로에서 벗어난 결과라 설명한다.

이 실험 결과를 축구 국가대표 이강인 선수가 중요한 경기에서 결승골의 활약을 펼친 후 진행한 인터뷰에서 확인할 수 있었는데, '많이 떨리지는 않았는지' 묻는 기자들의 질문에 '떠는 것보단 설레었던 것 같다.'고 답변한 것이다.

지속성을 위한 습관 설계에 필요한 감정은 '흥미'와 '긍정적 정서'이다. 흥미는 관심과 호기심, 그리고 어떤 것에 끌리는 감정을 말하며, 긍정적 정서는 기쁨, 감사, 자부심과 같은 감정이다. 이 감정을 활용한 습관 설계 프로세스는 다음과 같이 정리할 수 있다.

첫 번째, 내가 하려는 작은 실천(small action)을 하나를 정한다. 습관으로 유지하려는 목표를 세우는 데는 먼지처럼 작은 행동 하나면 충분하다. 너무 과하거나 크지 않게 부담없이 내가 실천할 수 있는 것을 선택하는 것이다.

두 번째, 트리거를 정한다. 나의 작은 실천과 일상의 행위를 연결하는 것이다. 이 또한 구체적일수록 좋다. 예를 들면 '컴퓨터를 켠다.'보다는 '컴퓨터 전원 버튼을 누른다.'가 바람직하다. '컴퓨터 전원 버튼을 누른 후 감사 일기를 적는다.'를 반복적으로 상상하는 것이다.

세 번째, 그것을 하는 과정에서 느끼는 긍정적 감정을 적는다. 긍정적 감정을 알아차리기 위해서는 신체적 변화나 달라진 모든 것에 관심을 갖고 면밀히 관찰하는 것이 필요하다. 지난 번보다 통증이 줄었다거나 시간이 단축되었다거나 주변 사람들의 반응이 있었다거나. 그러고나서 무엇이 그런 변화를 가져오게 했는지, 시작했을 때와 지금 시점에서 가장 큰 차이가 무엇인지를 알아내는 데 호기심을 발휘한다. 당연히 이 과정에서 기록은 필수이다.

네 번째, 그것을 한 후에 갖는 감정을 기록한다. '힘들지만 뿌듯함이 있었어.' '나도 모르게 순간 집중하면서 몰입감을 느꼈어.' '잘 하지 못해서 부끄럽지만 다시 한 번 하고 싶은 마음이 들었어.' 이 과정에서 당연하게 느끼는 감정이 감사이다. 오늘도 무사히 이 작은 행동을 실천할 수 있어서 정말 감사하다고 말이다.

에필로그

　치유의 원천이 나에게 있다는 사실을 알았다는 것만으로도 이미 여러분의 치유는 시작되었다. 그렇게 나를 치유하면 내 가족, 내 동료가 치유된다.
　같은 바람이 불어도 자연의 고유한 성질로 저마다 다른 소리를 낸다. 우리도 마찬가지이다. 내가 지금 어떤 옷을 입고 있느냐, 어떤 상태에서 바람을 맞는가에 따라 각자 치유의 속도와 상태가 너무나 다르니 말이다. 임상에서 만났던 환자들도 그랬다. 같은 진단, 비슷한 증상임에도 치유 속도나 경과는 많이 달랐다. 의학적 정보나 지식이 부족하다고 푸념하며 무기력함으로 의료인에게 자신의 몸을 온전히 맡겨 버리는 경우와 자신의 몸 상태를 면밀히 관찰하면서 스스로 회복될 의지를 다지고 회복을 염원하는 사람과는 현격한 차이가 있었다. 치유를 말하면서 '셀프 케어'를 강조한 이유가 바로 여기에 있다. 셀프 케어가 당신에게 가져다줄 치유의 효과를 믿고 본문에서 자세하게 설명한 방법들을 하나하나 실천해 가면 틀림없이 당신에게도 치유의 기적이 나타날 것이다. 너무 조급해 하지만 않으면 된다.
　REACH 교육을 진행하면서 자주 접하는 인상적인 장면을 꼽으라고 하면 참가자들의 표정이 회차를 거듭할수록 밝아지고 편안해진다는 것이다. 그룹으로 참여한 동료들 또한 서로를 바라보며 달라진 표정에 놀라워하곤 한다. 교육을 마치면서 "뭐가 문제이고 어떻게 하는지도 알았으니 잘 실천해 보겠다."고 다짐하며 희망에 찬 얼굴로 교육장을 나가는 모습을 보면 흐뭇하기까지 하다.

하지만 한 달 후 실행 과정을 피드백해 주는 추후 과정(follow-up session)에 참여하는 경우는 30%에 불과하다. 처음의 다짐과 달리 "정말 잘해 보고 싶었는데, 막상 해 보니 잘되지 않아요. 몇 번 해 봤는데 다시 관성의 힘으로 이전 상태로 돌아가 버리는 거예요. 저는 안 되나 봐요. 방법이 없을까요?"라며 속상해하는 모습을 종종 보게 된다. 이들의 한탄과 좌절을 해결하고 싶은 소망이 내가 이 책을 쓰기로 결심한 결정적인 이유였다.

셀프 케어를 가장 힘들게 하는 질문은 바로 '나는 왜 실패할까?' '나는 왜 안 될까?'이다. 이 질문들은 자신을 실패자로 규정하고 실패를 당연시하며 예언하는 것이다. 우리는 무엇을 묻느냐에 따라 그 질문에 대한 답을 구하게 되어 있다. 질문의 힘은 순간적으로 생각의 초점을 이동시켜 감정을 바꾸기 때문이다. '어떻게 해야 헤어지지 않을까?'는 헤어짐에 초점을 두는 것이다. 그리고는 헤어질 수밖에 없는 이유를 찾게 되므로 당연히 슬픔과 우울감에 빠질 것이다. 하지만 '어떻게 하면 나를 사랑하고 존중하며 행복함을 느끼면서 저 사람을 사랑할 수 있을까?'로 질문을 바꾸면 긍정적 감정에 초점을 맞추게 된다.

'이 위기 상황에서 어떻게 두려움을 줄일까?'보다 '어떻게 하면 내가 이 상황을 전화위복으로 삼을 수 있을까? 이 상황을 반전시켜 한층 더 발전시킬 방법은 무엇일까?'를 묻는다. 또한 '어떻게 이 스트레스 상황에서 벗어날까?'보다 '내 삶의 평화를 위해 내가 어떻게 노력할까?'를 생각하고, '어떻게 하면 이 끔찍한 상황에서 살아남을 수 있을까?'보다 '이 상황을 탈출하기 위해 위해 내가 할 수 있는 일이 무엇일까?'로 질문을 전환한다. 이러한 사고의 전환은 우리의 감정을 변화시켜 결국 질문의 해답으로 가는 길을 자연스레 걷게 하는 반전 포인트가 될 것이다.

우리는 삶의 고난이나 좌절을 막아 낼 수는 없지만 REACH 모델이 제시한 셀프 케어로 덜 아프게, 상처없이 회복할 수는 있다. 용기를 내어, 있는 그대로의 자신을 인정하고 셀프 케어의 대장정을 시작하는 당신에게 REACH가 발판이 되길 희망한다.

미주

Recognize

1. Sendzik, L., Ö. Schäfer, J., C. Samson, A., Naumann, E., & Tuschen-Caffier, B. (2017). Emotional awareness in depressive and anxiety symptoms in youth: A meta-analytic review. Journal of youth and adolescence, 46, 687-700.
2. Maté, G. (2011). When the body says no: Understanding the stress-disease connection. John Wiley & Sons.
3. McGrath, B.M. (2002). When the Body Says No: Understanding The Stress-Disease Connection. The Yale Journal of Biology and Medicine, 75(5-6), 333-335.
4. James, W. (1884). Mind association what is an emotion. Mind, 9(34), 188-205.
4. Cannon, W. B. (1927). The James-Lange theory of emotions: A critical examination and an alternative theory. The American journal of psychology, 39(1/4), 106-124.
4. Schachter, S., & Singer, J. (1962). Cognitive, social, and physiological determinants of emotional state. Psychological review, 69(5), 379.
4. Friedman, B. H. (2010). Feelings and the body: The Jamesian perspective on autonomic specificity of emotion. Biological psychology, 84(3), 383-393.
4. Weisfeld, G. E., & Goetz, S. M. (2013). Applying evolutionary thinking to the study of emotion. Behavioral Sciences, 3(3), 388-407.
5. Barrett, L. F. (2017). The theory of constructed emotion: an active inference account of interoception and categorization. Social cognitive and affective neuroscience, 12(1), 1-23.
6. Khoury, N. M., Lutz, J., & Schuman-Olivier, Z. (2018). Interoception in psychiatric disorders: a review of randomized, controlled trials with interoception-based interventions. Harvard review of psychiatry, 26(5), 250-263.
6. Shaffer, C., Westlin, C., Quigley, K. S., Whitfield-Gabrieli, S., & Barrett, L. F. (2022). Allostasis, action, and affect in depression: insights from the theory of constructed emotion. Annual review of clinical psychology, 18(1), 553-580.
6. Jungilligens, J., Paredes-Echeverri, S., Popkirov, S., Barrett, L. F., & Perez, D. L. (2022). A new science of emotion: implications for functional neurological disorder. Brain, 145(8), 2648-2663.
6. Heim, N., Bobou, M., Tanzer, M., Jenkinson, P. M., Steinert, C., & Fotopoulou, A. (2023). Psychological interventions for interoception in mental health disorders: A systematic review of randomized controlled trials. Psychiatry and clinical neurosciences, 77(10), 530-540.

7   Jenkinson, P. M., Fotopoulou, A., Ibañez, A., & Rossell, S. (2024). Interoception in anxiety, depression, and psychosis: a review. EClinicalMedicine, 73.
8   Sterling, P. (1988). Allostasis: a new paradigm to explain arousal pathology. Handbook of life stress, cognition and health.
9   Gold, D. L. (1984). Webster's Ninth New Collegiate Dictionary. Dictionaries: Journal of the Dictionary Society of North America, 6(1), 200-235.
10 Sterling, P. (2012). Allostasis: a model of predictive regulation. Physiology & behavior, 106(1), 5-15.
11 Katsumi, Y., Theriault, J. E., Quigley, K. S., & Barrett, L. F. (2022). Allostasis as a core feature of hierarchical gradients in the human brain. Network Neuroscience, 6(4), 1010-1031.
12 Richter, F., García, A. M., Rodriguez Arriagada, N., Yoris, A., Birba, A., Huepe, D., ... & Sedeño, L. (2021). Behavioral and neurophysiological signatures of interoceptive enhancements following vagus nerve stimulation. Human brain mapping, 42(5), 1227-1242.
13 Russo, M. A., Santarelli, D. M., & O'Rourke, D. (2017). The physiological effects of slow breathing in the healthy human. Breathe, 13(4), 298-309.
14 Ditto, B., Eclache, M., & Goldman, N. (2006). Short-term autonomic and cardiovascular effects of mindfulness body scan meditation. Annals of behavioral medicine, 32(3), 227-234.
14 Gerritsen, R. J., & Band, G. P. (2018). Breath of life: the respiratory vagal stimulation model of contemplative activity. Frontiers in human neuroscience, 12, 397.
15 Jill Bolte Taylor(2006). My Stroke of Insight: A Brain Scientist's Personal Journey. Large Print Press. 장호연 역(2010), 긍정의 뇌, 월북.
16 Newberg, A. B., & Iversen, J. (2003). The neural basis of the complex mental task of meditation: neurotransmitter and neurochemical considerations. Medical hypotheses, 61(2), 282-291.
17 Newberg, A., & Waldman, M. R. (2007). Born to believe: God, science, and the origin of ordinary and extraordinary beliefs. Simon and Schuster.
18 Goleman, D. (1996). Emotional intelligence. Why it can matter more than IQ. Learning, 24(6), 49-50.
19 Suarez, G. L., Burt, S. A., Gard, A. M., Klump, K. L., & Hyde, L. W. (2024). Exposure to community violence as a mechanism linking neighborhood disadvantage to amygdala reactivity and the protective role of parental nurturance. Developmental psychology.
20 Smith, J. C., Ellenberger, H. H., Ballanyi, K., Richter, D. W., & Feldman, J. L. (1991). Pre-Bötzinger complex: a brainstem region that may generate respiratory rhythm in mammals. Science, 254(5032), 726-729.
21 Kang, S. W. (2017). The relationship and mechanism underlying the effect of conscious breathing on the autonomic nervous system and brain waves. Perspectives in Nursing Science, 14(2), 64-69.

21   Conlon, A., Arnold, R., Preatoni, E., & Moore, L. J. (2022). Pulling the trigger: The effect of a 5-minute slow diaphragmatic breathing intervention on psychophysiological stress responses and pressurized pistol shooting performance. Journal of Sport and Exercise Psychology, 44(3), 206-219.

21   You, M., Laborde, S., Ackermann, S., Borges, U., Dosseville, F., & Mosley, E. (2024). Influence of respiratory frequency of slow-paced breathing on vagally-mediated heart rate variability. Applied Psychophysiology and Biofeedback, 49(1), 133-143.

22   Ma, X., Yue, Z. Q., Gong, Z. Q., Zhang, H., Duan, N. Y., Shi, Y. T., ... & Li, Y. F. (2017). The effect of diaphragmatic breathing on attention, negative affect and stress in healthy adults. Frontiers in psychology, 8, 234806.

23   Takahashi, T., Murata, T., Hamada, T., Omori, M., Kosaka, H., Kikuchi, M., ... & Wada, Y. (2005). Changes in EEG and autonomic nervous activity during meditation and their association with personality traits. International journal of psychophysiology, 55(2), 199-207.

23   Nanamoli, B. (2010). Mindfulness of breathing: anapanasati. Kandy, Sri Lanka: Buddhist Publication Society.

24   Jaiswal, S., Muggleton, N. G., Juan, C. H., & Liang, W. K. (2019). Indices of association between anxiety and mindfulness: A guide for future mindfulness studies. Personality Neuroscience, 2, e9.

24   Engelbregt, H., Alderse Baas, H. F., de Grauw, S., & Deijen, J. B. (2022). Brain Activity During Paired and Individual Mindfulness Meditation: A Controlled EEG Study.

24   Gholamrezaei, A., Van Diest, I., Aziz, Q., Vlaeyen, J. W., & Van Oudenhove, L. (2021). Psychophysiological responses to various slow, deep breathing techniques. Psychophysiology, 58(2), e13712.

24   Telles, S., Nagarathna, R., & Nagendra, H. R. (1995). Autonomic changes during "OM" meditation.Indian journal of physiology and pharmacology, 39, 418-420.

24   Sudsuang, R., Chentanez, V., & Veluvan, K. (1991). Effect of Buddhist meditation on serum cortisol and total protein levels, blood pressure, pulse rate, lung volume and reaction time. Physiology & behavior, 50(3), 543-548.

25   Daniel Simons & Christoper Chabris(2011). The Invisible Gorilla. 김명철 역(2010), 보이지 않는 고릴라, 김영사.

26   Pennebaker, J. W. (1997). Writing about emotional experiences as a therapeutic process. Psychological science, 8(3), 162-166.

27   Beer, J. S. (2007). The default self: feeling good or being right?. Trends in cognitive sciences, 11(5), 187-189.

28   Nemiah, J. C., & Sifneos, P. E. (1970). Psychosomatic illness: a problem in communication. Psychotherapy and psychosomatics, 18(1-6), 154-160.

28   Sifneos, P. E. (1973). The prevalence of 'alexithymic'characteristics in psychosomatic patients. Psychotherapy and psychosomatics, 22(2-6), 255-262.

29 Wiebking, C., & Northoff, G. (2015). Neural activity during interoceptive awareness and its associations with alexithymia—An fMRI study in major depressive disorder and non-psychiatric controls. Frontiers in psychology, 6, 589.
29 Moriguchi, Y., Ohnishi, T., Decety, J., Hirakata, M., Maeda, M., Matsuda, H., & Komaki, G. (2009). The human mirror neuron system in a population with deficient self awareness: An fMRI study in alexithymia. Human brain mapping, 30(7), 2063-2076.
30 Lieberman, M. D., Eisenberger, N. I., Crockett, M. J., Tom, S. M., Pfeifer, J. H., & Way, B. M. (2007). Putting feelings into words. Psychological science, 18(5), 421-428.
31 Russell, J. A. (1980). A circumplex model of affect. Journal of personality and social psychology, 39(6), 1161.
32 Lieberman, M. D., Inagaki, T. K., Tabibnia, G., & Crockett, M. J. (2011). Subjective responses to emotional stimuli during labeling, reappraisal, and distraction. Emotion, 11(3), 468.
32 Kassam, K. S., & Mendes, W. B. (2013). The effects of measuring emotion: Physiological reactions to emotional situations depend on whether someone is asking. PloS one, 8(6), e64959.
32 Niles, A. N., Craske, M. G., Lieberman, M. D., & Hur, C. (2015). Affect labeling enhances exposure effectiveness for public speaking anxiety. Behaviour research and therapy, 68, 27-36.
32 Kircanski, K., Lieberman, M. D., & Craske, M. G. (2012). Feelings into words: Contributions of language to exposure therapy. Psychological science, 23(10), 1086-1091.
33 Torre, J. B., & Lieberman, M. D. (2018). Putting feelings into words: Affect labeling as implicit emotion regulation. Emotion Review, 10(2), 116-124.

Empathize

1 Redelmeier, D. A., & Kahneman, D. (1996). Patients' memories of painful medical treatments: Real-time and retrospective evaluations of two minimally invasive procedures. pain, 66(1), 3-8.
1 Fredrickson, B. L., & Kahneman, D. (1993). Duration neglect in retrospective evaluations of affective episodes. Journal of personality and social psychology, 65(1), 45.
2 Kahneman, D., Fredrickson, B. L., Schreiber, C. A., & Redelmeier, D. A. (1993). When more pain is preferred to less: Adding a better end. Psychological science, 4(6), 401-405.
3 Dziobek, I., Rogers, K., Fleck, S., Bahnemann, M., Heekeren, H. R., Wolf, O. T., & Convit, A. (2008). Dissociation of cognitive and emotional empathy in

adults with Asperger syndrome using the Multifaceted Empathy Test (MET). Journal of autism and developmental disorders, 38, 464-473.

3 Rogers, K., Dziobek, I., Hassenstab, J., Wolf, O. T., & Convit, A. (2007). Who cares? Revisiting empathy in Asperger syndrome. Journal of autism and developmental disorders, 37, 709-715.

3 Golan, O., Baron-Cohen, S., Hill, J. J., & Rutherford, M. (2007). The 'Reading the Mind in the Voice'test-revised: a study of complex emotion recognition in adults with and without autism spectrum conditions. Journal of autism and developmental disorders, 37, 1096-1106.

3 Park M. (2012). Cognitive and Affective Empathy: Implications for Psychopathology and Psychological Rehabilitation. Korean J Rehabil Psychol, 19, 387-405.

4 Goleman, D. (1995). Emotional intelligence bantam books. New York.

4 Goleman, D. (2005). Emotional intelligence, 한창호 역(2008), EQ 감성지능, 웅진지식하우스.

4 Goleman, D. (2001). Emotional intelligence: Issues in paradigm building. The emotionally intelligent workplace, 13, 26.

4 Landry, L. (2019). Why emotional intelligence is important in leadership. Harvard Business School Online.

4 Hughes, M., & Terrell, J. B. (2011). The emotionally intelligent team: Understanding and developing the behaviors of success. Wiley+ ORM.

4 Goleman, D., Boyatzis, R. and McKee, A. (2002) Primal Leadership: Realizing the Power of Emotional Intelligence. Harvard Business School Press, Boston.

5 Raichle, M. E., MacLeod, A. M., Snyder, A. Z., Powers, W. J., Gusnard, D. A., & Shulman, G. L. (2001). A default mode of brain function. Proceedings of the national academy of sciences, 98(2), 676-682.

5 Buckner, R. L., Andrews Hanna, J. R., & Schacter, D. L. (2008). The brain's default network: anatomy, function, and relevance to disease. Annals of the new York Academy of Sciences, 1124(1), 1-38.

6 Raichle, M. E. (2015). The brain's default mode network. Annual review of neuroscience, 38(1), 433-447.

7 James, W., Burkhardt, F., Bowers, F., & Skrupskelis, I. K. (1890). The principles of psychology (Vol. 1, No. 2, pp. 315-329). London: Macmillan.

8 Van Ettinger-Veenstra, H., Lundberg, P., Alföldi, P., Södermark, M., Graven-Nielsen, T., Sjörs, A., ... & Gerdle, B. (2019). Chronic widespread pain patients show disrupted cortical connectivity in default mode and salience networks, modulated by pain sensitivity. Journal of pain research, 1743-1755.

9 Nekovarova, T., Fajnerova, I., Horacek, J., & Spaniel, F. (2014). Bridging disparate symptoms of schizophrenia: a triple network dysfunction theory. Frontiers in behavioral neuroscience, 8, 171.

9 Menon, V., & Uddin, L. Q. (2010). Saliency, switching, attention and control: a network model of insula function. Brain structure and function, 214, 655-667.

9   Sridharan, D., Levitin, D. J., & Menon, V. (2008). A critical role for the right fronto-insular cortex in switching between central-executive and default-mode networks. Proceedings of the National Academy of Sciences, 105(34), 12569-12574.

10 Jang, J. H., Jung, W. H., Kang, D. H., Byun, M. S., Kwon, S. J., Choi, C. H., & Kwon, J. S. (2011). Increased default mode network connectivity associated with meditation. Neuroscience letters, 487(3), 358-362.

10 Bremer, B., Wu, Q., Mora Álvarez, M. G., Hölzel, B. K., Wilhelm, M., Hell, E., ... & Koch, K. (2022). Mindfulness meditation increases default mode, salience, and central executive network connectivity. Scientific reports, 12(1), 13219.

11 Zhang, J., Raya, J., Morfini, F., Urban, Z., Pagliaccio, D., Yendiki, A., ... & Whitfield-Gabrieli, S. (2023). Reducing default mode network connectivity with mindfulness-based fMRI neurofeedback: a pilot study among adolescents with affective disorder history. Molecular psychiatry, 28(6), 2540-2548.

11 Chou, T., Deckersbach, T., Dougherty, D. D., & Hooley, J. M. (2023). The default mode network and rumination in individuals at risk for depression. Social cognitive and affective neuroscience, 18(1), nsad032.

11 Feruglio, S., Matiz, A., Pagnoni, G., Fabbro, F., & Crescentini, C. (2021). The impact of mindfulness meditation on the wandering mind: a systematic review. Neuroscience & Biobehavioral Reviews, 131, 313-330.

11 Scheibner, H. J., Bogler, C., Gleich, T., Haynes, J. D., & Bermpohl, F. (2017). Internal and external attention and the default mode network. Neuroimage, 148, 381-389.

12 Singer, T., Critchley, H. D., & Preuschoff, K. (2009). A common role of insula in feelings, empathy and uncertainty. Trends in cognitive sciences, 13(8), 334-340.

12 Gu, X., Hof, P. R., Friston, K. J., & Fan, J. (2013). Anterior insular cortex and emotional awareness. Journal of Comparative Neurology, 521(15), 3371-3388.

12 Craig, A. D. (2009). How do you feel—now? The anterior insula and human awareness. Nature reviews neuroscience, 10(1), 59-70.

13 Patil, I., Zanon, M., Novembre, G., Zangrando, N., Chittaro, L., & Silani, G. (2018). Neuroanatomical basis of concern-based altruism in virtual environment. Neuropsychologia, 116, 34-43.

13 Lamm, C., & Singer, T. (2010). The role of anterior insular cortex in social emotions. Brain structure and function, 214, 579-591.

14 Marchand, W. R. (2012). Mindfulness-based stress reduction, mindfulness-based cognitive therapy, and Zen meditation for depression, anxiety, pain, and psychological distress. Journal of Psychiatric Practice®, 18(4), 233-252.

14 Huh, H. J., Han, S. B., Park, Y. N., & Chae, J. H. (2015). Clinical implication of meditation in psychiatry: Focused on mindfulness meditation. Journal of Korean Neuropsychiatric Association, 54(4), 406-417.

14 Laneri, D., Krach, S., Paulus, F. M., Kanske, P., Schuster, V., Sommer, J., &

	Müller Pinzler, L. (2017). Mindfulness meditation regulates anterior insula activity during empathy for social pain. Human Brain Mapping, 38(8), 4034-4046.
14	Sharp, P. B., Sutton, B. P., Paul, E. J., Sherepa, N., Hillman, C. H., Cohen, N. J., ... & Barbey, A. K. (2018). Mindfulness training induces structural connectome changes in insula networks. Scientific reports, 8(1), 7929.
15	Rizzolatti, G., Fadiga, L., Gallese, V., & Fogassi, L. (1996). Premotor cortex and the recognition of motor actions. Cognitive brain research, 3(2), 131-141.
16	Smith, M. L., Asada, N., & Malenka, R. C. (2021). Anterior cingulate inputs to nucleus accumbens control the social transfer of pain and analgesia. Science, 371(6525), 153-159.
17	CJ ENM(2013.05.29). 스토리온 우먼쇼 - Ep.04 웃는 엄마 VS 무표정 엄마, 아이들의 리얼 반응은? 2 [Video]. https://www.youtube.com/watch?v=M7GEwoFVhWI
18	Schein, Edgar H. & Schein, Peter A.(2021). Humble Inquiry, Second Edition, 노승영 역(2022), 리더의 질문법, 푸른숲.

Accept

1	Thich Nhat Hanh. (2002). Anger: Wisdom for Cooling the Flames, Riverhead Books. 허우성, 허주형 역(2024), 화: 마음의 불꽃을 식히는 지혜. 운주사.
2	Neff, K. (2011). Self-compassion: The proven power of being kind to yourself. Hachette UK.
3	Neff, K. D., & Beretvas, S. N. (2013). The role of self-compassion in romantic relationships. Self and identity, 12(1), 78-98.
4	Niebuhr, R. (1986). The essential Reinhold Niebuhr: Selected essays and addresses. Yale University Press.
5	Gregg Braden (2008). The Divine Matrix. 김시현 역(2021), 디바인 매트릭스, 느낌이 현실이 된다. 김영사.
6	Michael A. Singer (2015). The Surrender Experiment. 김정은 역(2016), 될 일은 된다. 정신세계사.
7	Wegner, D. M., Schneider, D. J., Carter, S. R., & White, T. L. (1987). Paradoxical effects of thought suppression. Journal of personality and social psychology, 53(1), 5.
8	Blackburn, E. H., Epel, E. S. (2015). The Telomere Effect. 이한음 역(2018), 늙지 않는 비밀. 알에이치코리아.
8	Blackburn, E. H. (1991). Structure and function of telomeres. Nature, 350(6319), 569-573.
8	Epel, E. S., Blackburn, E. H., Lin, J., Dhabhar, F. S., Adler, N. E., Morrow, J. D., & Cawthon, R. M. (2004). Accelerated telomere shortening in response to life stress. Proceedings of the National Academy of Sciences, 101(49), 17312-

17315.

8   Blackburn, E. H., Epel, E. S., & Lin, J. (2015). Human telomere biology: a contributory and interactive factor in aging, disease risks, and protection. Science, 350(6265), 1193-1198.

9   Shalev, I., Moffitt, T. E., Sugden, K., Williams, B., Houts, R. M., Danese, A., ... & Caspi, A. (2013). Exposure to violence during childhood is associated with telomere erosion from 5 to 10 years of age: a longitudinal study. Molecular psychiatry, 18(5), 576-581.

9   Williams, B., Houts, R. M., Shalev, I., Moffitt, T. E., & Sugden, K. (2012). Exposure to violence during childhood is associated with telomere erosion from 5 to 10 years of age: a longitudinal study.

10   Fisher, H. L., Caspi, A., Moffitt, T. E., Wertz, J., Gray, R., Newbury, J., ... & Arseneault, L. (2015). Measuring adolescents' exposure to victimization: the environmental risk (E-Risk) longitudinal twin study. Development and psychopathology, 27(4pt2), 1399-1416.

10   Jiang, Y., Da, W., Qiao, S., Zhang, Q., Li, X., Ivey, G., & Zilioli, S. (2019). Basal cortisol, cortisol reactivity, and telomere length: A systematic review and meta-analysis. Psychoneuroendocrinology, 103, 163-172.

10   Sheikh-Wu, S. F., Liang, Z., & Downs, C. A. (2023). The Relationship Between Telomeres, Cognition, Mood, and Physical Function: A Systematic Review. Biological research for nursing, 25(2), 227-239.

10   Malouff, J. M., & Schutte, N. S. (2017). A meta-analysis of the relationship between anxiety and telomere length. Anxiety, Stress, & Coping, 30(3), 264-272.

10   Lin, J., & Epel, E. (2022). Stress and telomere shortening: Insights from cellular mechanisms. Ageing research reviews, 73, 101507.

11   Sapolsky, R. M. (2018). Behave: The biology of humans at our best and worst. Penguin.

11   Sapolsky, R. M., Romero, L. M., & Munck, A. U. (2000). How do glucocorticoids influence stress responses? Integrating permissive, suppressive, stimulatory, and preparative actions. Endocrine reviews, 21(1), 55-89.

11   Dumas, T. C., Gillette, T., Ferguson, D., Hamilton, K., & Sapolsky, R. M. (2010). Anti-glucocorticoid gene therapy reverses the impairing effects of elevated corticosterone on spatial memory, hippocampal neuronal excitability, and synaptic plasticity. Journal of Neuroscience, 30(5), 1712-1720.

12   McGonigal, K. (2013). How to make stress your friend. Ted Global, Edinburgh, Scotland, 6, 13.

12   McGonigal, K. (2019). The joy of movement: How exercise helps us find happiness, hope, connection, and courage. Penguin.

12   Jazaieri, H., McGonigal, K., Jinpa, T., Doty, J. R., Gross, J. J., & Goldin, P. R. (2014). A randomized controlled trial of compassion cultivation training:

	Effects on mindfulness, affect, and emotion regulation. Motivation and emotion, 38, 23-35.
13	김경의, 이금단, 조용래, 채숙희, & 이우경. (2008). 한국판 자기-자비 척도의 타당화 연구: 대학생을 중심으로. 한국심리학회지: 건강, 13(4), 1023-1044.
14	Covey, Stephen R., Covey, Sean, & Collins, Jim(1989), The 7 Habits of Highly Effective People, Simon & Schuster, 김경섭 역(2023) 성공하는 사람들의 7가지 습관, 30주년 에디션(김경섭 역). 김영사.

Change

1	Beck, A. T. (1970). Cognitive therapy: Nature and relation to behavior therapy. Behavior therapy, 1(2), 184-200.
1	Beck, A. T. (1991). Cognitive therapy: A 30-year retrospective. American psychologist, 46(4), 368.
2	Kamali, A., Milosavljevic, S., Gandhi, A., Lano, K. R., Shobeiri, P., Sherbaf, F. G., ... & Hasan, K. M. (2023). The cortico-limbo-thalamo-cortical circuits: An update to the original papez circuit of the human limbic system. Brain topography, 36(3), 371-389.
2	Bhattacharyya, K. B. (2017). James wenceslaus papez, his circuit, and emotion. Annals of Indian Academy of Neurology, 20(3), 207-210.
2	Granziera, C., Hadjikhani, N., Arzy, S., Seeck, M., Meuli, R., & Krueger, G. (2011). In-vivo magnetic resonance imaging of the structural core of the Papez circuit in humans. Neuroreport, 22(5), 227-231.
3	Aggleton, J. P., Nelson, A. J., & O'Mara, S. M. (2022). Time to retire the serial Papez circuit: implications for space, memory, and attention. Neuroscience & Biobehavioral Reviews, 140, 104813.
3	Aggleton, J. P., Pralus, A., Nelson, A. J., & Hornberger, M. (2016). Thalamic pathology and memory loss in early Alzheimer's disease: moving the focus from the medial temporal lobe to Papez circuit. Brain, 139(7), 1877-1890.
4	Nader, K. (2015). Reconsolidation and the dynamic nature of memory. Cold Spring Harbor perspectives in biology, 7(10), a021782.
4	Kwak, C., Choi, J. H., Bakes, J. T., Lee, K., & Kaang, B. K. (2012). Effect of intensity of unconditional stimulus on reconsolidation of contextual fear memory. The Korean Journal of Physiology & Pharmacology, 16(5), 293-296.
4	Kim, G., Kwon, M., Kang, W., & Lee, S. H. (2021). Is reconsolidation a general property of memory?. Frontiers in Human Neuroscience, 15, 643106.
5	Gray, R. M., & Teall, B. (2016). Reconsolidation of traumatic memories (RTM) for PTSD: a case series. Journal of Experiential Psychotherapy, 19(4), 59-69.
6	Leroy, A., Very, E., Birmes, P., Yger, P., Szaffarczyk, S., Lopes, R., ... & Jardri, R. (2022). Intrusive experiences in posttraumatic stress disorder: treatment response induces changes in the directed functional connectivity of the

	anterior insula. NeuroImage: Clinical, 34, 102964.
6	Lee, D., Lee, J. E., Lee, J., Kim, C., & Jung, Y. C. (2022). Insular activation and functional connectivity in firefighters with post-traumatic stress disorder. BJPsych open, 8(2), e69.
6	Linnman, C., Zeffiro, T. A., Pitman, R. K., & Milad, M. R. (2011). An fMRI study of unconditioned responses in post-traumatic stress disorder. Biology of mood & anxiety disorders, 1, 1-12.
7	Yoon, S., Kim, J. E., Hwang, J., Kang, I., Jeon, S., Im, J. J., ... & Lyoo, I. K. (2017). Recovery from posttraumatic stress requires dynamic and sequential shifts in amygdalar connectivities. Neuropsychopharmacology, 42(2), 454-461.
7	Nicholson, A. A., Sapru, I., Densmore, M., Frewen, P. A., Neufeld, R. W., Théberge, J., ... & Lanius, R. A. (2016). Unique insula subregion resting-state functional connectivity with amygdala complexes in posttraumatic stress disorder and its dissociative subtype. Psychiatry Research: Neuroimaging, 250, 61-72.
7	Fonzo, G. A., Goodkind, M. S., Oathes, D. J., Zaiko, Y. V., Harvey, M., Peng, K. K., ... & Etkin, A. (2021). Amygdala and insula connectivity changes following psychotherapy for posttraumatic stress disorder: a randomized clinical trial. Biological Psychiatry, 89(9), 857-867.
7	Davis, L. L., & Hamner, M. B. (2024). Post-traumatic stress disorder: the role of the amygdala and potential therapeutic interventions-a review. Frontiers in psychiatry, 15, 1356563.
8	Reynolds, S. (2004). Marcel Proust: In Search of Lost Time.
9	Davidson, R. J., & McEwen, B. S. (2012). Social influences on neuroplasticity: stress and interventions to promote well-being. Nature neuroscience, 15(5), 689-695.
10	Herz, A., Sulzer, B., Kühn, R., & Van Hemmen, J. L. (1989). Hebbian learning reconsidered: Representation of static and dynamic objects in associative neural nets. Biological cybernetics, 60, 457-467.
10	Hebb, D. O. (2005). The organization of behavior: A neuropsychological theory. Psychology press.
11	Jeong, Y., Cho, H. Y., Kim, M., Oh, J. P., Kang, M. S., Yoo, M., ... & Han, J. H. (2021). Synaptic plasticity-dependent competition rule influences memory formation. Nature communications, 12(1), 3915.
11	Kennedy, M. B. (2016). Synaptic signaling in learning and memory. Cold Spring Harbor perspectives in biology, 8(2), a016824.
12	Merzenich, M. (2013). Soft-wired: How the new science of brain plasticity can change your life. (No Title).
12	Merzenich, M., Nahum, M., & van Vleet, T. (2013). Changing brains: applying brain plasticity to advance and recover human ability (Vol. 207). Elsevier.
12	MERZENICH, M. M. (2017). Aging, Brain Plasticity, and Integrative Preventive Medicine. Integrative Preventive Medicine, 300.

13   Bernard Shaw (2024). Pygmalion, 김성환 역(2024), 피그말리온, 지만지드라마.
14   Seligman, M. E., Steen, T. A., Park, N., & Peterson, C. (2005). Positive psychology progress: empirical validation of interventions. American psychologist, 60(5), 410.
14   Frothingham, S. S. (2005). The effects of an optimism-based cognitive behavioral intervention on mood and functioning in cardiac patients. The University of Southern Mississippi.
15   Sherman, D. K. (2013). Self affirmation: Understanding the effects. Social and Personality Psychology Compass, 7(11), 834-845.
15   Cohen, G. L., & Sherman, D. K. (2014). The psychology of change: Self-affirmation and social psychological intervention. Annual review of psychology, 65(1), 333-371.
15   Cascio, C. N. (2015). Self-affirmation activates brain systems associated with self-related processing and reward and is reinforced by future orientation Christopher N. Cascio, Matthew Brook O'Donnell, Francis J. Tinney, Jr. 2, Matthew D. Lieberman 3, Shelley E. Taylor 3, Victor J. Strecher 2, & Emily B. Falk University of Pennsylvania, University of Michigan 2, University of California, Los Angeles 3.
16   Bartra, O., McGuire, J. T., & Kable, J. W. (2013). The valuation system: a coordinate-based meta-analysis of BOLD fMRI experiments examining neural correlates of subjective value. Neuroimage, 76, 412-427.
16   Northoff, G., Heinzel, A., De Greck, M., Bermpohl, F., Dobrowolny, H., & Panksepp, J. (2006). Self-referential processing in our brain—a meta-analysis of imaging studies on the self. Neuroimage, 31(1), 440-457.
16   Denny, B. T., Kober, H., Wager, T. D., & Ochsner, K. N. (2012). A meta-analysis of functional neuroimaging studies of self-and other judgments reveals a spatial gradient for mentalizing in medial prefrontal cortex. Journal of cognitive Neuroscience, 24(8), 1742-1752.
17   Peterson, L. G., & Pbert, L. (1992). Effectiveness of a meditation-based stress reduction program in the treatment of anxiety disorders. Am J Psychiatry,149(7), 936-943.
17   Kabat-Zinn, J. (2003). Mindfulness-based stress reduction (MBSR). Constructivism in the human sciences, 8(2), 73.
17   Kabat-Zinn, J., Lipworth, L., Burney, R., & Sellers, W. (1987). Four-year follow-up of a meditation-based program for the self-regulation of chronic pain: Treatment outcomes and compliance. The Clinical Journal of Pain, 3(1), 60.
18   Jacobson, E. (1987). Progressive relaxation. The American Journal of Psychology, 100(3/4), 522-537.
18   Ferendiuk, E., Biega ska, J. M., Kazana, P., & Pihut, M. (2019). Progressive muscle relaxation according to Jacobson in treatment of the patients with temporomandibular joint disorders. Folia Medica Cracoviensia, 59(3).
18   Torales, J., O'Higgins, M., Barrios, I., González, I., & Almirón, M. (2020). An

	overview of Jacobson's progressive muscle relaxation in managing anxiety. Revista Argentina de clinica psicologica, 29(3), 17.
18	McCallie, M. S., Blum, C. M., & Hood, C. J. (2006). Progressive muscle relaxation. Journal of human behavior in the social environment, 13(3), 51-66.
18	Luo, Y., Du, J., Wang, J., Liu, P., Shi, Z., He, Y., ... & Wang, J. (2024). Progressive muscle relaxation alleviates anxiety and improves sleep quality among healthcare practitioners in a mobile cabin hospital: a pre-post comparative study in China. Frontiers in Psychology, 15, 1337318.
18	Everything You Need To Know About Progressive Muscle Relaxation. Health Essentials from Cleveland Clinic offers medical, health and wellness news, November 10, 2022.
19	Singh, B., Olds, T., Curtis, R., Dumuid, D., Virgara, R., Watson, A., ... & Maher, C. (2023). Effectiveness of physical activity interventions for improving depression, anxiety and distress: an overview of systematic reviews. British journal of sports medicine, 57(18), 1203-1209.
20	Fan, Y., Luan, X., Wang, X., Li, H., Zhao, H., Li, S., ... & Qiu, Z. (2024). Exploring the Association between BDNF related Signaling Pathways and Depression: A Literature Review. Brain Research Bulletin, 111143.
20	Correia, A. S., Cardoso, A., & Vale, N. (2023). BDNF unveiled: exploring its role in major depression disorder serotonergic imbalance and associated stress conditions. Pharmaceutics, 15(8), 2081.
21	Guan, W., Xu, D. W., Ji, C. H., Wang, C. N., Liu, Y., Tang, W. Q., ... & Jiang, B. (2021). Hippocampal miR-206-3p participates in the pathogenesis of depression via regulating the expression of BDNF. Pharmacological research, 174, 105932.
21	Jha, M., Pasupalak, J. K., & Gupta, G. L. (2024). Depressive Behavior and BDNF/TrkB Signaling. In Handbook of the Biology and Pathology of Mental Disorders (pp. 1-15). Cham: Springer International Publishing.
21	Leng, M., Liang, B., Zhou, H., Zhang, P., Hu, M., Li, G., ... & Chen, L. (2018). Effects of physical exercise on depressive symptoms in patients with cognitive impairment: a systematic review and meta-analysis. The Journal of Nervous and Mental Disease, 206(10), 809-823.
22	Leibrock, J., Lottspeich, F., Hohn, A., Hofer, M., Hengerer, B., Masiakowski, P., ... & Barde, Y. A. (1989). Molecular cloning and expression of brain-derived neurotrophic factor. Nature, 341(6238), 149-152.

Heal

1	Dweck, C. S. (2006). Mindset: The new psychology of success. Random house.

1   Dweck, C. S., & Yeager, D. S. (2019). Mindsets: A view from two eras. Perspectives on Psychological science, 14(3), 481-496.

1   Yeager, D. S., & Dweck, C. S. (2020). What can be learned from growth mindset controversies?. American psychologist, 75(9), 1269.

2   McNamee, M. P. (2005). Keats and the idea of the poet: A study of John Keats's "Poems"(1817). The University of North Carolina at Chapel Hill.

2   Stillinger, J. (1971). The Poems of John Keats.

3   Davidson, R. J. (2010). Empirical explorations of mindfulness: conceptual and methodological conundrums.

3   Ricard, M., Lutz, A., & Davidson, R. J. (2014). Mind of the meditator. Scientific American, 311(5), 38-45.

3   Davidson, R. J., & Kaszniak, A. W. (2015). Conceptual and methodological issues in research on mindfulness and meditation. American Psychologist, 70(7), 581.

3   Kral, T. R., Davis, K., Korponay, C., Hirshberg, M. J., Hoel, R., Tello, L. Y., ... & Davidson, R. J. (2022). Absence of structural brain changes from mindfulness-based stress reduction: Two combined randomized controlled trials. Science Advances, 8(20), eabk3316.

3   Kabat-Zinn, J., & Davidson, R. (Eds.). (2012). The mind's own physician: A scientific dialogue with the Dalai Lama on the healing power of meditation. New Harbinger Publications.

3   Perlman, D. M., Salomons, T. V., Davidson, R. J., & Lutz, A. (2010). Differential effects on pain intensity and unpleasantness of two meditation practices. Emotion,10(1), 65.

3   Grant, J. A., & Rainville, P. (2009). Pain sensitivity and analgesic effects of mindful states in Zen meditators: a cross-sectional study. Biopsychosocial Science and Medicine, 71(1), 106-114.

4   Davidson, R. J. (2000). Affective style, psychopathology, and resilience: brain mechanisms and plasticity. American psychologist, 55(11), 1196.

4   Davidson, R. J. (1994). Asymmetric brain function, affective style, and psychopathology: The role of early experience and plasticity. Development and Psychopathology, 6(4), 741-758.

4   Lutz, A., Dunne, J. D., & Davidson, R. J. (2007). Meditation and the neuroscience of consciousness. Cambridge handbook of consciousness, 499-555.

4   Lutz, A., McFarlin, D. R., Perlman, D. M., Salomons, T. V., & Davidson, R. J. (2013). Altered anterior insula activation during anticipation and experience of painful stimuli in expert meditators. Neuroimage, 64, 538-546.

4   Wielgosz, J., Goldberg, S. B., Kral, T. R., Dunne, J. D., & Davidson, R. J. (2019). Mindfulness meditation and psychopathology. Annual review of clinical psychology, 15(1), 285-316.

5   Thomas, L. L. (1978). Morality and our self-concept. The Journal of Value Inquiry, 12, 258-268.

6   Heidegger, M. (2002). On time and being. University of Chicago Press.
7   Seligman, M. E. (1998). The prediction and prevention of depression.
7   Klein, H. (2023). A mixed method study of a gratitude diary intervention on tinnitus-related distress in adults(Doctoral dissertation, University of East London).
8   Emmons, R. A. (2008). Thanks! How the New Science of Gratitude Can Make Happier.
8   Pressman, S. D., & Cohen, S. (2005). Does positive affect influence health?. Psychological bulletin, 131(6), 925.
8   Ducasse, D., Dassa, D., Courtet, P., Brand Arpon, V., Walter, A., Guillaume, S., ... & Olié, E. (2019). Gratitude diary for the management of suicidal inpatients: A randomized controlled trial. Depression and anxiety, 36(5), 400-411.
8   Boggiss, A. L., Consedine, N. S., Brenton-Peters, J. M., Hofman, P. L., & Serlachius, A. S. (2020). A systematic review of gratitude interventions: Effects on physical health and health behaviors. Journal of Psychosomatic Research, 135, 110165.
8   Swain, N., Lennox Thompson, B., Gallagher, S., Paddison, J., & Mercer, S. (2020). Gratitude Enhanced Mindfulness (GEM): A pilot study of an internet-delivered programme for self-management of pain and disability in people with arthritis. The Journal of Positive Psychology, 15(3), 420-426.
9   Korb, A. (2015). The upward spiral: Using neuroscience to reverse the course of depression, one small change at a time. New Harbinger Publications.
9   Korb, A. S., Cook, I. A., Hunter, A. M., & Leuchter, A. F. (2008). Brain electrical source differences between depressed subjects and healthy controls. Brain topography, 21, 138-146.
9   Korb, A. (2019). Why is it important to understand the neuroscience of depression.
10 Fox, G. R., Kaplan, J., Damasio, H., & Damasio, A. (2015). Neural correlates of gratitude. Frontiers in psychology, 6, 151058.
11 as Excitement, R. P. P. A. (2013). Get Excited: Reappraising Pre-Performance Anxiety as Excitement Alison Wood Brooks. Journal of Experimental Psychology: General, 143(1), 000.

셀프 케어

초판 1쇄 발행 2025년 8월 6일

지은이	백명
펴낸이	박영미
펴낸곳	포르체

책임편집	김찬미
마케팅	정은주 민재영
디자인	황규성

출판신고	2020년 7월 20일 제2020-000103호
전화	02-6083-0128
팩스	02-6008-0126
이메일	porchetogo@gmail.com
인스타그램	porche_book

ⓒ 저자(저작권자와 맺은 특약에 따라 검인을 생략합니다.)
ISBN 979-11-94634-40-9 (03190)

- 이 책은 저작권법에 따라 보호받는 저작물이므로 무단전재와 무단복제를 금지하며, 이 책 내용의 전부 또는 일부를 이용하려면 반드시 저작권자와 포르체의 서면 동의를 받아야 합니다.
- 이 책의 국립중앙도서관 출판시도서목록은 서지정보유통지원시스템 홈페이지 (http://seoji.nl.go.kr)와 국가자료공동 목록시스템(http://www.nl.go.kr/kolisnet)에서 이용하실 수 있습니다.
- 잘못된 책은 구입하신 서점에서 바꿔드립니다.
- 책값은 뒤표지에 있습니다.

여러분의 소중한 원고를 보내주세요.
porchetogo@gmail.com